中华人民共和国证券期货法规汇编

（2017·上）

中国证券监督管理委员会　编

法律出版社
LAW PRESS

编 辑 说 明

一、《中华人民共和国证券期货法规汇编》由中国证券监督管理委员会编辑，法律出版社出版发行。

二、《中华人民共和国证券期货法规汇编》1992 年、1993 年为合订本，1994 至 2002 年按年度编辑。从 2003 年起，改为每半年出版一辑，其中上卷本收录每年 1 至 6 月公布的法规，下卷本收录每年 7 至 12 月公布的法规。本辑为 2017 年上卷本。

三、本辑《中华人民共和国证券期货法规汇编》共收录 61 件法规。其中法律 3 件，行政法规、法规性文件 31 件，中国证券监督管理委员会发布的部门规章、规范性文件 12 件，司法解释、司法文件 3 件，其他部委发布的相关部门规章、规范性文件 12 件。

四、本辑《中华人民共和国证券期货法规汇编》按下列顺序编排：1. 法律；2. 行政法规、法规性文件；3. 中国证券监督管理委员会发布的部门规章、规范性文件；4. 附录。其中，第 3 大类按照综合、证券、基金、期货类分类编排，证券篇中按照发行类、机构类、上市公司类编排，各类别依次按颁布时间顺序排列。

中国证券监督管理委员会法律部

二〇一七年九月一日

目　　录

法　　律

行政法规　法规性文件

中国证监会发布的部门规章及规范性文件

综　　合

证　　券

发行类

机构类

上市公司类

基　　金

期　　货

附　　录

法　　律

全国人民代表大会常务委员会关于修改《中华人民共和国企业所得税法》的决定

（2017年2月24日　中华人民共和国主席令第六十四号
第十二届全国人民代表大会常务委员会第二十六次会议通过）

第十二届全国人民代表大会常务委员会第二十六次会议决定对《中华人民共和国企业所得税法》作如下修改：

将第九条修改为："企业发生的公益性捐赠支出，在年度利润总额12%以内的部分，准予在计算应纳税所得额时扣除；超过年度利润总额12%的部分，准予结转以后三年内在计算应纳税所得额时扣除。"

本决定自公布之日起施行。

《中华人民共和国企业所得税法》根据本决定作相应修改，重新公布。

中华人民共和国民法总则

（2017年3月15日第十二届全国人民代表大会
第五次会议通过）

目　　录

第一章　基本规定

第一条　为了保护民事主体的合法权益，调整民事关系，维护社会和经济秩序，适应中国特色社会主义发展要求，弘扬社会主义核心价值观，根据宪法，制定本法。

第二条　民法调整平等主体的自然人、法人和非法人组织之间的人身关系和财产关系。

第三条　民事主体的人身权利、财产权利以及其他合法权益受法律保护，任何组织或者个人不得侵犯。

第四条　民事主体在民事活动中的法律地位一律平等。

第五条　民事主体从事民事活动，应当遵循自愿原则，按照自己的意思设立、变更、终止民事法律关系。

第六条　民事主体从事民事活动，应当遵循公平原则，合理确定各方的权利和义务。

第七条　民事主体从事民事活动，应当遵循诚信原则，秉持诚实，恪守承诺。

第八条　民事主体从事民事活动，不得违反法律，不得违背公序良俗。

第九条　民事主体从事民事活动，应当有利于节约资源、保护生态环境。

第十条　处理民事纠纷，应当依照法律；法律没有规定的，可以适用习惯，但是不得违背公序良俗。

第十一条　其他法律对民事关系有特别规定的，依照其规定。

第十二条　中华人民共和国领域内的民事活动，适用中华人民共和国法律。法律另有规定的，依照其规定。

第二章　自　然　人

第一节　民事权利能力和民事行为能力

第十三条　自然人从出生时起到死亡时止，具有民事权利能力，依法享有民事权利，承担民事义务。

第十四条 自然人的民事权利能力一律平等。

第十五条 自然人的出生时间和死亡时间,以出生证明、死亡证明记载的时间为准;没有出生证明、死亡证明的,以户籍登记或者其他有效身份登记记载的时间为准。有其他证据足以推翻以上记载时间的,以该证据证明的时间为准。

第十六条 涉及遗产继承、接受赠与等胎儿利益保护的,胎儿视为具有民事权利能力。但是胎儿娩出时为死体的,其民事权利能力自始不存在。

第十七条 十八周岁以上的自然人为成年人。不满十八周岁的自然人为未成年人。

第十八条 成年人为完全民事行为能力人,可以独立实施民事法律行为。

十六周岁以上的未成年人,以自己的劳动收入为主要生活来源的,视为完全民事行为能力人。

第十九条 八周岁以上的未成年人为限制民事行为能力人,实施民事法律行为由其法定代理人代理或者经其法定代理人同意、追认,但是可以独立实施纯获利益的民事法律行为或者与其年龄、智力相适应的民事法律行为。

第二十条 不满八周岁的未成年人为无民事行为能力人,由其法定代理人代理实施民事法律行为。

第二十一条 不能辨认自己行为的成年人为无民事行为能力人,由其法定代理人代理实施民事法律行为。

八周岁以上的未成年人不能辨认自己行为的,适用前款规定。

第二十二条 不能完全辨认自己行为的成年人为限制民事行为能力人,实施民事法律行为由其法定代理人代理或者经其法定代理人同意、追认,但是可以独立实施纯获利益的民事法律行为或者与其智力、精神健康状况相适应的民事法律行为。

第二十三条 无民事行为能力人、限制民事行为能力人的监护人是其法定代理人。

第二十四条 不能辨认或者不能完全辨认自己行为的成年人,其利害关系人或者有关组织,可以向人民法院申请认定该成年人为无民事行为能力人或者限制民事行为能力人。

被人民法院认定为无民事行为能力人或者限制民事行为能力人的,经本人、利害关系人或者有关组织申请,人民法院可以根据其智力、精神健康恢复的状况,认定该成年人恢复为限制民事行为能力人或者完全民事行为能力人。

本条规定的有关组织包括:居民委员会、村民委员会、学校、医疗机构、妇女联合会、残疾人联合会、依法设立的老年人组织、民政部门等。

第二十五条 自然人以户籍登记或者其他有效身份登记记载的居所为住所;经常居所与住所不一致的,经常居所视为住所。

第二节 监 护

第二十六条 父母对未成年子女负有抚养、教育和保护的义务。

成年子女对父母负有赡养、扶助和保护的义务。

第二十七条 父母是未成年子女的监护人。

未成年人的父母已经死亡或者没有监护能力的,由下列有监护能力的人按顺序担任监护人:

(一)祖父母、外祖父母;

(二)兄、姐;

(三)其他愿意担任监护人的个人或者组织,但是须经未成年人住所地的居民委员会、村民委员会或者民政部门同意。

第二十八条 无民事行为能力或者限制民事行为能力的成年人,由下列有监护能力的人按顺序担任监护人:

(一)配偶;

(二)父母、子女;

(三)其他近亲属;

(四)其他愿意担任监护人的个人或者组织,但是须经被监护人住所地的居民委员会、村民委员会或者民政部门同意。

第二十九条 被监护人的父母担任监护人的,可以通过遗嘱指定监护人。

第三十条 依法具有监护资格的人之间可以协议确定监护人。协议确定监护人应当尊重被监护人的真实意愿。

第三十一条 对监护人的确定有争议的,由被监护人住所地的居民委员会、村民委员会或者民政部门指定监护人,有关当事人对指定不服的,可以向人民法院申请指定监护人;有关当事人也可以直接向人民法院申请指定监护人。

居民委员会、村民委员会、民政部门或者人民法院应当尊重被监护人的真实意愿,按照最有利于被监护人的原则在依法具有监护资格的人中指定监护人。

依照本条第一款规定指定监护人前，被监护人的人身权利、财产权利以及其他合法权益处于无人保护状态的，由被监护人住所地的居民委员会、村民委员会、法律规定的有关组织或者民政部门担任临时监护人。

监护人被指定后，不得擅自变更；擅自变更的，不免除被指定的监护人的责任。

第三十二条 没有依法具有监护资格的人的，监护人由民政部门担任，也可以由具备履行监护职责条件的被监护人住所地的居民委员会、村民委员会担任。

第三十三条 具有完全民事行为能力的成年人，可以与其近亲属、其他愿意担任监护人的个人或者组织事先协商，以书面形式确定自己的监护人。协商确定的监护人在该成年人丧失或者部分丧失民事行为能力时，履行监护职责。

第三十四条 监护人的职责是代理被监护人实施民事法律行为，保护被监护人的人身权利、财产权利以及其他合法权益等。

监护人依法履行监护职责产生的权利，受法律保护。

监护人不履行监护职责或者侵害被监护人合法权益的，应当承担法律责任。

第三十五条 监护人应当按照最有利于被监护人的原则履行监护职责。监护人除为维护被监护人利益外，不得处分被监护人的财产。

未成年人的监护人履行监护职责，在作出与被监护人利益有关的决定时，应当根据被监护人的年龄和智力状况，尊重被监护人的真实意愿。

成年人的监护人履行监护职责，应当最大程度地尊重被监护人的真实意愿，保障并协助被监护人实施与其智力、精神健康状况相适应的民事法律行为。对被监护人有能力独立处理的事务，监护人不得干涉。

第三十六条 监护人有下列情形之一的，人民法院根据有关个人或者组织的申请，撤销其监护人资格，安排必要的临时监护措施，并按照最有利于被监护人的原则依法指定监护人：

（一）实施严重损害被监护人身心健康行为的；

（二）怠于履行监护职责，或者无法履行监护职责并且拒绝将监护职责部分或者全部委托给他人，导致被监护人处于危困状态的；

（三）实施严重侵害被监护人合法权益的其他行为的。

本条规定的有关个人和组织包括：其他依法具有监护资格的人，居民委员会、村民委员会、学校、医疗机构、妇女联合会、残疾人联合会、未成年人保护组织、依法设立的老年人组织、民政部门等。

前款规定的个人和民政部门以外的组织未及时向人民法院申请撤销监护人资格的，民政部门应当向人民法院申请。

第三十七条 依法负担被监护人抚养费、赡养费、扶养费的父母、子女、配偶等，被人民法院撤销监护人资格后，应当继续履行负担的义务。

第三十八条 被监护人的父母或者子女被人民法院撤销监护人资格后，除对被监护人实施故意犯罪的外，确有悔改表现的，经其申请，人民法院可以在尊重被监护人真实意愿的前提下，视情况恢复其监护人资格，人民法院指定的监护人与被监护人的监护关系同时终止。

第三十九条 有下列情形之一的，监护关系终止：

（一）被监护人取得或者恢复完全民事行为能力；

（二）监护人丧失监护能力；

（三）被监护人或者监护人死亡；

（四）人民法院认定监护关系终止的其他情形。

监护关系终止后，被监护人仍然需要监护的，应当依法另行确定监护人。

第三节 宣告失踪和宣告死亡

第四十条 自然人下落不明满二年的，利害关系人可以向人民法院申请宣告该自然人为失踪人。

第四十一条 自然人下落不明的时间从其失去音讯之日起计算。战争期间下落不明的，下落不明的时间自战争结束之日或者有关机关确定的下落不明之日起计算。

第四十二条 失踪人的财产由其配偶、成年子女、父母或者其他愿意担任财产代管人的人代管。

代管有争议，没有前款规定的人，或者前款规定的人无代管能力的，由人民法院指定的人代管。

第四十三条 财产代管人应当妥善管理失踪人的财产，维护其财产权益。

失踪人所欠税款、债务和应付的其他费用，由财产代管人从失踪人的财产中支付。

财产代管人因故意或者重大过失造成失踪人财产损失的，应当承担赔偿责任。

第四十四条 财产代管人不履行代管职责、侵害失踪人财产权益或者丧失代管能力的，失踪人的利害关系人可以向人民法院申请变更财产代管人。

财产代管人有正当理由的，可以向人民法院申请变更财产代管人。

人民法院变更财产代管人的，变更后的财产代管人有权要求原财产代管人及时移交有关财产并报告财产代管情况。

第四十五条 失踪人重新出现，经本人或者利害关系人申请，人民法院应当撤销失踪宣告。

失踪人重新出现，有权要求财产代管人及时移交有关财产并报告财产代管情况。

第四十六条 自然人有下列情形之一的，利害关系人可以向人民法院申请宣告该自然人死亡：

（一）下落不明满四年；

（二）因意外事件，下落不明满二年。

因意外事件下落不明，经有关机关证明该自然人不可能生存的，申请宣告死亡不受二年时间的限制。

第四十七条 对同一自然人，有的利害关系人申请宣告死亡，有的利害关系人申请宣告失踪，符合本法规定的宣告死亡条件的，人民法院应当宣告死亡。

第四十八条 被宣告死亡的人，人民法院宣告死亡的判决作出之日视为其死亡的日期；因意外事件下落不明宣告死亡的，意外事件发生之日视为其死亡的日期。

第四十九条 自然人被宣告死亡但是并未死亡的，不影响该自然人在被宣告死亡期间实施的民事法律行为的效力。

第五十条 被宣告死亡的人重新出现，经本人或者利害关系人申请，人民法院应当撤销死亡宣告。

第五十一条 被宣告死亡的人的婚姻关系，自死亡宣告之日起消灭。死亡宣告被撤销的，婚姻关系自撤销死亡宣告之日起自行恢复，但是其配偶再婚或者向婚姻登记机关书面声明不愿意恢复的除外。

第五十二条 被宣告死亡的人在被宣告死亡期间，其子女被他人依法收养的，在死亡宣告被撤销后，不得以未经本人同意为由主张收养关系无效。

第五十三条 被撤销死亡宣告的人有权请求依照继承法取得其财产的民事主体返还财产。无法返还的，应当给予适当补偿。

利害关系人隐瞒真实情况，致使他人被宣告死亡取得其财产的，除应当返还财产外,还应当对由此造成的损失承担赔偿责任。

第四节　个体工商户和农村承包经营户

第五十四条　自然人从事工商业经营,经依法登记,为个体工商户。个体工商户可以起字号。

第五十五条　农村集体经济组织的成员,依法取得农村土地承包经营权,从事家庭承包经营的,为农村承包经营户。

第五十六条　个体工商户的债务,个人经营的,以个人财产承担;家庭经营的,以家庭财产承担;无法区分的,以家庭财产承担。

农村承包经营户的债务,以从事农村土地承包经营的农户财产承担;事实上由农户部分成员经营的,以该部分成员的财产承担。

第三章　法　　人

第一节　一 般 规 定

第五十七条　法人是具有民事权利能力和民事行为能力,依法独立享有民事权利和承担民事义务的组织。

第五十八条　法人应当依法成立。

法人应当有自己的名称、组织机构、住所、财产或者经费。法人成立的具体条件和程序,依照法律、行政法规的规定。

设立法人,法律、行政法规规定须经有关机关批准的,依照其规定。

第五十九条　法人的民事权利能力和民事行为能力,从法人成立时产生,到法人终止时消灭。

第六十条　法人以其全部财产独立承担民事责任。

第六十一条　依照法律或者法人章程的规定,代表法人从事民事活动的负责人,为法人的法定代表人。

法定代表人以法人名义从事的民事活动,其法律后果由法人承受。

法人章程或者法人权力机构对法定代表人代表权的限制,不得对抗善意相对人。

第六十二条　法定代表人因执行职务造成他人损害的,由法人承担民事责任。

法人承担民事责任后,依照法律或者法人章程的规定,可以向有过错的法定代表人追偿。

第六十三条　法人以其主要办事机构所在地为住所。依法需要办理法人登记的,应当将主要办事机构所在地登记为住所。

第六十四条 法人存续期间登记事项发生变化的,应当依法向登记机关申请变更登记。

第六十五条 法人的实际情况与登记的事项不一致的,不得对抗善意相对人。

第六十六条 登记机关应当依法及时公示法人登记的有关信息。

第六十七条 法人合并的,其权利和义务由合并后的法人享有和承担。

法人分立的,其权利和义务由分立后的法人享有连带债权,承担连带债务,但是债权人和债务人另有约定的除外。

第六十八条 有下列原因之一并依法完成清算、注销登记的,法人终止:

(一)法人解散;

(二)法人被宣告破产;

(三)法律规定的其他原因。

法人终止,法律、行政法规规定须经有关机关批准的,依照其规定。

第六十九条 有下列情形之一的,法人解散:

(一)法人章程规定的存续期间届满或者法人章程规定的其他解散事由出现;

(二)法人的权力机构决议解散;

(三)因法人合并或者分立需要解散;

(四)法人依法被吊销营业执照、登记证书,被责令关闭或者被撤销;

(五)法律规定的其他情形。

第七十条 法人解散的,除合并或者分立的情形外,清算义务人应当及时组成清算组进行清算。

法人的董事、理事等执行机构或者决策机构的成员为清算义务人。法律、行政法规另有规定的,依照其规定。

清算义务人未及时履行清算义务,造成损害的,应当承担民事责任;主管机关或者利害关系人可以申请人民法院指定有关人员组成清算组进行清算。

第七十一条 法人的清算程序和清算组职权,依照有关法律的规定;没有规定的,参照适用公司法的有关规定。

第七十二条 清算期间法人存续,但是不得从事与清算无关的活动。

法人清算后的剩余财产,根据法人章程的规定或者法人权力机构的决议处理。法律另有规定的，依照其规定。

清算结束并完成法人注销登记时，法人终止；依法不需要办理法人登记的，清算结束时，法人终止。

第七十三条 法人被宣告破产的，依法进行破产清算并完成法人注销登记时，法人终止。

第七十四条 法人可以依法设立分支机构。法律、行政法规规定分支机构应当登记的，依照其规定。

分支机构以自己的名义从事民事活动，产生的民事责任由法人承担；也可以先以该分支机构管理的财产承担，不足以承担的，由法人承担。

第七十五条 设立人为设立法人从事的民事活动，其法律后果由法人承受；法人未成立的，其法律后果由设立人承受，设立人为二人以上的，享有连带债权，承担连带债务。

设立人为设立法人以自己的名义从事民事活动产生的民事责任，第三人有权选择请求法人或者设立人承担。

第二节 营利法人

第七十六条 以取得利润并分配给股东等出资人为目的成立的法人，为营利法人。

营利法人包括有限责任公司、股份有限公司和其他企业法人等。

第七十七条 营利法人经依法登记成立。

第七十八条 依法设立的营利法人，由登记机关发给营利法人营业执照。营业执照签发日期为营利法人的成立日期。

第七十九条 设立营利法人应当依法制定法人章程。

第八十条 营利法人应当设权力机构。

权力机构行使修改法人章程，选举或者更换执行机构、监督机构成员，以及法人章程规定的其他职权。

第八十一条 营利法人应当设执行机构。

执行机构行使召集权力机构会议，决定法人的经营计划和投资方案，决定法人内部管理机构的设置，以及法人章程规定的其他职权。

执行机构为董事会或者执行董事的，董事长、执行董事或者经理按照法人章程的规定担任法定代表人；未设董事会或者执行董事的，法人章程规定的主要负责人为其执行机构和法定代表人。

第八十二条 营利法人设监事会或者监事等监督机构的，监督机构依法行使检查法人财务，监督执行机构成员、高级管理人员执行法人职务的行为，以及法人章程规定的其他职权。

第八十三条　营利法人的出资人不得滥用出资人权利损害法人或者其他出资人的利益。滥用出资人权利给法人或者其他出资人造成损失的，应当依法承担民事责任。

营利法人的出资人不得滥用法人独立地位和出资人有限责任损害法人的债权人利益。滥用法人独立地位和出资人有限责任，逃避债务，严重损害法人的债权人利益的，应当对法人债务承担连带责任。

第八十四条　营利法人的控股出资人、实际控制人、董事、监事、高级管理人员不得利用其关联关系损害法人的利益。利用关联关系给法人造成损失的，应当承担赔偿责任。

第八十五条　营利法人的权力机构、执行机构作出决议的会议召集程序、表决方式违反法律、行政法规、法人章程，或者决议内容违反法人章程的，营利法人的出资人可以请求人民法院撤销该决议，但是营利法人依据该决议与善意相对人形成的民事法律关系不受影响。

第八十六条　营利法人从事经营活动，应当遵守商业道德，维护交易安全，接受政府和社会的监督，承担社会责任。

第三节　非营利法人

第八十七条　为公益目的或者其他非营利目的成立，不向出资人、设立人或者会员分配所取得利润的法人，为非营利法人。

非营利法人包括事业单位、社会团体、基金会、社会服务机构等。

第八十八条　具备法人条件，为适应经济社会发展需要，提供公益服务设立的事业单位，经依法登记成立，取得事业单位法人资格；依法不需要办理法人登记的，从成立之日起，具有事业单位法人资格。

第八十九条　事业单位法人设理事会的，除法律另有规定外，理事会为其决策机构。事业单位法人的法定代表人依照法律、行政法规或者法人章程的规定产生。

第九十条　具备法人条件，基于会员共同意愿，为公益目的或者会员共同利益等非营利目的设立的社会团体，经依法登记成立，取得社会团体法人资格；依法不需要办理法人登记的，从成立之日起，具有社会团体法人资格。

第九十一条　设立社会团体法人应当依法制定法人章程。

社会团体法人应当设会员大会或者会员代表大会等权力机构。

社会团体法人应当设理事会等执行机构。理事长或者会长等负责人按照法人章程的规定担任法定代表人。

第九十二条 具备法人条件，为公益目的以捐助财产设立的基金会、社会服务机构等，经依法登记成立，取得捐助法人资格。

依法设立的宗教活动场所，具备法人条件的，可以申请法人登记，取得捐助法人资格。法律、行政法规对宗教活动场所有规定的，依照其规定。

第九十三条 设立捐助法人应当依法制定法人章程。

捐助法人应当设理事会、民主管理组织等决策机构，并设执行机构。理事长等负责人按照法人章程的规定担任法定代表人。

捐助法人应当设监事会等监督机构。

第九十四条 捐助人有权向捐助法人查询捐助财产的使用、管理情况，并提出意见和建议，捐助法人应当及时、如实答复。

捐助法人的决策机构、执行机构或者法定代表人作出决定的程序违反法律、行政法规、法人章程，或者决定内容违反法人章程的，捐助人等利害关系人或者主管机关可以请求人民法院撤销该决定，但是捐助法人依据该决定与善意相对人形成的民事法律关系不受影响。

第九十五条 为公益目的成立的非营利法人终止时，不得向出资人、设立人或者会员分配剩余财产。剩余财产应当按照法人章程的规定或者权力机构的决议用于公益目的；无法按照法人章程的规定或者权力机构的决议处理的，由主管机关主持转给宗旨相同或者相近的法人，并向社会公告。

第四节　特别法人

第九十六条 本节规定的机关法人、农村集体经济组织法人、城镇农村的合作经济组织法人、基层群众性自治组织法人，为特别法人。

第九十七条 有独立经费的机关和承担行政职能的法定机构从成立之日起，具有机关法人资格，可以从事为履行职能所需要的民事活动。

第九十八条 机关法人被撤销的，法人终止，其民事权利和义务由继任的机关法人享有和承担；没有继任的机关法人的，由作出撤销决定的机关法人享有和承担。

第九十九条 农村集体经济组织依法取得法人资格。

法律、行政法规对农村集体经济组织有规定的，依照其规定。

第一百条 城镇农村的合作经济组织依法取得法人资格。

法律、行政法规对城镇农村的合作经济组织有规定的，依照其规定。

第一百零一条　居民委员会、村民委员会具有基层群众性自治组织法人资格，可以从事为履行职能所需要的民事活动。

未设立村集体经济组织的，村民委员会可以依法代行村集体经济组织的职能。

第四章　非法人组织

第一百零二条　非法人组织是不具有法人资格，但是能够依法以自己的名义从事民事活动的组织。

非法人组织包括个人独资企业、合伙企业、不具有法人资格的专业服务机构等。

第一百零三条　非法人组织应当依照法律的规定登记。

设立非法人组织，法律、行政法规规定须经有关机关批准的，依照其规定。

第一百零四条　非法人组织的财产不足以清偿债务的，其出资人或者设立人承担无限责任。法律另有规定的，依照其规定。

第一百零五条　非法人组织可以确定一人或者数人代表该组织从事民事活动。

第一百零六条　有下列情形之一的，非法人组织解散：

（一）章程规定的存续期间届满或者章程规定的其他解散事由出现；

（二）出资人或者设立人决定解散；

（三）法律规定的其他情形。

第一百零七条　非法人组织解散的，应当依法进行清算。

第一百零八条　非法人组织除适用本章规定外，参照适用本法第三章第一节的有关规定。

第五章　民 事 权 利

第一百零九条　自然人的人身自由、人格尊严受法律保护。

第一百一十条　自然人享有生命权、身体权、健康权、姓名权、肖像权、名誉权、荣誉权、隐私权、婚姻自主权等权利。

法人、非法人组织享有名称权、名誉权、荣誉权等权利。

第一百一十一条　自然人的个人信息受法律保护。任何组织和个人需要获取他人个人信息的，应当依法取得并确保信息安全，不得非法收集、使用、加工、传输他人个人信息，不得非法买卖、提供或者公开他人个人信息。

第一百一十二条 自然人因婚姻、家庭关系等产生的人身权利受法律保护。

第一百一十三条 民事主体的财产权利受法律平等保护。

第一百一十四条 民事主体依法享有物权。

物权是权利人依法对特定的物享有直接支配和排他的权利，包括所有权、用益物权和担保物权。

第一百一十五条 物包括不动产和动产。法律规定权利作为物权客体的，依照其规定。

第一百一十六条 物权的种类和内容，由法律规定。

第一百一十七条 为了公共利益的需要，依照法律规定的权限和程序征收、征用不动产或者动产的，应当给予公平、合理的补偿。

第一百一十八条 民事主体依法享有债权。

债权是因合同、侵权行为、无因管理、不当得利以及法律的其他规定，权利人请求特定义务人为或者不为一定行为的权利。

第一百一十九条 依法成立的合同，对当事人具有法律约束力。

第一百二十条 民事权益受到侵害的，被侵权人有权请求侵权人承担侵权责任。

第一百二十一条 没有法定的或者约定的义务，为避免他人利益受损失而进行管理的人，有权请求受益人偿还由此支出的必要费用。

第一百二十二条 因他人没有法律根据，取得不当利益，受损失的人有权请求其返还不当利益。

第一百二十三条 民事主体依法享有知识产权。

知识产权是权利人依法就下列客体享有的专有的权利：

（一）作品；

（二）发明、实用新型、外观设计；

（三）商标；

（四）地理标志；

（五）商业秘密；

（六）集成电路布图设计；

（七）植物新品种；

（八）法律规定的其他客体。

第一百二十四条 自然人依法享有继承权。

自然人合法的私有财产，可以依法继承。

第一百二十五条 民事主体依法享有股权和其他投资性权利。

第一百二十六条 民事主体享有法律规定的其他民事权利和利益。

第一百二十七条 法律对数据、网络虚拟财产的保护有规定的，依照其规定。

第一百二十八条 法律对未成年人、老年人、残疾人、妇女、消费者等的民事权利保护有特别规定的，依照其规定。

第一百二十九条 民事权利可以依据民事法律行为、事实行为、法律规定的事件或者法律规定的其他方式取得。

第一百三十条 民事主体按照自己的意愿依法行使民事权利，不受干涉。

第一百三十一条 民事主体行使权利时，应当履行法律规定的和当事人约定的义务。

第一百三十二条 民事主体不得滥用民事权利损害国家利益、社会公共利益或者他人合法权益。

第六章 民事法律行为

第一节 一般规定

第一百三十三条 民事法律行为是民事主体通过意思表示设立、变更、终止民事法律关系的行为。

第一百三十四条 民事法律行为可以基于双方或者多方的意思表示一致成立，也可以基于单方的意思表示成立。

法人、非法人组织依照法律或者章程规定的议事方式和表决程序作出决议的，该决议行为成立。

第一百三十五条 民事法律行为可以采用书面形式、口头形式或者其他形式；法律、行政法规规定或者当事人约定采用特定形式的，应当采用特定形式。

第一百三十六条 民事法律行为自成立时生效，但是法律另有规定或者当事人另有约定的除外。

行为人非依法律规定或者未经对方同意，不得擅自变更或者解除民事法律行为。

第二节　意思表示

第一百三十七条　以对话方式作出的意思表示，相对人知道其内容时生效。

以非对话方式作出的意思表示，到达相对人时生效。以非对话方式作出的采用数据电文形式的意思表示，相对人指定特定系统接收数据电文的，该数据电文进入该特定系统时生效；未指定特定系统的，相对人知道或者应当知道该数据电文进入其系统时生效。当事人对采用数据电文形式的意思表示的生效时间另有约定的，按照其约定。

第一百三十八条　无相对人的意思表示，表示完成时生效。法律另有规定的，依照其规定。

第一百三十九条　以公告方式作出的意思表示，公告发布时生效。

第一百四十条　行为人可以明示或者默示作出意思表示。

沉默只有在有法律规定、当事人约定或者符合当事人之间的交易习惯时，才可以视为意思表示。

第一百四十一条　行为人可以撤回意思表示。撤回意思表示的通知应当在意思表示到达相对人前或者与意思表示同时到达相对人。

第一百四十二条　有相对人的意思表示的解释，应当按照所使用的词句，结合相关条款、行为的性质和目的、习惯以及诚信原则，确定意思表示的含义。

无相对人的意思表示的解释，不能完全拘泥于所使用的词句，而应当结合相关条款、行为的性质和目的、习惯以及诚信原则，确定行为人的真实意思。

第三节　民事法律行为的效力

第一百四十三条　具备下列条件的民事法律行为有效：

（一）行为人具有相应的民事行为能力；

（二）意思表示真实；

（三）不违反法律、行政法规的强制性规定，不违背公序良俗。

第一百四十四条　无民事行为能力人实施的民事法律行为无效。

第一百四十五条　限制民事行为能力人实施的纯获利益的民事法律行为或者与其年龄、智力、精神健康状况相适应的民事法律行为有效；实施的其他民事法律行为经法定代理人同意或者追认后有效。

相对人可以催告法定代理人自收到通知之日起一个月内予以追认。

法定代理人未作表示的，视为拒绝追认。民事法律行为被追认前，善意相对人有撤销的权利。撤销应当以通知的方式作出。

第一百四十六条　行为人与相对人以虚假的意思表示实施的民事法律行为无效。

以虚假的意思表示隐藏的民事法律行为的效力，依照有关法律规定处理。

第一百四十七条　基于重大误解实施的民事法律行为，行为人有权请求人民法院或者仲裁机构予以撤销。

第一百四十八条　一方以欺诈手段，使对方在违背真实意思的情况下实施的民事法律行为，受欺诈方有权请求人民法院或者仲裁机构予以撤销。

第一百四十九条　第三人实施欺诈行为，使一方在违背真实意思的情况下实施的民事法律行为，对方知道或者应当知道该欺诈行为的，受欺诈方有权请求人民法院或者仲裁机构予以撤销。

第一百五十条　一方或者第三人以胁迫手段，使对方在违背真实意思的情况下实施的民事法律行为，受胁迫方有权请求人民法院或者仲裁机构予以撤销。

第一百五十一条　一方利用对方处于危困状态、缺乏判断能力等情形，致使民事法律行为成立时显失公平的，受损害方有权请求人民法院或者仲裁机构予以撤销。

第一百五十二条　有下列情形之一的，撤销权消灭：

（一）当事人自知道或者应当知道撤销事由之日起一年内、重大误解的当事人自知道或者应当知道撤销事由之日起三个月内没有行使撤销权；

（二）当事人受胁迫，自胁迫行为终止之日起一年内没有行使撤销权；

（三）当事人知道撤销事由后明确表示或者以自己的行为表明放弃撤销权。

当事人自民事法律行为发生之日起五年内没有行使撤销权的，撤销权消灭。

第一百五十三条　违反法律、行政法规的强制性规定的民事法律行为无效，但是该强制性规定不导致该民事法律行为无效的除外。

违背公序良俗的民事法律行为无效。

第一百五十四条　行为人与相对人恶意串通，损害他人合法权益的民事法律行为无效。

第一百五十五条 无效的或者被撤销的民事法律行为自始没有法律约束力。

第一百五十六条 民事法律行为部分无效,不影响其他部分效力的,其他部分仍然有效。

第一百五十七条 民事法律行为无效、被撤销或者确定不发生效力后,行为人因该行为取得的财产,应当予以返还;不能返还或者没有必要返还的,应当折价补偿。有过错的一方应当赔偿对方由此所受到的损失;各方都有过错的,应当各自承担相应的责任。法律另有规定的,依照其规定。

第四节 民事法律行为的附条件和附期限

第一百五十八条 民事法律行为可以附条件,但是按照其性质不得附条件的除外。附生效条件的民事法律行为,自条件成就时生效。附解除条件的民事法律行为,自条件成就时失效。

第一百五十九条 附条件的民事法律行为,当事人为自己的利益不正当地阻止条件成就的,视为条件已成就;不正当地促成条件成就的,视为条件不成就。

第一百六十条 民事法律行为可以附期限,但是按照其性质不得附期限的除外。附生效期限的民事法律行为,自期限届至时生效。附终止期限的民事法律行为,自期限届满时失效。

第七章 代　　理

第一节 一般规定

第一百六十一条 民事主体可以通过代理人实施民事法律行为。

依照法律规定、当事人约定或者民事法律行为的性质,应当由本人亲自实施的民事法律行为,不得代理。

第一百六十二条 代理人在代理权限内,以被代理人名义实施的民事法律行为,对被代理人发生效力。

第一百六十三条 代理包括委托代理和法定代理。

委托代理人按照被代理人的委托行使代理权。法定代理人依照法律的规定行使代理权。

第一百六十四条 代理人不履行或者不完全履行职责,造成被代理人损害的，应当承担民事责任。

代理人和相对人恶意串通，损害被代理人合法权益的，代理人和相对人应当承担连带责任。

第二节　委托代理

第一百六十五条　委托代理授权采用书面形式的，授权委托书应当载明代理人的姓名或者名称、代理事项、权限和期间，并由被代理人签名或者盖章。

第一百六十六条　数人为同一代理事项的代理人的，应当共同行使代理权，但是当事人另有约定的除外。

第一百六十七条　代理人知道或者应当知道代理事项违法仍然实施代理行为，或者被代理人知道或者应当知道代理人的代理行为违法未作反对表示的，被代理人和代理人应当承担连带责任。

第一百六十八条　代理人不得以被代理人的名义与自己实施民事法律行为，但是被代理人同意或者追认的除外。

代理人不得以被代理人的名义与自己同时代理的其他人实施民事法律行为，但是被代理的双方同意或者追认的除外。

第一百六十九条　代理人需要转委托第三人代理的，应当取得被代理人的同意或者追认。

转委托代理经被代理人同意或者追认的，被代理人可以就代理事务直接指示转委托的第三人，代理人仅就第三人的选任以及对第三人的指示承担责任。

转委托代理未经被代理人同意或者追认的，代理人应当对转委托的第三人的行为承担责任，但是在紧急情况下代理人为了维护被代理人的利益需要转委托第三人代理的除外。

第一百七十条　执行法人或者非法人组织工作任务的人员，就其职权范围内的事项，以法人或者非法人组织的名义实施民事法律行为，对法人或者非法人组织发生效力。

法人或者非法人组织对执行其工作任务的人员职权范围的限制，不得对抗善意相对人。

第一百七十一条　行为人没有代理权、超越代理权或者代理权终止后，仍然实施代理行为，未经被代理人追认的，对被代理人不发生效力。

相对人可以催告被代理人自收到通知之日起一个月内予以追认。被代理人未作表示的，视为拒绝追认。行为人实施的行为被追认前，善意相对人有撤销的权利。撤销应当以通知的方式作出。

行为人实施的行为未被追认的,善意相对人有权请求行为人履行债务或者就其受到的损害请求行为人赔偿,但是赔偿的范围不得超过被代理人追认时相对人所能获得的利益。

相对人知道或者应当知道行为人无权代理的,相对人和行为人按照各自的过错承担责任。

第一百七十二条 行为人没有代理权、超越代理权或者代理权终止后,仍然实施代理行为,相对人有理由相信行为人有代理权的,代理行为有效。

第三节 代理终止

第一百七十三条 有下列情形之一的,委托代理终止:

(一)代理期间届满或者代理事务完成;

(二)被代理人取消委托或者代理人辞去委托;

(三)代理人丧失民事行为能力;

(四)代理人或者被代理人死亡;

(五)作为代理人或者被代理人的法人、非法人组织终止。

第一百七十四条 被代理人死亡后,有下列情形之一的,委托代理人实施的代理行为有效:

(一)代理人不知道并且不应当知道被代理人死亡;

(二)被代理人的继承人予以承认;

(三)授权中明确代理权在代理事务完成时终止;

(四)被代理人死亡前已经实施,为了被代理人的继承人的利益继续代理。

作为被代理人的法人、非法人组织终止的,参照适用前款规定。

第一百七十五条 有下列情形之一的,法定代理终止:

(一)被代理人取得或者恢复完全民事行为能力;

(二)代理人丧失民事行为能力;

(三)代理人或者被代理人死亡;

(四)法律规定的其他情形。

第八章 民事责任

第一百七十六条 民事主体依照法律规定和当事人约定,履行民事义务,承担民事责任。

第一百七十七条 二人以上依法承担按份责任,能够确定责任大小的,各自承担相应的责任;难以确定责任大小的,平均承担责任。

第一百七十八条 二人以上依法承担连带责任的,权利人有权请求部分或者全部连带责任人承担责任。

连带责任人的责任份额根据各自责任大小确定;难以确定责任大小的,平均承担责任。实际承担责任超过自己责任份额的连带责任人,有权向其他连带责任人追偿。

连带责任,由法律规定或者当事人约定。

第一百七十九条 承担民事责任的方式主要有:

(一)停止侵害;

(二)排除妨碍;

(三)消除危险;

(四)返还财产;

(五)恢复原状;

(六)修理、重作、更换;

(七)继续履行;

(八)赔偿损失;

(九)支付违约金;

(十)消除影响、恢复名誉;

(十一)赔礼道歉。

法律规定惩罚性赔偿的,依照其规定。

本条规定的承担民事责任的方式,可以单独适用,也可以合并适用。

第一百八十条 因不可抗力不能履行民事义务的,不承担民事责任。法律另有规定的,依照其规定。

不可抗力是指不能预见、不能避免且不能克服的客观情况。

第一百八十一条 因正当防卫造成损害的,不承担民事责任。

正当防卫超过必要的限度,造成不应有的损害的,正当防卫人应当承担适当的民事责任。

第一百八十二条 因紧急避险造成损害的,由引起险情发生的人承担民事责任。

危险由自然原因引起的,紧急避险人不承担民事责任,可以给予适当补偿。

紧急避险采取措施不当或者超过必要的限度,造成不应有的损害的,紧急避险人应当承担适当的民事责任。

第一百八十三条 因保护他人民事权益使自己受到损害的,由侵权人承担民事责任,受益人可以给予适当补偿。没有侵权人、侵权人逃逸或者无力承担民事责任,受害人请求补偿的,受益人应当给予适当补偿。

第一百八十四条 因自愿实施紧急救助行为造成受助人损害的,救助人不承担民事责任。

第一百八十五条 侵害英雄烈士等的姓名、肖像、名誉、荣誉,损害社会公共利益的,应当承担民事责任。

第一百八十六条 因当事人一方的违约行为,损害对方人身权益、财产权益的,受损害方有权选择请求其承担违约责任或者侵权责任。

第一百八十七条 民事主体因同一行为应当承担民事责任、行政责任和刑事责任的,承担行政责任或者刑事责任不影响承担民事责任;民事主体的财产不足以支付的,优先用于承担民事责任。

第九章 诉讼时效

第一百八十八条 向人民法院请求保护民事权利的诉讼时效期间为三年。法律另有规定的,依照其规定。

诉讼时效期间自权利人知道或者应当知道权利受到损害以及义务人之日起计算。法律另有规定的,依照其规定。但是自权利受到损害之日起超过二十年的,人民法院不予保护;有特殊情况的,人民法院可以根据权利人的申请决定延长。

第一百八十九条 当事人约定同一债务分期履行的,诉讼时效期间自最后一期履行期限届满之日起计算。

第一百九十条 无民事行为能力人或者限制民事行为能力人对其法定代理人的请求权的诉讼时效期间,自该法定代理终止之日起计算。

第一百九十一条 未成年人遭受性侵害的损害赔偿请求权的诉讼时效期间,自受害人年满十八周岁之日起计算。

第一百九十二条 诉讼时效期间届满的,义务人可以提出不履行义务的抗辩。

诉讼时效期间届满后,义务人同意履行的,不得以诉讼时效期间届满为由抗辩;义务人已自愿履行的,不得请求返还。

第一百九十三条 人民法院不得主动适用诉讼时效的规定。

第一百九十四条 在诉讼时效期间的最后六个月内,因下列障碍,不

能行使请求权的,诉讼时效中止:

(一)不可抗力;

(二)无民事行为能力人或者限制民事行为能力人没有法定代理人,或者法定代理人死亡、丧失民事行为能力、丧失代理权;

(三)继承开始后未确定继承人或者遗产管理人;

(四)权利人被义务人或者其他人控制;

(五)其他导致权利人不能行使请求权的障碍。

自中止时效的原因消除之日起满六个月,诉讼时效期间届满。

第一百九十五条 有下列情形之一的,诉讼时效中断,从中断、有关程序终结时起,诉讼时效期间重新计算:

(一)权利人向义务人提出履行请求;

(二)义务人同意履行义务;

(三)权利人提起诉讼或者申请仲裁;

(四)与提起诉讼或者申请仲裁具有同等效力的其他情形。

第一百九十六条 下列请求权不适用诉讼时效的规定:

(一)请求停止侵害、排除妨碍、消除危险;

(二)不动产物权和登记的动产物权的权利人请求返还财产;

(三)请求支付抚养费、赡养费或者扶养费;

(四)依法不适用诉讼时效的其他请求权。

第一百九十七条 诉讼时效的期间、计算方法以及中止、中断的事由由法律规定,当事人约定无效。

当事人对诉讼时效利益的预先放弃无效。

第一百九十八条 法律对仲裁时效有规定的,依照其规定;没有规定的,适用诉讼时效的规定。

第一百九十九条 法律规定或者当事人约定的撤销权、解除权等权利的存续期间,除法律另有规定外,自权利人知道或者应当知道权利产生之日起计算,不适用有关诉讼时效中止、中断和延长的规定。存续期间届满,撤销权、解除权等权利消灭。

第十章　期间计算

第二百条 民法所称的期间按照公历年、月、日、小时计算。

第二百零一条 按照年、月、日计算期间的,开始的当日不计入,自下一日开始计算。

按照小时计算期间的，自法律规定或者当事人约定的时间开始计算。

第二百零二条　按照年、月计算期间的，到期月的对应日为期间的最后一日；没有对应日的，月末日为期间的最后一日。

第二百零三条　期间的最后一日是法定休假日的，以法定休假日结束的次日为期间的最后一日。

期间的最后一日的截止时间为二十四时；有业务时间的，停止业务活动的时间为截止时间。

第二百零四条　期间的计算方法依照本法的规定，但是法律另有规定或者当事人另有约定的除外。

第十一章　附　　则

第二百零五条　民法所称的“以上”“以下”“以内”“届满”，包括本数；所称的“不满”“超过”“以外”，不包括本数。

第二百零六条　本法自 2017 年 10 月 1 日起施行。

全国人民代表大会常务委员会关于修改《中华人民共和国民事诉讼法》和《中华人民共和国行政诉讼法》的决定

（2017 年 6 月 27 日　中华人民共和国主席令第七十一号
第十二届全国人民代表大会常务委员会第二十八次会议通过）

第十二届全国人民代表大会常务委员会第二十八次会议决定：

一、对《中华人民共和国民事诉讼法》作出修改

第五十五条增加一款，作为第二款："人民检察院在履行职责中发现破坏生态环境和资源保护、食品药品安全领域侵害众多消费者合法权益等损害社会公共利益的行为，在没有前款规定的机关和组织或者前款规定的机关和组织不提起诉讼的情况下，可以向人民法院提起诉讼。前款规定的机关或者组织提起诉讼的，人民检察院可以支持起诉。"

二、对《中华人民共和国行政诉讼法》作出修改

第二十五条增加一款，作为第四款："人民检察院在履行职责中发现生态环境和资源保护、食品药品安全、国有财产保护、国有土地使用权出让等领域负有监督管理职责的行政机关违法行使职权或者不作为，致使国家利益或者社会公共利益受到侵害的，应当向行政机关提出检察建议，督促其依法履行职责。行政机关不依法履行职责的，人民检察院依法向人民法院提起诉讼。"

本决定自 2017 年 7 月 1 日起施行。

《中华人民共和国民事诉讼法》和《中华人民共和国行政诉讼法》根据本决定作相应修改，重新公布。

行政法规　法规性文件

国务院关于修改和废止部分行政法规的决定（节录）

（2017年3月1日 国务院令第676号）

为了依法推进简政放权、放管结合、优化服务改革，国务院对取消行政审批项目、中介服务事项、职业资格许可事项和企业投资项目核准前置审批改革涉及的行政法规，以及不利于稳增长、促改革、调结构、惠民生的行政法规，进行了清理。经过清理，国务院决定：

一、对36部行政法规的部分条款予以修改。（附件1）

二、对3部行政法规予以废止。（附件2）

本决定自公布之日起施行。

附件：1. 国务院决定修改的行政法规（节录）

2. 国务院决定废止的行政法规（略）

附件1

国务院决定修改的行政法规（节录）

二十八、将《期货交易管理条例》第二十二条修改为："其他期货经营机构从事期货投资咨询业务，应当遵守国务院期货监督管理机构的规定。"

中华人民共和国统计法实施条例

（2017 年 5 月 28 日　国务院令第 681 号）

第一章　总　　则

第 一 条　根据《中华人民共和国统计法》（以下简称统计法），制定本条例。

第 二 条　统计资料能够通过行政记录取得的，不得组织实施调查。通过抽样调查、重点调查能够满足统计需要的，不得组织实施全面调查。

第 三 条　县级以上人民政府统计机构和有关部门应当加强统计规律研究，健全新兴产业等统计，完善经济、社会、科技、资源和环境统计，推进互联网、大数据、云计算等现代信息技术在统计工作中的应用，满足经济社会发展需要。

第 四 条　地方人民政府、县级以上人民政府统计机构和有关部门应当根据国家有关规定，明确本单位防范和惩治统计造假、弄虚作假的责任主体，严格执行统计法和本条例的规定。

地方人民政府、县级以上人民政府统计机构和有关部门及其负责人应当保障统计活动依法进行，不得侵犯统计机构、统计人员独立行使统计调查、统计报告、统计监督职权，不得非法干预统计调查对象提供统计资料，不得统计造假、弄虚作假。

统计调查对象应当依照统计法和国家有关规定，真实、准确、完整、及时地提供统计资料，拒绝、抵制弄虚作假等违法行为。

第 五 条　县级以上人民政府统计机构和有关部门不得组织实施营利性统计调查。

国家有计划地推进县级以上人民政府统计机构和有关部门通过向社会购买服务组织实施统计调查和资料开发。

第二章　统计调查项目

第 六 条　部门统计调查项目、地方统计调查项目的主要内容不得与国家统计调查项目的内容重复、矛盾。

第 七 条 统计调查项目的制定机关(以下简称制定机关)应当就项目的必要性、可行性、科学性进行论证,征求有关地方、部门、统计调查对象和专家的意见,并由制定机关按照会议制度集体讨论决定。

重要统计调查项目应当进行试点。

第 八 条 制定机关申请审批统计调查项目,应当以公文形式向审批机关提交统计调查项目审批申请表、项目的统计调查制度和工作经费来源说明。

申请材料不齐全或者不符合法定形式的,审批机关应当一次性告知需要补正的全部内容,制定机关应当按照审批机关的要求予以补正。

申请材料齐全、符合法定形式的,审批机关应当受理。

第 九 条 统计调查项目符合下列条件的,审批机关应当作出予以批准的书面决定:

(一)具有法定依据或者确为公共管理和服务所必需;

(二)与已批准或者备案的统计调查项目的主要内容不重复、不矛盾;

(三)主要统计指标无法通过行政记录或者已有统计调查资料加工整理取得;

(四)统计调查制度符合统计法律法规规定,科学、合理、可行;

(五)采用的统计标准符合国家有关规定;

(六)制定机关具备项目执行能力。

不符合前款规定条件的,审批机关应当向制定机关提出修改意见;修改后仍不符合前款规定条件的,审批机关应当作出不予批准的书面决定并说明理由。

第 十 条 统计调查项目涉及其他部门职责的,审批机关应当在作出审批决定前,征求相关部门的意见。

第十一条 审批机关应当自受理统计调查项目审批申请之日起 20 日内作出决定。20 日内不能作出决定的,经审批机关负责人批准可以延长 10 日,并应当将延长审批期限的理由告知制定机关。

制定机关修改统计调查项目的时间,不计算在审批期限内。

第十二条 制定机关申请备案统计调查项目,应当以公文形式向备案机关提交统计调查项目备案申请表和项目的统计调查制度。

统计调查项目的调查对象属于制定机关管辖系统,且主要内容与已批准、备案的统计调查项目不重复、不矛盾的,备案机关应当依法给予备案文号。

第十三条 统计调查项目经批准或者备案的，审批机关或者备案机关应当及时公布统计调查项目及其统计调查制度的主要内容。涉及国家秘密的统计调查项目除外。

第十四条 统计调查项目有下列情形之一的，审批机关或者备案机关应当简化审批或者备案程序，缩短期限：

（一）发生突发事件需要迅速实施统计调查；

（二）统计调查制度内容未作变动，统计调查项目有效期届满需要延长期限。

第十五条 统计法第十七条第二款规定的国家统计标准是强制执行标准。各级人民政府、县级以上人民政府统计机构和有关部门组织实施的统计调查活动，应当执行国家统计标准。

制定国家统计标准，应当征求国务院有关部门的意见。

第三章 统计调查的组织实施

第十六条 统计机构、统计人员组织实施统计调查，应当就统计调查对象的法定填报义务、主要指标涵义和有关填报要求等，向统计调查对象作出说明。

第十七条 国家机关、企业事业单位或者其他组织等统计调查对象提供统计资料，应当由填报人员和单位负责人签字，并加盖公章。个人作为统计调查对象提供统计资料，应当由本人签字。统计调查制度规定不需要签字、加盖公章的除外。

统计调查对象使用网络提供统计资料的，按照国家有关规定执行。

第十八条 县级以上人民政府统计机构、有关部门推广使用网络报送统计资料，应当采取有效的网络安全保障措施。

第十九条 县级以上人民政府统计机构、有关部门和乡、镇统计人员，应当对统计调查对象提供的统计资料进行审核。统计资料不完整或者存在明显错误的，应当由统计调查对象依法予以补充或者改正。

第二十条 国家统计局应当建立健全统计数据质量监控和评估制度，加强对各省、自治区、直辖市重要统计数据的监控和评估。

第四章 统计资料的管理和公布

第二十一条 县级以上人民政府统计机构、有关部门和乡、镇人民政府应当妥善保管统计调查中取得的统计资料。

国家建立统计资料灾难备份系统。

第二十二条 统计调查中取得的统计调查对象的原始资料,应当至少保存2年。

汇总性统计资料应当至少保存10年,重要的汇总性统计资料应当永久保存。法律法规另有规定的,从其规定。

第二十三条 统计调查对象按照国家有关规定设置的原始记录和统计台账,应当至少保存2年。

第二十四条 国家统计局统计调查取得的全国性统计数据和分省、自治区、直辖市统计数据,由国家统计局公布或者由国家统计局授权其派出的调查机构或者省级人民政府统计机构公布。

第二十五条 国务院有关部门统计调查取得的统计数据,由国务院有关部门按照国家有关规定和已批准或者备案的统计调查制度公布。

县级以上地方人民政府有关部门公布其统计调查取得的统计数据,比照前款规定执行。

第二十六条 已公布的统计数据按照国家有关规定需要进行修订的,县级以上人民政府统计机构和有关部门应当及时公布修订后的数据,并就修订依据和情况作出说明。

第二十七条 县级以上人民政府统计机构和有关部门应当及时公布主要统计指标涵义、调查范围、调查方法、计算方法、抽样调查样本量等信息,对统计数据进行解释说明。

第二十八条 公布统计资料应当按照国家有关规定进行。公布前,任何单位和个人不得违反国家有关规定对外提供,不得利用尚未公布的统计资料谋取不正当利益。

第二十九条 统计法第二十五条规定的能够识别或者推断单个统计调查对象身份的资料包括:

(一)直接标明单个统计调查对象身份的资料;

(二)虽未直接标明单个统计调查对象身份,但是通过已标明的地址、编码等相关信息可以识别或者推断单个统计调查对象身份的资料;

(三)可以推断单个统计调查对象身份的汇总资料。

第三十条 统计调查中获得的能够识别或者推断单个统计调查对象身份的资料应当依法严格管理,除作为统计执法依据外,不得直接作为对统计调查对象实施行政许可、行政处罚等具体行政行为的依据,不得用于完成统计任务以外的目的。

第三十一条　国家建立健全统计信息共享机制，实现县级以上人民政府统计机构和有关部门统计调查取得的资料共享。制定机关共同制定的统计调查项目，可以共同使用获取的统计资料。

统计调查制度应当对统计信息共享的内容、方式、时限、渠道和责任等作出规定。

第五章　统计机构和统计人员

第三十二条　县级以上地方人民政府统计机构受本级人民政府和上级人民政府统计机构的双重领导，在统计业务上以上级人民政府统计机构的领导为主。

乡、镇人民政府应当设置统计工作岗位，配备专职或者兼职统计人员，履行统计职责，在统计业务上受上级人民政府统计机构领导。乡、镇统计人员的调动，应当征得县级人民政府统计机构的同意。

县级以上人民政府有关部门在统计业务上受本级人民政府统计机构指导。

第三十三条　县级以上人民政府统计机构和有关部门应当完成国家统计调查任务，执行国家统计调查项目的统计调查制度，组织实施本地方、本部门的统计调查活动。

第三十四条　国家机关、企业事业单位和其他组织应当加强统计基础工作，为履行法定的统计资料报送义务提供组织、人员和工作条件保障。

第三十五条　对在统计工作中做出突出贡献、取得显著成绩的单位和个人，按照国家有关规定给予表彰和奖励。

第六章　监 督 检 查

第三十六条　县级以上人民政府统计机构从事统计执法工作的人员，应当具备必要的法律知识和统计业务知识，参加统计执法培训，并取得由国家统计局统一印制的统计执法证。

第三十七条　任何单位和个人不得拒绝、阻碍对统计工作的监督检查和对统计违法行为的查处工作，不得包庇、纵容统计违法行为。

第三十八条　任何单位和个人有权向县级以上人民政府统计机构举报统计违法行为。

县级以上人民政府统计机构应当公布举报统计违法行为的方式和途径，依法受理、核实、处理举报，并为举报人保密。

第三十九条 县级以上人民政府统计机构负责查处统计违法行为；法律、行政法规对有关部门查处统计违法行为另有规定的，从其规定。

第七章 法律责任

第四十条 下列情形属于统计法第三十七条第四项规定的对严重统计违法行为失察，对地方人民政府、政府统计机构或者有关部门、单位的负责人，由任免机关或者监察机关依法给予处分，并由县级以上人民政府统计机构予以通报：

（一）本地方、本部门、本单位大面积发生或者连续发生统计造假、弄虚作假；

（二）本地方、本部门、本单位统计数据严重失实，应当发现而未发现；

（三）发现本地方、本部门、本单位统计数据严重失实不予纠正。

第四十一条 县级以上人民政府统计机构或者有关部门组织实施营利性统计调查的，由本级人民政府、上级人民政府统计机构或者本级人民政府统计机构责令改正，予以通报；有违法所得的，没收违法所得。

第四十二条 地方各级人民政府、县级以上人民政府统计机构或者有关部门及其负责人，侵犯统计机构、统计人员独立行使统计调查、统计报告、统计监督职权，或者采用下发文件、会议布置以及其他方式授意、指使、强令统计调查对象或者其他单位、人员编造虚假统计资料的，由上级人民政府、本级人民政府、上级人民政府统计机构或者本级人民政府统计机构责令改正，予以通报。

第四十三条 县级以上人民政府统计机构或者有关部门在组织实施统计调查活动中有下列行为之一的，由本级人民政府、上级人民政府统计机构或者本级人民政府统计机构责令改正，予以通报：

（一）违法制定、审批或者备案统计调查项目；

（二）未按照规定公布经批准或者备案的统计调查项目及其统计调查制度的主要内容；

（三）未执行国家统计标准；

（四）未执行统计调查制度；

（五）自行修改单个统计调查对象的统计资料。

乡、镇统计人员有前款第三项至第五项所列行为的，责令改正，依法给予处分。

第四十四条 县级以上人民政府统计机构或者有关部门违反本条例第二十四条、第二十五条规定公布统计数据的，由本级人民政府、上级人民政府统计机构或者本级人民政府统计机构责令改正，予以通报。

第四十五条 违反国家有关规定对外提供尚未公布的统计资料或者利用尚未公布的统计资料谋取不正当利益的，由任免机关或者监察机关依法给予处分，并由县级以上人民政府统计机构予以通报。

第四十六条 统计机构及其工作人员有下列行为之一的，由本级人民政府或者上级人民政府统计机构责令改正，予以通报：

（一）拒绝、阻碍对统计工作的监督检查和对统计违法行为的查处工作；

（二）包庇、纵容统计违法行为；

（三）向有统计违法行为的单位或者个人通风报信，帮助其逃避查处；

（四）未依法受理、核实、处理对统计违法行为的举报；

（五）泄露对统计违法行为的举报情况。

第四十七条 地方各级人民政府、县级以上人民政府有关部门拒绝、阻碍统计监督检查或者转移、隐匿、篡改、毁弃原始记录和凭证、统计台账、统计调查表及其他相关证明和资料的，由上级人民政府、上级人民政府统计机构或者本级人民政府统计机构责令改正，予以通报。

第四十八条 地方各级人民政府、县级以上人民政府统计机构和有关部门有本条例第四十一条至第四十七条所列违法行为之一的，对直接负责的主管人员和其他直接责任人员，由任免机关或者监察机关依法给予处分。

第四十九条 乡、镇人民政府有统计法第三十八条第一款、第三十九条第一款所列行为之一的，依照统计法第三十八条、第三十九条的规定追究法律责任。

第五十条 下列情形属于统计法第四十一条第二款规定的情节严重行为：

（一）使用暴力或者威胁方法拒绝、阻碍统计调查、统计监督检查；

（二）拒绝、阻碍统计调查、统计监督检查，严重影响相关工作正常开展；

（三）提供不真实、不完整的统计资料，造成严重后果或者恶劣影响；

（四）有统计法第四十一条第一款所列违法行为之一，1 年内被责令改正 3 次以上。

第五十一条 统计违法行为涉嫌犯罪的，县级以上人民政府统计机构应当将案件移送司法机关处理。

第八章 附 则

第五十二条 中华人民共和国境外的组织、个人需要在中华人民共和国境内进行统计调查活动的，应当委托中华人民共和国境内具有涉外统计调查资格的机构进行。涉外统计调查资格应当依法报经批准。统计调查范围限于省、自治区、直辖市行政区域内的，由省级人民政府统计机构审批；统计调查范围跨省、自治区、直辖市行政区域的，由国家统计局审批。

涉外社会调查项目应当依法报经批准。统计调查范围限于省、自治区、直辖市行政区域内的，由省级人民政府统计机构审批；统计调查范围跨省、自治区、直辖市行政区域的，由国家统计局审批。

第五十三条 国家统计局或者省级人民政府统计机构对涉外统计违法行为进行调查，有权采取统计法第三十五条规定的措施。

第五十四条 对违法从事涉外统计调查活动的单位、个人，由国家统计局或者省级人民政府统计机构责令改正或者责令停止调查，有违法所得的，没收违法所得；违法所得 50 万元以上的，并处违法所得 1 倍以上 3 倍以下的罚款；违法所得不足 50 万元或者没有违法所得的，处 200 万元以下的罚款；情节严重的，暂停或者取消涉外统计调查资格，撤销涉外社会调查项目批准决定；构成犯罪的，依法追究刑事责任。

第五十五条 本条例自 2017 年 8 月 1 日起施行。1987 年 1 月 19 日国务院批准、1987 年 2 月 15 日国家统计局公布，2000 年 6 月 2 日国务院批准修订、2000 年 6 月 15 日国家统计局公布，2005 年 12 月 16 日国务院修订的《中华人民共和国统计法实施细则》同时废止。

国务院关于扩大对外开放积极利用外资若干措施的通知

（2017 年 1 月 12 日　国发〔2017〕5 号）

各省、自治区、直辖市人民政府，国务院各部委、各直属机构：

利用外资是我国对外开放基本国策和开放型经济体制的重要组成部分，在经济发展和深化改革进程中发挥了积极作用。当前，全球跨国投资和产业转移呈现新趋势，我国经济深度融入世界经济，经济发展进入新常态，利用外资面临新形势新任务。为深入贯彻落实《中共中央 国务院关于构建开放型经济新体制的若干意见》，进一步积极利用外资，营造优良营商环境，继续深化简政放权、放管结合、优化服务改革，降低制度性交易成本，实现互利共赢，现将有关事宜通知如下：

一、进一步扩大对外开放

（一）以开放发展理念为指导，推动新一轮高水平对外开放。修订《外商投资产业指导目录》及相关政策法规，放宽服务业、制造业、采矿业等领域外资准入限制。支持外资参与创新驱动发展战略实施、制造业转型升级和海外人才在华创业发展。（国家发展改革委、商务部牵头）

（二）服务业重点放宽银行类金融机构、证券公司、证券投资基金管理公司、期货公司、保险机构、保险中介机构外资准入限制，放开会计审计、建筑设计、评级服务等领域外资准入限制，推进电信、互联网、文化、教育、交通运输等领域有序开放。（国家发展改革委、商务部牵头，教育部、工业和信息化部、财政部、人力资源社会保障部、住房城乡建设部、交通运输部、文化部、人民银行、新闻出版广电总局、国家网信办、银监会、证监会、保监会等按职责分工负责）

（三）制造业重点取消轨道交通设备制造、摩托车制造、燃料乙醇生产、油脂加工等领域外资准入限制。采矿业放宽油页岩、油砂、页岩气等非常规油气以及矿产资源领域外资准入限制。石油、天然气领域对外合作项目由审批制改为备案制。（国家发展改革委、商务部牵头，工业和信息化部、国土资源部、国家粮食局、国家能源局等按职责分工负责）

（四）外商投资企业和内资企业同等适用“中国制造2025”战略政策措施。鼓励外商投资高端制造、智能制造、绿色制造等，以及工业设计和创意、工程咨询、现代物流、检验检测认证等生产性服务业，改造提升传统产业。（国家发展改革委、工业和信息化部、商务部、质检总局等按职责分工负责）

（五）支持外资依法依规以特许经营方式参与基础设施建设，包括能源、交通、水利、环保、市政公用工程等。相关支持政策同等适用于外资特许经营项目建设运营。（国家发展改革委、财政部、住房城乡建设部、交通运输部、水利部、人民银行等按职责分工负责）

（六）支持内外资企业、科研机构开展研发合作。支持外商投资企业建设研发中心、企业技术中心，申报设立博士后科研工作站。根据对等原则，允许外商投资企业参与承担国家科技计划项目。外商投资企业同等适用研发费用加计扣除、高新技术企业、研发中心等优惠政策。（国家发展改革委、科技部、财政部、人力资源社会保障部、商务部、税务总局等按职责分工负责）

（七）支持海外高层次人才在华创业发展。对持有外国人永久居留证的外籍高层次人才创办科技型企业，给予中国籍公民同等待遇。对外籍高层次人才及其外籍配偶、子女申请办理多次签证或者居留证件的，依法依规提供便利。（科技部、公安部、人力资源社会保障部、国家外专局等按职责分工负责）

二、进一步创造公平竞争环境

（八）各部门制定外资政策，要按照《国务院关于在市场体系建设中建立公平竞争审查制度的意见》（国发〔2016〕34号）规定进行公平竞争审查，原则上应公开征求意见，重要事项要报请国务院批准。各地区各部门要严格贯彻执行国家政策法规，确保政策法规执行的一致性，不得擅自增加对外商投资企业的限制。（各省、自治区、直辖市人民政府和国务院部门按职责分工负责）

（九）除法律法规有明确规定或确需境外投资者提供信息外，有关部门要按照内外资企业统一标准、统一时限的原则，审核外商投资企业业务牌照和资质申请，促进内外资企业一视同仁、公平竞争。（各省、自治区、直辖市人民政府和国务院有关部门按职责分工负责）

（十）促进内外资企业公平参与我国标准化工作。进一步深化标准化工作改革，提高标准制修订的透明度和开放度。推进标准制修订全过程信息公开，强化标准制修订过程中的信息共享和社会监督。（国家标

准委牵头）

（十一）深化政府采购改革，坚持公开透明、公平竞争原则，依法依规对外商投资企业在我国境内生产的产品一视同仁、平等对待，促进内外资企业公平参与政府采购招投标。（财政部牵头）

（十二）依法依规严格保护外商投资企业知识产权。健全知识产权执法机制，加强知识产权执法、维权援助和仲裁调解工作。加强知识产权对外合作机制建设，推动相关国际组织在我国设立知识产权仲裁和调解分中心。（商务部、工商总局、国家知识产权局、国家版权局等按职责分工负责）

（十三）支持外商投资企业拓宽融资渠道。外商投资企业可以依法依规在主板、中小企业板、创业板上市，在新三板挂牌，以及发行企业债券、公司债券、可转换债券和运用非金融企业债务融资工具进行融资。（国家发展改革委、商务部、人民银行、证监会等按职责分工负责）

（十四）深化外商投资企业注册资本制度改革。除法律、行政法规另有规定外，取消外商投资公司的最低注册资本要求，落实内外资企业统一的注册资本制度。（国家发展改革委、商务部、工商总局等按职责分工负责）

三、进一步加强吸引外资工作

（十五）各地区要按照创新、协调、绿色、开放、共享的发展理念，结合地方实际，积极开展投资促进活动。允许地方政府在法定权限范围内制定出台招商引资优惠政策，支持对就业、经济发展、技术创新贡献大的项目，降低企业投资和运营成本，依法保护外商投资企业及其投资者权益，营造良好的投资环境。（各省、自治区、直辖市人民政府按职责分工负责）

（十六）支持中西部地区、东北地区承接外资产业转移。修订《中西部地区外商投资优势产业目录》，扩大中西部地区、东北地区鼓励外商投资产业范围。对符合条件的西部地区鼓励类产业外商投资企业实行企业所得税优惠政策。向中西部地区、东北地区转移的外商投资企业享受国家支持产业转移与加工贸易的资金、土地等优惠政策。对东部地区外商投资企业转移到中西部地区、东北地区的，人力资源社会保障部门要依申请及时办理社会保险异地转移接续。（国家发展改革委、商务部牵头，工业和信息化部、财政部、人力资源社会保障部、国土资源部、税务总局等按职责分工负责）

（十七）支持外商投资项目用地。外商投资企业与内资企业同等适用相关用地政策。继续对集约用地的鼓励类外商投资工业项目优先供应土地，在确定土地出让底价时可按不低于所在地土地等别相对应全国工业用地出让最低价标准的70%执行。（国土资源部牵头）

（十八）推进外资跨国公司本外币资金集中运营管理改革。积极吸引跨国公司在我国设立地区总部和采购中心、结算中心等功能性机构，允许外资跨国公司开展本外币资金集中运营，促进资金双向流动，提高资金使用效率和投资便利化水平。（人民银行、国家外汇局等按职责分工负责）

（十九）完善外商投资企业外债管理制度。统一内外资企业外债管理，改进企业外汇管理，提高外商投资企业境外融资能力和便利度。（国家发展改革委、商务部、人民银行、国家外汇局等按职责分工负责）

（二十）深化外商投资管理体制改革。推进对外商投资全面实施准入前国民待遇加负面清单管理模式，简化外商投资项目管理程序和外商投资企业设立、变更管理程序。推进审批环节并联办理，缩短海关登记、申领发票等环节办理时间。加大电子政务建设力度，推行一口受理、限时办结、进度可查询，提升外商投资管理信息化水平。推进自由贸易试验区建设，在更大范围推广复制经验。（国家发展改革委、商务部、海关总署、税务总局、工商总局等按职责分工负责）

各地区、各部门要充分认识新形势下做好利用外资工作的重要意义，高度重视，主动作为，强化责任，密切协作，国家发展改革委、商务部要会同有关部门加强督促检查，确保各项政策措施落到实处。结合各项政策措施实施，大力创造更加开放、便利、透明的营商环境，积极吸引外商投资以及先进技术和管理经验，稳定外商投资规模和速度，提高利用外资水平和质量，着力推动新一轮高水平对外开放，以开放促改革、促发展。

国务院办公厅关于创新管理优化服务培育壮大经济发展新动能加快新旧动能接续转换的意见（节录）

（2017年1月13日　国办发〔2017〕4号）

各省、自治区、直辖市人民政府，国务院各部委、各直属机构：

当今世界，新一轮科技革命和产业变革呈现多领域、跨学科、群体性突破新态势，正在向经济社会各领域广泛深入渗透。我国经济发展进入新常态，创新驱动发展战略深入实施，大众创业万众创新蓬勃兴起，诸多新产业、新业态蕴含巨大发展潜力，呈现技术更迭快、业态多元化、产业融合化、组织网络化、发展个性化、要素成果分享化等新特征，以技术创新为引领，以新技术新产业新业态新模式为核心，以知识、技术、信息、数据等新生产要素为支撑的经济发展新动能正在形成。加快培育壮大新动能、改造提升传统动能是促进经济结构转型和实体经济升级的重要途径，也是推进供给侧结构性改革的重要着力点。为落实党中央、国务院决策部署，破解制约新动能成长和传统动能改造提升的体制机制障碍、强化制度创新和培育壮大经济发展新动能、加快新旧动能接续转换，经国务院同意，现提出以下意见。

一、总体要求

随着全球创新创业进入高度密集活跃期，人才、知识、技术、资本等创新资源全球流动的速度、范围和规模达到空前水平，创新模式发生重大变化，生产、流通、分配、消费的新模式快速形成。在经济发展新动能加快壮大的同时，技术创新供给不足、制度创新供给不够等制约因素凸显，特别是一些经济领域管理规则已经不适应新的发展趋势，迫切需要加快制度创新步伐，营造包容支持创业创新和推动传统产业提质增效的制度环境。

（一）指导思想。

牢固树立和贯彻落实创新、协调、绿色、开放、共享的发展理念，坚持以推进供给侧结构性改革为主线，着力振兴实体经济，深入实施创新驱动发展战略，大力推进大众创业万众创新；深化简政放权、放管结合、优化服务改革，进一步优化公共服务、创新行政管理，与时俱进、顺势而为、主动求变，促进制度创新与技术创新的融合互动、供给与需求的有效衔接、新动能培育与传统动能改造提升的协调互动。

（二）基本原则。

——突出改革引领。强化从供给侧突破的意识，发挥市场在资源配置中的决定性作用，进一步激活市场机制，放宽政策限制，主动改变不适宜的监管理念、管理模式和政策体系，加快人才、金融、技术等要素市场改革，维护公平竞争，打破新主体进入市场的制度瓶颈，扩大群众就业和创造财富新空间。

——实施创新驱动。强化鼓励创新、宽容失败的意识。摆脱跟随发展的路径依赖，着力原始创新和颠覆性创新，保护和激发干事创业的积极性和创造性，主动构建激发创新活力、推广创新成果、支持业态创新的体制机制，以更大的力度促进知识和智力资源尽快实现经济价值，加快塑造更多依靠创新驱动、更多发挥先发优势的引领型发展新格局。

——优化服务理念。强化主动服务、效率优先的意识，更好发挥政府在新动能培育中的作用。大幅减少事前行政审批、健全事中事后监管，变管理为服务，进一步提升行政审批、法规调整、政策支持、标准规范、资源开放等方面政府服务的科学性、灵活性和针对性。创新服务机制，推进重心下移，及时主动解决阻碍新动能释放的矛盾问题，提供更加便捷高效的政府服务。

——着力融合发展。强化向实体经济聚力发力的意识，提升新动能对传统动能的带动作用。以提高质量和核心竞争力为中心，加快利用新技术、新业态改造提升传统产业，创造更多适应市场需求的新产品、新模式，促进覆盖一二三产业的实体经济蓬勃发展。

——坚持底线思维。强化开放共治与防控风险并重的意识，推进以信用管理为基础，以防范区域性、系统性风险和保护消费者合法权益为底线的新型管理模式，为释放新动能创造更加广阔的空间。

（三）目标任务。

构建形成适应新产业新业态发展规律、满足新动能集聚需要的政策法规和制度环境。创新驱动发展的体制环境更加完备，全社会创业创新生态持续优化，人才、技术、知识、数据资源更加雄厚，有利于新供给与新需求衔接的市场机制基本形成，政府服务的响应速度和水平大幅提升，包容和支持创新发展的管理体系基本建立。

通过一段时间努力，以分享经济、信息经济、生物经济、绿色经济、创意经济、智能制造经济为阶段性重点的新兴经济业态逐步成为新的增长引擎。制造业新模式、农业新业态、服务业新领域得到拓展深化，产品和服务价值链大幅提升，传统动能焕发新活力。新旧动能实现平稳接续、协同发力，资源配置效率和全要素生产率大幅提升，实体经济发展质量和核心竞争力显著提高，支撑经济保持中高速增长、迈向中高端水平，在全球范围内优化配置创新资源，在更高水平上开展对外合作，新的经济发展动力得到强化，新的经济结构和增长格局逐步形成。

二、提高政府服务的能力和水平

主动适应新动能加速成长和传统动能改造提升的需要，加快转变政府职能，为加快实施创新驱动发展战略、推进大众创业万众创新清障搭台，优化服务流程，拓展发展空间，提高服务新兴经济领域市场主体的快速响应能力和水平。

（五）加快法规政策标准动态调整。

放宽新兴经济领域政策限制。优化多层次资本市场发行上市及挂牌条件。实现信用评价与税收便利服务挂钩，将优惠政策由备案管理和事前审批，逐渐向加强事中事后监管转变，提高中小企业优惠政策获得感。健全适应新兴经济领域融合发展的生产核算等制度。在部分新兴经济领域探索实施特殊管理股制度。（国家发展改革委、科技部、工业和信息化部、财政部、税务总局、工商总局、证监会、国务院法制办等部门按职责分工负责）

三、探索包容创新的审慎监管制度

在新兴经济领域贯彻更加包容和鼓励创新的治理理念，推动从处理具体事项的细则式管理转变为事先设置安全阀及红线的触发式管理。加强协同配合、鼓励多方参与，引导新产业新业态健康有序发展，释放经济发展新动能，促进传统领域管理创新、转型升级。

（八）建立公平开放的市场准入制度。

完善以负面清单为主的产业准入制度。对未纳入负面清单管理的行业、领域、业务等，各类市场主体皆可依法平等进入。针对新技术、新产业、新业态、新模式，本着降低创业门槛的原则，不急于纳入负面清单管理。进一步放开增值电信业务和基础电信运营领域准入。推进药品上市许可持有人制度试点。充分考虑分享经济特殊性，按照包容发展的原则，审慎研究信息中介服务平台企业的行业准入办法，加强事中事后监管。根据教育培训、健康医疗、交通出行等领域新业态的特征，调整优化准入标准，创新监管方式，鼓励商业模式创新。（国家发展改革委、教育部、工业和信息化部、交通运输部、商务部、国家卫生计生委、工商总局、质检总局、食品药品监管总局、银监会、证监会、保监会等部门按职责分工负责）

（十）探索动态包容审慎监管制度。

建立适应互联网传播和用户创造内容趋势的新媒体内容监管机制。建立适应互联网条件下金融创新发展的金融监管机制。（国家发展改革委、文化部、人民银行、新闻出版广电总局、国家网信办、银监会、证监会、保监会等部门按职责分工负责）

推行动态审慎监管。包容处于发展初期的新业态发展。提高行业自律管理水平和能力，搭建企业与政府监管部门沟通协调桥梁，不断促进规范发展。在敏感领域，根据行业和企业申请对处于研发阶段、缺乏成熟标准或完全不适应现有监管体系的产品、服务开展并行研究和监测分析，同步研究科学有效的监管方法。（工业和信息化部、商务部、国家卫生计生委、工商总局、质检总局、食品药品监管总局、国家网信办、银监会、证监会、保监会等部门按职责分工负责）

（十一）完善风险管控体系。

提高信息化治理水平。加强在线、移动、大数据监管能力和队伍建设，增强网上技术侦查、新产品检验检测、金融领域新风险防范、网络信息技术产品和服务安全审查等技术水平。完善公共管理和决策工具体系，缩短风险监测信息反馈周期。（国家发展改革委、工业和信息化部、人民银行、质检总局、国家网信办、银监会、证监会、保监会等部门按职责分工负责）

（十九）优化金融支持体系。

调整完善创业投资法规政策，激励引导创投机构加大对新创办企业的投入比重。充分发挥政府各类创业投资引导基金和产业投资基金作用，对符合投向的新兴经济领域创新型企业给予支持。加大多层次资本市场对新兴经济企业股权、债权融资的支持力度。建立健全知识产权质押登记公示系统，研究设立国家级无形资产转让交易平台。（国家发展改革委、财政部、人民银行、工商总局、银监会、证监会等部门按职责分工负责）

国务院办公厅关于规范发展区域性股权市场的通知

（2017年1月20日　国办发〔2017〕11号）

各省、自治区、直辖市人民政府，国务院各部委、各直属机构：

规范发展区域性股权市场是完善多层次资本市场体系的重要举措，在推进供给侧结构性改革、促进大众创业万众创新、服务创新驱动发展战略、降低企业杠杆率等方面具有重要意义。为贯彻落实党中央、国务院决策部署，推动多层次资本市场长期稳定健康发展，防范和化解金融风险，支持实体经济特别是中小微企业发展，保护投资者合法权益，经国务院同意，现就规范发展区域性股权市场有关事项通知如下：

一、区域性股权市场是主要服务于所在省级行政区域内中小微企业的私募股权市场，是多层次资本市场体系的重要组成部分，是地方人民政府扶持中小微企业政策措施的综合运用平台。要处理好监管与发展的关系，按照既有利于规范、又有利于发展的要求，积极稳妥推进区域性股权市场规范发展，防范和化解金融风险，有序扩大和更加便利中小微企业融资。

二、区域性股权市场由所在地省级人民政府按规定实施监管，并承担相应风险处置责任。证监会要依法依规履职尽责，加强对省级人民政府开展区域性股权市场监管工作的指导、协调和监督。省级人民政府要根据相关金融政策法规，在职责范围内制定具体实施细则和操作办法，建立健全监管机制，指定具体部门承担日常监管职责，不断提升监管能力，依法查处违法违规行为。证监会负责制定统一的区域性股权市场业务及监管规则，对市场规范运作情况进行监督检查，对可能出现的金融风险进行预警提示和处置督导。证监会要对省级人民政府的监管能力和条件进行审慎评估，加强监管培训，采取有效措施，促使地方监管能力与市场发展状况相适应。证监会等国务院有关部门和省级人民政府要加强监管协同，防止监管空白和监管套利，严厉打击各类违法违规行为，维护市场秩序，切实保护投资者合法权益，防范和化解金融风险，促进区域性股权市场健康稳定发展。

三、区域性股权市场运营机构（以下简称运营机构）负责组织区域性股权市场的活动，对市场参与者进行自律管理，保障市场规范稳定运行。运营机构名单由省级人民政府实施管理并予以公告，同时向证监会备案。本通知印发前，省、自治区、直辖市、计划单列市行政区域内已设立运营机构的，不再设立；尚未设立运营机构的，可设立一家；已设立两家及以上运营机构的，省级人民政府要积极稳妥推动整合为一家，证监会要予以指导督促。

四、区域性股权市场的各项活动应遵守法律法规和证监会制定的业务及监管规则。在区域性股权市场发行或转让证券的，限于股票、可转换为股票的公司债券以及国务院有关部门按程序认可的其他证券，不得违规发行或转让私募债券；不得采用广告、公开劝诱等公开或变相公开方式发行证券，不得以任何形式非法集资；不得采取集中竞价、做市商等集中交易方式进行证券转让，投资者买入后卖出或卖出后买入同一证券的时间间隔不得少于五个交易日；除法律、行政法规另有规定外，单只证券持有人累计不得超过法律、行政法规规定的私募证券持有人数量上限；证券持有人名册和登记过户记录必须真实、准确、完整，不得隐匿、伪造、篡改或毁损。在区域性股权市场进行有限责任公司股权融资或转让的，不得违反本通知相关规定。

五、区域性股权市场实行合格投资者制度。合格投资者应是依法设立且具备一定条件的法人机构、合伙企业，金融机构依法管理的投资性计划，以及具备较强风险承受能力且金融资产不低于五十万元人民币的自然人。不得通过拆分、代持等方式变相突破合格投资者标准或单只私募证券持有人数量上限。鼓励支持区域性股权市场采取措施，吸引所在省级行政区域内的合格投资者参与。

六、区域性股权市场的信息系统应符合有关法律法规和证监会制定的信息技术管理规范。运营机构及开立投资者账户、办理登记结算业务的有关机构应按照规定向所在地省级人民政府和证监会报送信息，并将有关信息系统与证监会指定的监管信息系统进行对接。

七、区域性股权市场不得为所在省级行政区域外的企业私募证券或股权的融资、转让提供服务。对不符合本条规定的区域性股权市场，省级人民政府要按规定限期清理，妥善解决跨区域经营问题。运营机构所在地和企业所在地省级人民政府要签订协议，明确清理过程中的监管责任，防范和化解可能产生的风险。

八、国务院有关部门和地方人民政府要在职责范围内采取必要措施，为区域性股权市场规范健康发展创造良好环境，逐步建成融资功能完备、服务方式灵活、运行安全规范、投资者合法权益得到充分保护的区域性股权市场。国务院有关部门出台相关政策措施，可选择运行安全规范、具有较强风险管理能力的区域性股权市场先行先试。

国务院关于印发“十三五”促进就业规划的通知（节录）

（2017 年 1 月 26 日　国发〔2017〕10 号）

各省、自治区、直辖市人民政府，国务院各部委、各直属机构：

现将《“十三五”促进就业规划》印发给你们，请认真贯彻执行。

“十三五”促进就业规划

“十二五”以来，面对复杂严峻的国内外形势，党中央、国务院准确把握发展大势，不断创新宏观调控思路和方式，全面深化改革，激发了经济发展内生动力和就业创业活力，就业规模不断扩大、结构持续优化，创业带动就业能力显著增强，劳动者素质明显提高，就业质量进一步提升。

“十三五”时期，做好促进就业工作机遇和挑战并存。一方面，我国发展仍处于可以大有作为的重要战略机遇期，新型工业化、信息化、城镇化、农业现代化孕育巨大发展潜力，新一轮科技革命和产业变革正在兴起，新兴产业、新兴业态吸纳就业能力不断增强，大众创业、万众创新催生更多新的就业增长点，为促进就业奠定了更加坚实的物质基础。另一方面，国际经济形势依然复杂多变，国内一些长期积累的深层次矛盾逐步显现，经济发展新常态和供给侧结构性改革对促进就业提出了新的要求，劳动者素质结构与经济社会发展需求不相适应、结构性就业矛盾突出等问题凸显。就业是最大的民生，也是经济发展最基本的支撑。坚持实施就业优先战略，全面提升劳动者就业创业能力，实现比较充分和高质量的就业，是培育经济发展新动能、推动经济转型升级的内在要求，对发挥人的创造能力、促进群众增收和保障基本生活、适应人们对自身价值的追求具有十分重要的意义。

本规划依据《中华人民共和国国民经济和社会发展第十三个五年规划纲要》编制，旨在进一步加强战略引领、明确主要任务、细化政策重点，是“十三五”时期指导全国促进就业工作的战略性、综合性、基础性规划。

一、总体要求

（一）指导思想。

全面贯彻党的十八大和十八届三中、四中、五中、六中全会精神，深入贯彻习近平总书记系列重要讲话精神和治国理政新理念新思想新战略，认真落实党中央、国务院决策部署，统筹推进“五位一体”总体布局和协调推进“四个全面”战略布局，牢固树立和贯彻落实创新、协调、绿色、开放、共享的发展理念，推进供给侧结构性改革，实施就业优先战略和人才优先发展战略，把实施积极的就业政策摆在更加突出的位置，贯彻劳动者自主就业、市场调节就业、政府促进就业和鼓励创业的方针，不断提升劳动者素质，强化各类政策协同机制、优化社会资本带动机制、完善就业创业服务机制、健全劳动关系协调机制、构建就业形势综合监测机制，实现比较充分和更高质量的就业，为全面建成小康社会提供强大支撑。

（二）基本原则。

——坚持总量与结构并重。既要着眼于我国人口众多的基本国情，高度重视总量问题，又要从区域、行业、人群分化的实际出发，聚焦关键环节，抓住主要矛盾，坚持分类施策、精准发力，着力解决日益突出的结构性就业矛盾。

——坚持供需两端发力。既要加快培育经济发展新动能，大力发展吸纳就业能力强的产业，不断增强经济发展创造就业岗位能力，优化人力资源市场需求结构，又要坚持需求导向，加强人力资源开发，促进劳动者素质持续提升，改善人力资源市场供给侧结构。

——坚持就业政策与宏观政策协调。既要建立就业政策与宏观经济政策统筹的工作机制，积极扶持就业新形态，不断拓展就业新空间，又要密切关注就业形势变化，加强政策储备，以比较充分和更高质量的就业促进经济平稳运行。

——坚持统筹发挥市场与政府作用。既要优化环境，健全机制，加快消除制度性、体制性障碍，充分发挥市场在促进就业中的决定性作用，又要提高基本公共就业创业服务能力，更好发挥政府作用。

——坚持普惠性与差别化相结合。既要加快建立公平普惠的政策制度，健全人力资源市场体系，维护劳动者提升自身素质、参与就业创业的平等权利，又要坚持突出重点，完善和落实支持政策，扎实做好就业托底工作，帮助就业重点群体和困难群体提升技能、就业创业。

（三）主要目标。

到2020年，要实现以下目标：

就业规模稳步扩大，就业质量进一步提升。“十三五”时期城镇新增就业5000万人以上，全国城镇登记失业率控制在5%以内，高校毕业生、农民工等重点人群就业形势基本稳定。促进贫困人口就业，带动1000万人脱贫。服务业从业人员、城镇就业人员所占比重不断提高，就业结构持续优化。城乡均等的公共就业创业服务体系更加健全，劳动者权益保护制度不断完善，企业劳动合同签订率保持在90%以上，工资收入合理增长，就业质量进一步提升。

创业环境显著改善，带动就业能力持续增强。促进创业政策体系不断完善，服务能力明显提升，各类劳动者创业创富通道更加畅通，全社会支持创业、参与创业的积极性显著提高，创业成功率明显提升，创业带动创新、促进就业增收能力持续增强。

人力资源结构不断优化，劳动者就业创业能力明显提高。劳动年龄人口平均受教育年限达到10.8年，新增劳动力平均受教育年限达到13.5年，劳动者素质普遍提高，适应就业形势变化能力不断增强。全国技能劳动者总量达到约1.7亿人，其中高技能人才总量达到5500万人、占技能劳动者总量的比重达到32%，技术技能人才短缺状况有效缓解。

八、组织实施

（二十一）加强部门协调，明确职责分工。

各有关部门要高度重视促进就业工作，切实履行好促进就业鼓励创业的职责，不断完善促进就业创业的政策措施，健全工作机制，明确任务分工，加强跟踪调度，协调解决重大问题，确保本规划重点任务、主要措施有效落实。

附件：重点任务分工方案（节录）

附件

重点任务分工方案(节录)

序号	重点工作	负责单位
23	规范发展区域性股权市场,为创业企业提供直接融资服务。推进知识产权交易,加快建设全国知识产权运营公共服务平台。推动重点实验室、科技园等平台资源向社会开放。	证监会、国家知识产权局、科技部等按职责分工负责

国务院关于印发“十三五”现代综合交通运输体系发展规划的通知（节录）

（2017 年 2 月 3 日　国发〔2017〕11 号）

各省、自治区、直辖市人民政府，国务院各部委、各直属机构：

现将《“十三五”现代综合交通运输体系发展规划》印发给你们，请认真贯彻执行。

“十三五”现代综合交通运输体系发展规划

交通运输是国民经济中基础性、先导性、战略性产业，是重要的服务性行业。构建现代综合交通运输体系，是适应把握引领经济发展新常态，推进供给侧结构性改革，推动国家重大战略实施，支撑全面建成小康社会的客观要求。根据《中华人民共和国国民经济和社会发展第十三个五年规划纲要》，并与“一带一路”建设、京津冀协同发展、长江经济带发展等规划相衔接，制定本规划。

一、总体要求

（一）发展环境。

“十二五”时期，我国各种交通运输方式快速发展，综合交通运输体系不断完善，较好完成规划目标任务，总体适应经济社会发展要求。交通运输基础设施累计完成投资 13.4 万亿元，是“十一五”时期的 1.6 倍，高速铁路营业里程、高速公路通车里程、城市轨道交通运营里程、沿海港口万吨级及以上泊位数量均位居世界第一，天然气管网加快发展，交通运输基础设施网络初步形成。铁路、民航客运量年均增长率超过 10%，铁路客运动车组列车运量比重达到 46%，全球集装箱吞吐量排名前十位的港口我国占 7 席，快递业务量年均增长 50% 以上，城际、城市和农村交通服务能力不断增强，现代化综合交通枢纽场站一体化衔接水平不断提升。

高速铁路装备制造科技创新取得重大突破，电动汽车、特种船舶、国产大型客机、中低速磁悬浮轨道交通等领域技术研发和应用取得进展，技术装备水平大幅提高，交通重大工程施工技术世界领先，走出去步伐不断加快。高速公路电子不停车收费系统（ETC）实现全国联网，新能源运输装备加快推广，交通运输安全应急保障能力进一步提高。铁路管理体制改革顺利实施，大部门管理体制初步建立，交通行政审批改革不断深化，运价改革、投融资改革扎实推进。

“十三五”时期，交通运输发展面临的国内外环境错综复杂。从国际看，全球经济在深度调整中曲折复苏，新的增长动力尚未形成，新一轮科技革命和产业变革正在兴起，区域合作格局深度调整，能源格局深刻变化。从国内看，“十三五”时期是全面建成小康社会决胜阶段，经济发展进入新常态，生产力布局、产业结构、消费及流通格局将加速变化调整。与“十三五”经济社会发展要求相比，综合交通运输发展水平仍然存在一定差距，主要是：网络布局不完善，跨区域通道、国际通道连通不足，中西部地区、贫困地区和城市群交通发展短板明显；综合交通枢纽建设相对滞后，城市内外交通衔接不畅，信息开放共享水平不高，一体化运输服务水平亟待提升，交通运输安全形势依然严峻；适应现代综合交通运输体系发展的体制机制尚不健全，铁路市场化、空域管理、油气管网运营体制、交通投融资等方面改革仍需深化。

综合判断，“十三五”时期，我国交通运输发展正处于支撑全面建成小康社会的攻坚期、优化网络布局的关键期、提质增效升级的转型期，将进入现代化建设新阶段。站在新的发展起点上，交通运输要准确把握经济发展新常态下的新形势、新要求，切实转变发展思路、方式和路径，优化结构、转换动能、补齐短板、提质增效，更好满足多元、舒适、便捷等客运需求和经济、可靠、高效等货运需求；要突出对“一带一路”建设、京津冀协同发展、长江经济带发展三大战略和新型城镇化、脱贫攻坚的支撑保障，着力消除瓶颈制约，提升运输服务的协同性和均等化水平；要更加注重提高交通安全和应急保障能力，提升绿色、低碳、集约发展水平；要适应国际发展新环境，提高国际通道保障能力和互联互通水平，有效支撑全方位对外开放。

（二）指导思想。

全面贯彻党的十八大和十八届二中、三中、四中、五中、六中全会精神，深入贯彻习近平总书记系列重要讲话精神和治国理政新理念新思想新战略，认真落实党中央、国务院决策部署，统筹推进“五位一体”总体布局和协调推进“四个全面”战略布局，牢固树立和贯彻落实新发展理念，以提高发展质量和效益为中心，深化供给侧结构性改革，坚持交通运输服务人民，着力完善基础设施网络、加强运输服务一体衔接、提高运营管理智能水平、推行绿色安全发展模式，加快完善现代综合交通运输体系，更好地发挥交通运输的支撑引领作用，为全面建成小康社会奠定坚实基础。

（三）基本原则。

衔接协调、便捷高效。充分发挥各种运输方式的比较优势和组合效率，提升网络效应和规模效益。加强区域城乡交通运输一体化发展，增强交通公共服务能力，积极引导新生产消费流通方式和新业态新模式发展，扩大交通多样化有效供给，全面提升服务质量效率，实现人畅其行、货畅其流。

适度超前、开放融合。有序推进交通基础设施建设，完善功能布局，强化薄弱环节，确保运输能力适度超前，更好发挥交通先行官作用。坚持建设、运营、维护并重，推进交通与产业融合。积极推进与周边国家互联互通，构建国际大通道，为更高水平、更深层次的开放型经济发展提供支撑。

创新驱动、安全绿色。全面推广应用现代信息技术，以智能化带动交通运输现代化。深化体制机制改革，完善市场监管体系，提高综合治理能力。牢固树立安全第一理念，全面提高交通运输的安全性和可靠性。将生态保护红线意识贯穿到交通发展各环节，建立绿色发展长效机制，建设美丽交通走廊。

（四）主要目标。

到2020年，基本建成安全、便捷、高效、绿色的现代综合交通运输体系，部分地区和领域率先基本实现交通运输现代化。

网络覆盖加密拓展。高速铁路覆盖80%以上的城区常住人口100万以上的城市，铁路、高速公路、民航运输机场基本覆盖城区常住人口20万以上的城市，内河高等级航道网基本建成，沿海港口万吨级及以上泊位数稳步增加，具备条件的建制村通硬化路，城市轨道交通运营里程比2015年增长近一倍，油气主干管网快速发展，综合交通网总里程达到540万公里左右。

综合衔接一体高效。各种运输方式衔接更加紧密，重要城市群核心城市间、核心城市与周边节点城市间实现1—2小时通达。打造一批现代化、立体式综合客运枢纽，旅客换乘更加便捷。交通物流枢纽集疏运系统更加完善，货物换装转运效率显著提高，交邮协同发展水平进一步提升。

运输服务提质升级。全国铁路客运动车服务比重进一步提升，民航航班正常率逐步提高，公路交通保障能力显著增强，公路货运车型标准化水平大幅提高、货车空驶率大幅下降，集装箱铁水联运比重明显提升，全社会运输效率明显提高。公共服务水平显著提升，实现村村直接通邮、具备条件的建制村通客车，城市公共交通出行比例不断提高。

智能技术广泛应用。交通基础设施、运载装备、经营业户和从业人员等基本要素信息全面实现数字化，各种交通方式信息交换取得突破。全国交通枢纽站点无线接入网络广泛覆盖。铁路信息化水平大幅提升，货运业务实现网上办理，客运网上售票比例明显提高。基本实现重点城市群内交通一卡通互通，车辆安装使用 ETC 比例大幅提升。交通运输行业北斗卫星导航系统前装率和使用率显著提高。

绿色安全水平提升。城市公共交通、出租车和城市配送领域新能源汽车快速发展。资源节约集约利用和节能减排成效显著，交通运输主要污染物排放强度持续下降。交通运输安全监管和应急保障能力显著提高，重特大事故得到有效遏制，安全水平明显提升。

九、全面深化交通运输改革

（三）加快交通投融资改革。

建立健全中央与地方投资联动机制，优化政府投资安排方式。在试点示范的基础上，加快推动政府和社会资本合作（PPP）模式在交通运输领域的推广应用，鼓励通过特许经营、政府购买服务等方式参与交通项目建设、运营和维护。在风险可控的前提下，加大政策性、开发性等金融机构信贷资金支持力度，扩大直接融资规模，支持保险资金通过债权、股权等多种方式参与重大交通基础设施建设。积极利用亚洲基础设施投资银行、丝路基金等平台，推动互联互通交通项目建设。

附件：1. 重点任务分工方案（节录）

2. 综合运输大通道和综合交通枢纽示意图（略）

3. “十三五”铁路规划建设示意图（略）

4. “十三五”国家高速公路规划建设示意图（略）

5. “十三五”民用运输机场规划建设示意图（略）

6. “十三五”内河高等级航道规划建设示意图（略）

7. “十三五”原油、成品油、天然气管道规划建设示意图（略）

附件 1

重点任务分工方案(节录)

序号	任务	责任单位
32	加快交通投融资改革。	国家发展改革委、财政部、交通运输部牵头,国土资源部、人民银行、银监会、证监会、保监会、国家铁路局、中国民航局、中国铁路总公司等按职责分工负责

国务院办公厅关于创新农村基础设施投融资体制机制的指导意见（节录）

（2017 年 2 月 6 日　国办发〔2017〕17 号）

各省、自治区、直辖市人民政府，国务院各部委、各直属机构：

农村基础设施是社会主义新农村建设的重要内容，是农村经济社会发展的重要支撑。近年来，我国农村道路、供水、污水垃圾处理、供电、电信等基础设施建设步伐不断加快，生产生活条件逐步改善，但由于历史欠账较多、资金投入不足、融资渠道不畅等原因，农村基础设施总体上仍比较薄弱，与全面建成小康社会的要求还有较大差距。为创新农村基础设施投融资体制机制，加快农村基础设施建设步伐，经国务院同意，现提出以下意见。

一、总体要求

（一）指导思想。全面贯彻党的十八大和十八届三中、四中、五中、六中全会精神，深入贯彻习近平总书记系列重要讲话精神和治国理政新理念新思想新战略，认真落实党中央、国务院决策部署，统筹推进“五位一体”总体布局和协调推进“四个全面”战略布局，牢固树立和贯彻落实创新、协调、绿色、开放、共享的发展理念，以加快补齐农村基础设施短板、推进城乡发展一体化为目标，以创新投融资体制机制为突破口，明确各级政府事权和投入责任，拓宽投融资渠道，优化投融资模式，加大建设投入，完善管护机制，全面提高农村基础设施建设和管理水平。

（二）基本原则。

政府主导、社会参与。明确农村基础设施的公共产品定位，强化政府投入和主导责任，加强城乡基础设施统筹规划，加大政策支持力度。破除体制机制障碍，引导和鼓励社会资本投向农村基础设施领域，提高建设和管护市场化、专业化程度。

农民受益、民主决策。发挥农民作为农村基础设施直接受益主体的作用，引导农民和农村集体经济组织积极参与项目建设和管理，推动决策民主化，保障农民知情权、参与权和监督权。

因地制宜、分类施策。充分发挥地方政府和投资主体的积极性，探索适合不同地区、不同基础设施特点的投融资机制。兼顾公平与效率，实施差别化投融资政策，加大对贫困地区的支持力度。

建管并重、统筹推进。坚持先建机制、后建工程，合理确定农村基础设施投融资模式和运行方式。推进投融资体制机制创新与建设管护机制创新、农村集体产权制度改革等有机结合，实现可持续发展。

（三）主要目标。到 2020 年，主体多元、充满活力的投融资体制基本形成，市场运作、专业高效的建管机制逐步建立，城乡基础设施建设管理一体化水平明显提高，农村基础设施条件明显改善，美丽宜居乡村建设取得明显进展，广大农民共享改革发展成果的获得感进一步增强。

二、构建多元化投融资新格局，健全投入长效机制

（六）创新政府投资支持方式。发挥政府投资的引导和撬动作用，采取直接投资、投资补助、资本金注入、财政贴息、以奖代补、先建后补、无偿提供建筑材料等多种方式支持农村基础设施建设。鼓励地方政府和社会资本设立农村基础设施建设投资基金。建立规范的地方政府举债融资机制，推动地方融资平台转型改制和市场化融资，重点向农村基础设施建设倾斜。允许地方政府发行一般债券支持农村道路建设，发行专项债券支持农村供水、污水垃圾处理设施建设，探索发行县级农村基础设施建设项目集合债。支持符合条件的企业发行企业债券，用于农村供电、电信设施建设。鼓励地方政府通过财政拨款、特许或委托经营等渠道筹措资金，设立不向社会征收的政府性农村基础设施维修养护基金。鼓励有条件的地区将农村基础设施与产业、园区、乡村旅游等进行捆绑，实行一体化开发和建设，实现相互促进、互利共赢。（国家发展改革委、财政部、人民银行、银监会、证监会等负责）

（九）加大金融支持力度。政策性银行和开发性金融机构要结合各自职能定位和业务范围，强化对农村基础设施建设的支持。鼓励商业银行加大农村基础设施信贷投放力度，改善农村金融服务。发挥农业银行面向三农、商业运作的优势，加大对农村基础设施的支持力度。支持银行业金融机构开展收费权、特许经营权等担保创新类贷款业务。完善涉农贷款财政奖励补助政策，支持收益较好、能够市场化运作的农村基础设施重点项目开展股权和债权融资。建立并规范发展融资担保、保险等多种形式的增信机制，提高各类投资建设主体的融资能力。加快推进农村信用体系建设。鼓励利用国际金融组织和外国政府贷款建设农村基础设施。（人民银行、银监会、证监会、保监会、国家发展改革委、财政部、农业发展银行、开发银行、农业银行等负责）

国务院办公厅关于印发国务院2017年立法工作计划的通知

（2017年2月27日　国办发〔2017〕23号）

各省、自治区、直辖市人民政府，国务院各部委、各直属机构：

《国务院2017年立法工作计划》已经党中央、国务院同意，现印发给你们。2017年是实施"十三五"规划的重要一年和推进供给侧结构性改革的深化之年，政府立法工作总的指导思想是：在以习近平同志为核心的党中央坚强领导下，全面贯彻党的十八大和十八届三中、四中、五中、六中全会精神，以邓小平理论、"三个代表"重要思想、科学发展观为指导，深入学习贯彻习近平总书记系列重要讲话精神和治国理政新理念新思想新战略，统筹推进"五位一体"总体布局和协调推进"四个全面"战略布局，坚持稳中求进工作总基调，加强重点领域立法，不断提高立法质量和效率，努力为改革发展稳定大局做好法治服务和保障，以优异成绩迎接党的十九大胜利召开。遵循这一指导思想，结合当前面临的新形势、新任务，现就做好国务院2017年立法工作提出以下意见：

一、坚持党对立法工作的领导

立法工作要牢固树立政治意识、大局意识、核心意识、看齐意识，在思想上政治上行动上坚决与以习近平同志为核心的党中央保持高度一致。要把党的领导贯穿到立法工作的全过程，坚持立法工作正确的政治方向，坚决贯彻落实党中央、国务院各项重大决策部署，为统筹推进"五位一体"总体布局和协调推进"四个全面"战略布局，提供有力的法治保障，创造良好的法治环境。认真贯彻执行党中央关于加强党领导立法工作的意见，制定政治方面法律的配套法规规章，以及涉及重大体制和重大政策调整的重要法律法规规章，要按照规定及时报告。

二、坚持稳中求进工作总基调，把全面深化改革急需的项目作为重中之重

稳是主基调，稳是大局，在稳的前提下要在关键领域有所进取，在把握好度的前提下奋发有为，做好稳增长、促改革、调结构、惠民生、防风险各项工作。保持战略定力,坚持问题导向、底线思维,更好地解决经济社会发展中的深层次矛盾和问题,为保持经济平稳健康发展和社会和谐稳定提供法治保障。从宏观政策要稳、产业政策要准、微观政策要活、改革政策要实、社会政策要托底等方面,有针对性地做好立法工作。

深化关键领域的重点改革,将贯彻落实“十三五”规划,推进供给侧结构性改革、“放管服”改革、国防和军队改革等方面的重大决策部署,党中央、国务院有关重要文件或者规划明确要求2017年完成的立法项目,以及党中央、国务院领导同志批示要求抓紧出台的立法项目,作为重中之重,抓紧办理,尽快完成起草和审查任务。抓紧完成有关适应经济发展新常态要求、促进经济平稳健康发展和对外开放,保障和改善民生、促进社会和谐稳定,坚持物质文明精神文明并重、促进文化发展,着力改善生态环境、节约能源资源,实施国家安全战略、维护国家安全,规范行政行为、加强政府自身建设等方面的立法项目。

三、进一步提高立法质量

国务院各部门起草法律法规草案,要从中国的实际出发,从维护人民群众根本利益出发,从改革发展稳定的大局出发。国务院各部门和有立法权的地方人民政府起草法律法规规章草案,要认真听取有关方面意见,注重听取基层群众、基层执法机关和行政管理相对人的意见。进一步拓展调研渠道、丰富调研手段、创新调研方法,充分掌握实践中存在的突出问题及其原因,搞清楚相关各方的利益诉求,统筹考虑不同方案的利弊得失,努力设计出能够有效解决实际问题、尽可能兼顾各方利益诉求的制度规定。强调立法质量的同时,要兼顾效率,加强对重点难点问题的协调攻关,推动改革发展稳定迫切需要的法律法规规章及时出台。

国务院各部门起草法律法规草案,除商国务院法制办同意,明确在上报后由国务院法制办通过中国政府法制信息网或者其他媒体向社会公布征求意见,或者由国务院法制办报国务院批准不公布征求意见的外,各部门应当在上报前将法律法规草案通过本部门网站或者其他媒体向社会公布征求意见。拟全面修改有关法律法规的,有关部门应当对现行法律法规的实施情况进行评估。

四、认真组织实施立法计划

起草部门要高度重视立法计划的执行,切实加强组织领导。对于党中央、国务院有关重要文件或者规划明确要求2017年完成的立法项目,起草部门要制定具体工作方案,明确责任分工,提高工作效率;对于起草过程中的重点难点问题,要深入研究、充分论证,加强与有关部门的沟通协商,力争达成共识;在向国务院上报立法项目送审稿前,应当主动与国务院法制办沟通。

国务院法制办要及时跟踪了解各部门落实立法计划、推进相关工作的进展情况,切实加强组织协调和督促指导。有关部门对于没有列入立法计划、正在研究的立法项目,要深入了解掌握实际情况,提出切实解决问题的办法,国务院法制办要积极支持配合。

国务院 2017 年立法工作计划

根据党的十八大和十八届三中、四中、五中、六中全会以及中央经济工作会议精神,按照党中央、国务院确定的 2017 年工作总体部署和主要任务的要求,国务院 2017 年立法工作重点是:紧紧围绕党中央、国务院 2017 年的中心工作,把贯彻落实《中共中央关于全面深化改革若干重大问题的决定》、《中共中央关于全面推进依法治国若干重大问题的决定》、《中华人民共和国国民经济和社会发展第十三个五年规划纲要》和《政府工作报告》确定的任务作为重中之重,及时完成有关促进经济平稳健康发展、保障和改善民生、促进文化发展、着力改善生态环境、维护国家安全、加强政府自身建设等方面的立法项目。具体安排如下:

一、全面深化改革急需的项目

为贯彻落实"十三五"规划、推进供给侧结构性改革等方面的重大决策部署,对党中央、国务院确定的立法项目,要根据改革进程和改革方案,抓紧办理,尽快完成起草和审查任务。这类项目主要有:税收征收管理法(修订)(税务总局、财政部起草),标准化法(修订)(质检总局起草),社区矫正法(司法部起草),出口管制法(商务部起草),烟叶税法(财政部、税务总局起草),船舶吨税法(财政部、海关总署起草),原子能法(国防科工局起草),密码法(密码局起草),住房公积金管理条例(修订)(住房城乡建设部起草),建设项目环境保护管理条例(修订)(环境保护部起草),无证无照经营查处办法(工商总局起草),外国人永久居留管理条例(公安部起草),强制医疗所条例(公安部起草),宗教事务条例(修订)(宗教局起草),志愿服务条例(民政部起草),基金会管理条例(修订)(民政部起草),社会团体登记管理条例(修订)(民政部起草),民办非企业单位登记管理暂行条例(修订)(民政部起草),行政区划管理条例(民政部起草),人力资源市场条例(人力资源社会保障部起草),失业保险条例(修订)(人力资源社会保障部起草),政府投资条例(发展改革委起草),楼堂馆所建设管理暂行条例(修订)(发展改革委起草),融资担保公司管理条例(银监会起草),私募投资基金管理暂行条例(证监会起草),行政机关督查工作条例(国务院办公厅、法制办起草),政府信息公开条例(修订)(国务院办公厅、法制办起草),重大行政决策程序暂行条例(法制办起草),基础设施和公共服务项目引入社会资本条例(法制办、发展改革委、财政部起草),行政法规制定程序条例(修订)(法制办起草),规章制定程序条例(修订)(法制办起草),研究推进统一内外资法律法规,以及为了推进简政放权、放管结合、优化服务改革及公路管理、住房租赁市场、外商投资国家安全审查、文化市场综合行政执法等方面改革涉及的立法项目。深化国防和军队改革需要制定、修订的行政法规,适时提请国务院、中央军委审议。

对于党中央、国务院交办的其他项目,要抓紧办理,尽快完成起草和审查任务。

二、力争年内完成的项目

(一)适应经济发展新常态要求,促进经济平稳健康发展和对外开放需要提请全国人大常委会审议的法律修订草案和需要制定、修订的行政法规。(4 件)

1. 为了进一步保护专利权人的合法权益,鼓励发明创造,促进专利实施和运用,提请审议专利法修订草案(知识产权局起草)。

2. 为了规范招标投标活动,确定必须招标的工程建设项目范围,修订工程建设项目招标范围和规模标准规定(发展改革委起草)。

3. 为了进一步规范专利代理行为,保障委托人、专利代理机构以及专利代理人的合法权益,维护专利代理正常秩序,促进专利代理行业健康发展,修订专利代理条例(知识产权局起草)。

4. 为了规范缔约程序,使缔结条约程序法相关规定更加细化、更具可操作性,以满足我国大幅增长的对外缔约实践需要,制定缔结条约程序法实施条例(外交部起草)。

(二)保障和改善民生,促进社会和谐稳定需要提请全国人大常委会审议的法律修订草案和需要制定、修订的行政法规。(9 件)

1. 为了加强海上交通管理,维护海上交通环境与秩序,保护海上人身和财产安全,维护国家利益,提请审议海上交通安全法修订草案(交通运输部起草)。

2. 为了保障快递安全,保护用户合法权益,加强对快递市场的监督管理,促进快递业健康发展,制定快递条例(交通运输部、邮政局起草)。

3. 为了规范生产安全事故应急工作,保护人民群众生命和财产安全,制定生产安全事故应急条例(安全监管总局起草)。

4. 为了规范城镇住房保障工作,保障住房困难家庭和个人的基本住房需求,促进实现住有所居,制定城镇住房保障条例(住房城乡建设部起草)。

5. 为了预防与处理医疗纠纷,保护患者和医疗机构及其医务人员的合法权益,维护医疗秩序,保障医疗安全,修订医疗事故处理条例(卫生计生委起草)。

6. 为了进一步细化食品安全法的规定,落实食品生产经营者的食品安全责任,强化食品安全监督管理,修订食品安全法实施条例(食品药品监管总局起草)。

7. 为了加强铁路交通事故的应急救援工作,规范铁路交通事故调查处理,减少人员伤亡和财产损失,保障铁路运输安全和畅通,修订铁路交通事故应急救援和调查处理条例(交通运输部、铁路局起草)。

8. 为了做好大中型水利水电工程建设征地补偿和移民安置工作,维护移民合法权益,保障工程建设的顺利进行,修订大中型水利水电工程建设征地补偿和移民安置条例(水利部起草)。

9. 为了加强对我国人类遗传资源的有效保护和合理利用,制定人类遗传资源管理条例(科技部起草)。

(三)坚持物质文明精神文明并重,促进文化发展需要提请全国人大常委会审议的法律草案和需要制定、修订的行政法规。(3 件)

1. 为了发展公共图书馆事业,满足人民群众日益增长的精神文化需求,提请审议公共图书馆法草案(文化部起草)。

2. 为了促进全民阅读,提高公民思想道德素质和科学文化素质,制定全民阅读促进条例(新闻出版广电总局起草)。

3. 为了加强和改进互联网信息服务管理,促进互联网信息服务健康有序发展,修订互联网信息服务管理办法(网信办起草)。

(四)着力改善生态环境,节约能源资源需要修订的行政法规。(2 件)

1. 为了加强海洋石油勘探开发环境保护,完善溢油事故应急处置机制,修订海洋石油勘探开发环境保护管理条例(海洋局起草)。

2. 为了规范报废机动车回收拆解活动,保障道路交通安全,促进资源综合利用和循环经济发展,修订报废汽车回收管理办法(商务部起草)。

（五）实施国家安全战略，维护国家安全需要制定的行政法规。（1件）

为了贯彻实施反间谍法，防范、制止和惩治间谍行为，维护国家安全，制定反间谍法实施细则（安全部起草）。

（六）规范行政行为，加强政府自身建设需要制定、修订的行政法规。（3件）

1. 为了贯彻实施统计法，进一步规范统计行为，制定统计法实施条例（统计局起草）。

2. 为了贯彻实施预算法，进一步增强预算管理的规范性和可操作性，完善预算管理制度，修订预算法实施条例（财政部起草）。

3. 为了规范国家土地督察工作，强化对地方人民政府土地利用和土地管理情况的监督检查，制定国家土地督察条例（国土资源部起草）。

对于有关部门正在研究但未列入立法计划的项目，由有关部门继续研究论证。

为了配合外交大局，为国际合作与交流提供法治保障，开展有关国际条约审核工作（法制办会同有关部门）。

此外，配合全国人大及其常委会继续审议民法总则、证券法（修订）、测绘法（修订）、中小企业促进法（修订）、核安全法、水污染防治法（修订）、电子商务法等法律案，配合初次审议行政监察法（修订）、农民专业合作社法（修订）、土壤污染防治法、国际刑事司法协助法、基本医疗卫生法等法律案，做好相关工作（法制办会同有关部门）。

国务院办公厅关于进一步激发社会领域投资活力的意见(节录)

(2017年3月7日　国办发〔2017〕21号)

各省、自治区、直辖市人民政府,国务院各部委、各直属机构:

党的十八大以来,我国社会领域新兴业态不断涌现,投资总量不断扩大,服务能力不断提升,但也仍然存在放宽准入不彻底、扶持政策不到位、监管体系不健全等问题。面对社会领域需求倒逼扩大有效供给的新形势,深化社会领域供给侧结构性改革,进一步激发医疗、养老、教育、文化、体育等社会领域投资活力,着力增加产品和服务供给,不断优化质量水平,对于提升人民群众获得感、挖掘社会领域投资潜力、保持投资稳定增长、培育经济发展新动能、促进经济转型升级、实现经济社会协调发展具有重要意义。要按照党中央、国务院决策部署,坚持稳中求进工作总基调,牢固树立和贯彻落实新发展理念,以供给侧结构性改革为主线,坚持社会效益和经济效益相统一,不断增进人民福祉;坚持营利和非营利分类管理,深化事业单位改革,在政府切实履行好基本公共服务职责的同时,把非基本公共服务更多地交给市场;坚持“放管服”改革方向,注重调动社会力量,降低制度性交易成本,吸引各类投资进入社会领域,更好满足多层次多样化需求。经国务院同意,现提出以下意见:

二、进一步扩大投融资渠道

11. 研究出台医疗、养老、教育、文化、体育等社会领域产业专项债券发行指引,结合其平均收益低、回报周期长等特点,制定有利于相关产业发展的鼓励条款。(国家发展改革委牵头负责)积极支持相关领域符合条件的企业发行公司债券、非金融企业债务融资工具和资产证券化产品,并探索发行股债结合型产品进行融资,满足日常运营资金需求。(证监会、人民银行按职责分工牵头负责)引导社会资本以政府和社会资本合作(PPP)模式参与医疗机构、养老服务机构、教育机构、文化设施、体育设施建设运营,开展PPP项目示范。(各省级人民政府负责)

19. 发挥行业协会、开发区、孵化器的沟通桥梁作用,加强与资本市场对接,引导企业有效利用主板、中小板、创业板、新三板、区域性股权交易市场等多层次资本市场。(科技部、民政部、文化部、国家卫生计生委、新闻出版广电总局、证监会、体育总局等部门以及各省级人民政府按职责分工负责)

国务院办公厅关于印发2017年政务公开工作要点的通知(节录)

(2017年3月9日　国办发〔2017〕24号)

各省、自治区、直辖市人民政府,国务院各部委、各直属机构:

《2017年政务公开工作要点》已经国务院同意,现印发给你们,请结合实际认真贯彻落实。

2017年政务公开工作要点

2017年政务公开工作的总体要求是:全面贯彻党的十八大和十八届三中、四中、五中、六中全会精神,深入贯彻习近平总书记系列重要讲话精神和治国理政新理念新思想新战略,认真落实《政府工作报告》有关部署,坚持稳中求进工作总基调,以供给侧结构性改革为主线,按照中共中央办公厅、国务院办公厅《关于全面推进政务公开工作的意见》及其实施细则(以下简称《意见》及实施细则)要求,全面推进决策、执行、管理、服务、结果公开(以下统称"五公开"),加强解读回应,扩大公众参与,增强公开实效,助力稳增长、促改革、调结构、惠民生、防风险,以优异成绩迎接党的十九大胜利召开。

五、以政务公开助力防风险

(一)围绕防范金融风险推进公开。制定金融领域特别是金融市场相关政策时,在征求意见、对外发布等环节要高度重视政策解读和舆论引导,做到同步联动,防止脱节。密切关注政府债务、银行信贷、企业投资负债、金融市场运行、互联网金融、人民币汇率等方面的国内外舆情,针对误读、曲解、不实等情况,注重通过主要新闻媒体及时开展有理有据的回应,防止风险预期自我实现。及时发布资本市场违法违规案件查处情况和稽查执法工作动态,做好行政处罚决定、市场禁入决定和行政许可决定公开工作,不断提高执法公信力和透明度。(人民银行、财政部、国务院国资委、银监会、证监会、保监会、国家外汇局按职责分工分别牵头落实)

国务院关于新形势下加强打击侵犯知识产权和制售假冒伪劣商品工作的意见（节录）

（2017年3月9日　国发〔2017〕14号）

各省、自治区、直辖市人民政府，国务院各部委、各直属机构：

为进一步加强打击侵犯知识产权和制售假冒伪劣商品（以下简称侵权假冒）工作，保障国家知识产权战略深入实施，维护公平竞争的市场秩序，完善法治化、国际化、便利化的营商环境，现提出以下意见：

一、总体要求

（一）指导思想。全面贯彻党的十八大和十八届三中、四中、五中、六中全会精神，深入贯彻习近平总书记系列重要讲话精神和治国理政新理念新思想新战略，认真落实党中央、国务院决策部署，统筹推进“五位一体”总体布局和协调推进“四个全面”战略布局，牢固树立和贯彻落实创新、协调、绿色、开放、共享的发展理念，大力弘扬和践行社会主义核心价值观，着力推进市场监管体系和监管能力现代化，修订完善相关法规和标准，改革创新监管制度和机制，加强信息技术等新技术新手段运用，强化事中事后监管，全面提高打击侵权假冒工作水平，加快建设知识产权强国，为实现全面建成小康社会奋斗目标提供有力支撑。

（二）基本原则。

依法治理。加强打击侵权假冒法规制度建设，严格规范公正文明执法，推进公正司法和全民守法，保障打击侵权假冒工作始终沿着法治轨道前进。

打建结合。创新监管方式和手段，针对影响人民群众生命财产安全的突出问题开展集中整治，坚决遏制侵权假冒高发多发势头；加强机制建设，提高综合治理能力，努力铲除侵权假冒滋生的土壤。

统筹协作。加强对打击侵权假冒工作的统筹协调，密切部门间、区域间协作配合，由区域内、单个环节监管向跨区域、跨部门和全链条监管转变。

社会共治。发挥行业组织的行业自律和协调管理作用，鼓励媒体和公众参与监督，充分调动各方面积极性，形成政府、企业、社会组织和公众共同参与的工作局面。

（三）工作目标。到2020年，侵权假冒高发多发的势头得到有效遏制，市场监管体系和监管能力现代化水平明显提升，法规体系更加健全，工作机制更加完善，营商环境更加规范，行政执法、刑事执法、司法审判、快速维权、仲裁调解、行业自律、社会监督协调运作的打击侵权假冒工作体系基本形成。

三、提高市场监管和预警防范能力

（九）加快推进信用体系建设。全面实施统一社会信用代码制度，完善全国信用信息共享平台，构建覆盖全部信用主体、所有信用信息类别、全国所有区域的一体化信用信息体系，推动信用信息跨部门交换共享。加强信用信息的征集、存储和应用，健全守信联合激励和失信联合惩戒机制，提高违法失信成本。进一步推进行政处罚案件信息公开和应用，健全信息公开的内部审核、档案管理、抽查考评等制度。建立完善生产经营主体诚信档案和“黑名单”制度，相关信息纳入全国信用信息共享平台和企业信用信息公示系统，实施市场主体信用分类监管。积极推进企业信用信息公示系统信息化工程建设，实现统一归集、依法公示、联合惩戒、社会监督。依法规范信用服务市场，培育和发展社会信用服务机构，鼓励第三方利用信用信息为社会公众提供增值服务。

国务院关于印发中国（辽宁）自由贸易试验区总体方案的通知

（2017 年 3 月 15 日　国发〔2017〕15 号）

各省、自治区、直辖市人民政府，国务院各部委、各直属机构：

现将《中国（辽宁）自由贸易试验区总体方案》印发给你们，请认真贯彻执行。

中国（辽宁）自由贸易试验区总体方案

建立中国（辽宁）自由贸易试验区（以下简称自贸试验区）是党中央、国务院作出的重大决策，是新形势下全面深化改革、扩大开放和推动东北地区等老工业基地振兴的重大举措。为全面有效推进自贸试验区建设，制定本方案。

一、总体要求

（一）指导思想。

全面贯彻党的十八大和十八届三中、四中、五中、六中全会精神，深入贯彻习近平总书记系列重要讲话精神和治国理政新理念新思想新战略，认真落实党中央、国务院决策部署，统筹推进“五位一体”总体布局和协调推进“四个全面”战略布局，坚持稳中求进工作总基调，牢固树立和贯彻落实创新、协调、绿色、开放、共享的发展理念，进一步解放思想、先行先试，以开放促改革、促发展，着力完善体制机制，着力推进结构调整，着力鼓励创新创业，着力保障和改善民生，为全面深化改革和扩大开放探索新途径、积累新经验，发挥示范带动、服务全国的积极作用。

（二）战略定位。

以制度创新为核心，以可复制可推广为基本要求，加快市场取向体制机制改革、积极推动结构调整，努力将自贸试验区建设成为提升东北老工业基地发展整体竞争力和对外开放水平的新引擎。

（三）发展目标。

经过三至五年改革探索，形成与国际投资贸易通行规则相衔接的制度创新体系，营造法治化、国际化、便利化的营商环境，巩固提升对人才、资本等要素的吸引力，努力建成高端产业集聚、投资贸易便利、金融服务完善、监管高效便捷、法治环境规范的高水平高标准自由贸易园区，引领东北地区转变经济发展方式、提高经济发展质量和水平。

二、区位布局

（一）实施范围。

自贸试验区的实施范围 119.89 平方公里，涵盖三个片区：大连片区 59.96 平方公里（含大连保税区 1.25 平方公里、大连出口加工区 2.95 平方公里、大连大窑湾保税港区 6.88 平方公里），沈阳片区 29.97 平方公里，营口片区 29.96 平方公里。

自贸试验区土地开发利用须遵守土地利用、环境保护、城乡规划法律法规，符合土地利用总体规划，并符合节约集约用地的有关要求；涉及海域的，须符合《中华人民共和国海域使用管理法》有关规定和国务院印发的《全国海洋主体功能区规划》、国务院批复的海洋功能区划、辽宁省出台的海洋生态红线制度；涉及无居民海岛的，须符合《中华人民共和国海岛保护法》有关规定。

（二）功能划分。

按区域布局划分，大连片区重点发展港航物流、金融商贸、先进装备制造、高新技术、循环经济、航运服务等产业，推动东北亚国际航运中心、国际物流中心建设进程，形成面向东北亚开放合作的战略高地；沈阳片区重点发展装备制造、汽车及零部件、航空装备等先进制造业和金融、科技、物流等现代服务业，提高国家新型工业化示范城市、东北地区科技创新中心发展水平，建设具有国际竞争力的先进装备制造业基地；营口片区重点发展商贸物流、跨境电商、金融等现代服务业和新一代信息技术、高端装备制造等战略性新兴产业，建设区域性国际物流中心和高端装备制造、高新技术产业基地，构建国际海铁联运大通道的重要枢纽。

按海关监管方式划分，自贸试验区内的海关特殊监管区域重点探索以贸易便利化为主要内容的制度创新，开展保税加工、保税物流、保税服务等业务；非海关特殊监管区域重点探索投资体制改革，推进制造业转型、金融创新和服务业开放。

三、主要任务和措施

（一）切实转变政府职能。

1. 深化行政管理体制改革。深入推进简政放权、放管结合、优化服务改革。辽宁省能够下放的经济社会管理权限，全部下放给自贸试验区。建立权责清单制度、行政审批管理目录制度。深化商事制度改革。推进政府管理由注重事前审批向注重事中事后监管转变，构建事前诚信承诺、事中评估分类、事后联动奖惩的全链条信用监管体系。完善信息网络平台，建立企业信用信息采集共享机制，实现跨部门协同管理。实施“多规合一”改革。配合商务部开展经营者集中反垄断审查。

2. 打造更加公平便利的营商环境。开展知识产权综合管理改革试点。紧扣创新发展需求，发挥专利、商标、版权等知识产权的引领作用，打通知识产权创造、运用、保护、管理、服务全链条，建立高效的知识产权综合管理体制，构建便民利民的知识产权公共服务体系，探索支撑创新发展的知识产权运行机制，推动形成权界清晰、分工合理、责权一致、运转高效、法治保障的体制机制。搭建便利化的知识产权公共服务平台，设立知识产权服务工作站，大力发展知识产权专业服务业。探索建立自贸试验区跨部门知识产权执法协作机制，完善纠纷调解、援助、仲裁工作机制。探索建立自贸试验区重点产业专利导航制度和重点产业快速协同保护机制。

推动税收服务创新，包括一窗国地办税、一厅自助办理、培训辅导点单、缴纳方式多元、业务自主预约、税银信息互动、税收遵从合作、创新网上服务等举措。推进产业预警、信息公开、公平竞争、权益保障制度创新。建立健全国际仲裁、商事调解机制。

（二）深化投资领域改革。

3. 提升利用外资水平。对外商投资实行准入前国民待遇加负面清单管理制度，着力构建与负面清单管理方式相适应的事中事后监管制度。外商投资准入特别管理措施（负面清单）之外领域的外商投资项目（国务院规定对国内投资项目保留核准的除外）和外商投资企业设立及变更实行备案制，由自贸试验区负责办理。进一步减少或取消外商投资准入限制，提高开放度和透明度，做好对外开放的压力测试和风险测试。积极有效引进境外资金、先进技术和高端人才，提升利用外资综合质量。外商在自贸试验区内投资适用《自由贸易试验区外商投资准入特别管理措施（负面清单）》和《自由贸易试验区外商投资国家安全审查试行办法》。探索强化外商投资实际控制人管理，建立外商投资信息报告制度和外商投资信息公示平台，充分发挥国家企业信用信息公示系统作用，提升外商投资全周期监管的科学性、规范性和透明度。完善投资者权益保障机制，允许符合条件的境外投资者自由转移其投资收益。

4. 构筑对外投资服务促进体系。实行以备案制为主的境外投资管理方式。鼓励企业开展多种形式的对外投资合作。发挥优惠贷款作用，支持自贸试验区内企业参与大型成套设备出口、工程承包和大型投资项目。支持“走出去”企业以境外资产和股权、矿权等权益为抵押获得贷款，提高企业融资能力。完善“走出去”政策促进、服务保障和风险防控体系，扩大企业对外投资。

（三）推进贸易转型升级。

5. 实施贸易便利化措施。依托电子口岸公共平台，完善国际贸易“单一窗口”的货物进出口和运输工具进出境的应用功能，实现贸易许可、资质登记等平台作用，将涉及贸易监管的部门逐步纳入“单一窗口”管理平台，进一步优化口岸监管执法流程和通关流程。将出口退税申报功能纳入“单一窗口”建设项目。推进自贸试验区内各区域之间通关一体化。大力发展转口贸易，放宽海运货物直接运输判定标准。优化沿海捎带业务监管模式，提高中资非五星旗船沿海捎带业务通关效率。在执行现行税收政策的前提下，提升超大超限货物的通关、运输、口岸服务等综合能力。鼓励企业参与“自主报税、自助通关、自动审放、重点稽核”等监管制度创新试点。加快形成贸易便利化创新举措的标准化制度规范，覆盖到所有符合条件的企业。

自贸试验区内的海关特殊监管区域实施“一线放开”、“二线安全高效管住”的通关监管服务模式。在确保有效监管前提下，在海关特殊监管区域探索建立货物状态分类监管模式。在严格执行货物进出口税收政策的前提下，允许在海关特殊监管区域内设立保税展示交易平台。试点开展境内外高技术、高附加值、风险可控的维修业务。对注册在自贸试验区海关特殊监管区域内的融资租赁企业进出口飞机、船舶和海洋工程结构物等大型设备涉及跨关区的，在确保有效监管和执行现行相关税收政策的前提下，按物流实际需要，实行海关异地委托监管。

6. 完善国际贸易服务体系。建立离岸贸易制度，发展离岸贸易。培育跨国企业设立面对国内外两个市场的结算中心和区域性总部，建立整合物流、贸易等功能的营运中心。依托大连商品交易所，支持拓展新的交易品种，促进发展大宗商品国际贸易。探索建立与国际大宗商品交易相适应的外汇管理和海关监管制度。鼓励国内期货交易所在自贸试验区海关特殊监管区域内开展期货保税交易、仓单质押融资等业务。在总结期货保税交割试点经验基础上，扩大期货保税交割试点的品种。推动自贸试验区内符合条件的原油加工企业申请原油进口及使用资质。鼓励自贸试验区内企业统筹开展国际国内贸易，形成内外贸一体化发展促进机制。推进对外文化贸易基地建设，深化艺术品交易市场功能拓展。推动检测维修、生物医药、软件信息、管理咨询、数据服务、文化创意等服务外包业务发展。依托中国（大连）跨境电子商务综合试验区，加快推进跨境贸易电子商务配套平台建设。按照公平竞争原则，完善海关监管、检验检疫、退税、物流等国际贸易支撑系统。鼓励设立第三方检验鉴定机构，积极推进采信第三方检验鉴定结果。

（四）深化金融领域开放创新。

7. 推动跨境人民币业务创新发展。探索建立与自贸试验区相适应的本外币账户管理体系，促进跨境贸易、投融资结算便利化。允许自贸试验区内企业的境外母公司或子公司按照有关规定在境内发行人民币债券。允许外资股权投资管理机构、外资创业投资管理机构在自贸试验区发起管理人民币股权投资和创业投资基金。允许自贸试验区内租赁公司在境外开立人民币账户用于跨境人民币租赁业务。扩大人民币跨境使用，自贸试验区内银行可按有关规定发放境外项目人民币贷款。开展跨国企业集团跨境双向人民币资金池业务。

8. 深化外汇管理体制改革。进一步简化经常项目外汇收支手续，在真实、合法交易基础上，自贸试验区内货物贸易外汇管理分类等级为A类企业的外汇收入无需开立待核查账户。银行按照"了解客户、了解业务、尽职审查"的展业三原则办理经常项目收结汇、购付汇手续。进一步简化资金池管理，允许经银行审核真实、合法的电子单证办理经常项目集中收付汇、轧差净额结算业务。支持商业保理业务发展，探索适合商业保理发展的外汇管理模式。允许自贸试验区内符合条件的融资租赁业务收取外币租金。支持发展总部经济。放宽跨国公司外汇资金集中运营管理准入条件。

9. 增强金融服务功能。进一步推进内资融资租赁企业试点，注册在自贸试验区内的内资融资租赁试点企业由自贸试验区所在省级商务主管部门和同级国家税务局审核；加强事中事后监管，探索建立融资租赁企业设立和变更的备案制度、违反行业管理规定的处罚制度、失信和经营异常企业公示制度、属地监管部门对企业定期抽查检查制度。支持自贸试验区内符合互认条件的基金产品参与内地与香港基金产品互认。取消对自贸试验区内保险支公司高管人员任职资格的事前审批,由自贸试验区所在省级保监机构实施备案管理。逐步允许境外企业参与商品期货交易。结合自贸试验区产业基础和产业发展方向,围绕新型工业化方向和产业转型升级需求,创新金融产品和金融服务。进一步提升金融服务实体经济的能力,逐步完善适合东北老工业基地振兴发展的新型金融支撑体系。

10. 建立健全金融风险防控体系。落实风险为本的原则,探索建立跨境资金流动风险监管机制,强化开展反洗钱、反恐怖融资、反逃税工作,防止非法资金跨境、跨区流动。建立适应金融改革创新举措的事中事后监管体系。

(五)加快老工业基地结构调整。

11. 深化国资国企改革。完善国有企业治理模式和经营机制,实施分类监管和改革,探索健全以管资本为主的国有资产监管体系。稳妥推进自贸试验区内企业混合所有制改革,探索各种所有制资本优势互补、相互促进的体制机制。建立健全产权清晰、权责明确、政企分开、管理科学的现代企业制度。推进经营性国有资产集中统一监管,优化国有资本配置,放大国有资本功能,大力推进国有资产资本化。简化地方国有创投企业股权投资退出程序,地方国有创投企业使用国有资产评估报告实行事后备案。

12. 促进产业转型升级。完善有利于推动产业集群发展的体制机制,鼓励智能装备、海洋工程装备、航空制造、汽车(重点是新能源汽车)、新材料、高技术船舶、电子信息、生物医药和高端医疗器械、商贸及快递等现代物流、海水利用等产业向自贸试验区集聚。加快工业化与信息化深度融合,培育发展大数据、云计算、工业互联网等新一代信息技术产业,构建先进装备制造业、战略性新兴产业和现代服务业融合发展的产业布局。利用地方政府投资设立的产业(创业)投资引导基金,支持新兴特色产业集群式发展。鼓励自贸试验区内企业通过跨区域兼并重组推动产业整合。加快中德(沈阳)高端装备制造产业园、大连国家生态工业示范园区与自贸试验区协同发展,打造国际产业投资贸易合作平台。

13. 发展生产性服务业。鼓励自贸试验区内企业开展系统集成、设备租赁、提供解决方案、再制造、检验检测、远程咨询等增值服务。推进专业技术研发、工业设计等集成创新载体及工程研究中心、科研实验室、企业技术中心建设。搭建科技成果推广、科技管理咨询、市场营销等公共服务平台。支持设立符合规定的加工贸易产品内销平台和加工贸易采购、分拨中心。鼓励金融机构、装备制造企业集团在自贸试验区内设立租赁公司或专营租赁业务的子公司，重点开展飞机、船舶、海洋工程结构物、轨道交通车辆、农用机械、高端医疗设备、大型成套设备等融资租赁服务。

14. 构筑科技创新和人才高地。推动科研机构、高校、企业协同创新。按市场化方式，加强与国家科技成果转化引导基金、战略性新兴产业创业投资引导基金、国家中小企业发展基金的对接，设立一批专业化创业投资子基金。依托现有交易场所开展科技成果转化交易。引进境外优质教育资源，推动教育国际化。探索适应企业国际化发展需要的创新人才服务体系和国际人才流动制度。完善创新人才集聚和培育机制，推进人才、项目、资金深度融合。加大对海外人才服务力度，提高境内外人员出入境、外籍人员签证和居留、就业许可、驾照申领等事项办理的便利化水平。

15. 推进东北一体化协同发展。增强自贸试验区口岸服务辐射功能，完善海关通关一体化改革，开展货物通关、贸易统计、“经认证的经营者”互认、检验检测认证等方面合作，逐步实现信息互换、监管互认、执法互助。优化内陆无水港和物流网络布局，加速实现自贸试验区与东北其他地区口岸间互通互联，推进东北地区在研发设计、生产销售、物流配送、人才交流、教育培训等方面的协同配合。

（六）加强东北亚区域开放合作。

16. 推进与东北亚全方位经济合作。充分发挥辽宁作为全国重要的老工业基地和欧亚大陆桥东部重要节点的区位、交通、产业及人文等综合优势，推进国家自主创新示范区、全面创新改革试验区、大连金普新区、国家级经济技术开发区、国家级高新技术产业开发区与自贸试验区的互动发展。加快融入“一带一路”建设，不断扩大和丰富东北亚区域合作内涵，全面融入中蒙俄经济走廊建设，巩固对日、对韩合作，加速利用国际国内两个市场、两种资源，进一步扩大东北亚国际合作，在更大范围、更宽领域参与国际竞争。

17. 加快构建双向投资促进合作新机制。推进自贸试验区与“一带一路”沿线国家及日、韩、朝等国的国际产能和装备制造合作，完善国际产能合作金融支持体系，促进由装备产品输出为主向技术输出、资本输出、产品输出、服务输出和标准输出并举转变，加大优势产业“走出去”拓展国际市场的步伐。充分利用自贸试验区国际化贸易规则，提升优势产品在“一带一路”沿线国家及日、韩、朝等国的市场占有率。引导优势企业开展境外工程承包，投资建设境外园区。推动日、韩、俄等国先进制造业、战略性新兴产业、现代服务业等产业在自贸试验区内集聚发展。探索与东北亚各国在文化、教育、体育、卫生、娱乐等专业服务领域开展投资合作。

18. 构建连接亚欧的海陆空大通道。依托自贸试验区加快大连东北亚国际航运中心建设进程,推进营口港海铁联运和沈阳跨境铁路通道建设。加快沈阳内陆无水港建设步伐,支持海关多式联运监管中心建设,构建沈阳—营口陆海联运系统。支持自贸试验区与"一带一路"沿线国家开展海关、检验检疫、认证认可、标准计量等方面的合作与交流,探索与"一带一路"沿线国家开展贸易供应链安全与便利合作。

19. 建设现代物流体系和国际航运中心。打造面向东北亚的现代物流体系和具有国际竞争力的港航发展制度与运作模式。深化自贸试验区多港区联动机制,推进海陆空邮联动发展。建立航空物流枢纽中心,促进港航要素集聚,增强空港服务功能。加快东北亚区域性邮轮港口和国际客滚中心建设。加强邮政和快递集散中心建设,依托日韩海运和中欧班列(辽宁)海铁联运运输邮件、快件,建设有影响力的国际邮件互换局。在交通运输领域,完善快件处理设施和绿色通道。将外资经营国际船舶管理业务的许可权限下放给辽宁省。建设保税航油站和保税油供应基地。支持开展船员管理改革试点工作,在船员培训方面按规定给予政策支持。推动与旅游相关的邮轮、游艇等旅游运输工具出行的便利化。

四、保障机制

(一)强化法制保障。

自贸试验区需要暂时调整实施有关行政法规、国务院文件和经国务院批准的部门规章的部分规定的,按规定程序办理。各有关部门要支持自贸试验区在各领域深化改革开放试点、加大压力测试,辽宁省要通过地方立法,建立与试点要求相适应的自贸试验区管理制度。

(二)完善配套税收政策。

落实现有相关税收政策,充分发挥现有政策的支持促进作用。中国(上海)自由贸易试验区、中国(广东)自由贸易试验区、中国(天津)自由贸易试验区和中国(福建)自由贸易试验区已经试点的税收政策原则上可在自贸试验区进行试点,其中促进贸易的选择性征收关税、其他相关进出口税收等政策在自贸试验区内的海关特殊监管区域进行试点。自贸试验区内的海关特殊监管区域范围和税收政策适用范围维持不变。此外,在符合税制改革方向和国际惯例,以及不导致利润转移和税基侵蚀的前提下,积极研究完善境外所得税收抵免的税收政策。

(三)加强组织实施。

按照党中央、国务院统一部署,在国务院自由贸易试验区工作部际联席会议统筹协调下，由辽宁省完善试点任务组织实施保障机制，按照总体筹划、分步实施、率先突破、逐步完善的原则加快实施。各有关部门要大力支持，及时制定实施细则或办法，加强指导和服务，共同推进相关体制机制创新，把自贸试验区建设好、管理好。在实施过程中，要创新思路、寻找规律、解决问题、积累经验；要充分发挥地方和部门的积极性，因地制宜、突出特色，做好对比试验和互补试验；要抓好改革措施的落实，重大事项要及时向国务院请示报告。

（四）总结推广可复制的试点经验。

自贸试验区要及时总结改革创新经验和成果。国务院自由贸易试验区工作部际联席会议办公室要会同辽宁省人民政府及有关部门，及时总结评估自贸试验区改革开放创新试点任务实施效果，加强各领域试点经验系统集成，并委托第三方机构进行独立评估。对试点效果好、风险可控且可复制可推广的成果，实施分类审查程序后复制推广至全国其他地区。

国务院关于印发中国(浙江)自由贸易试验区总体方案的通知(节录)

(2017年3月15日　国发〔2017〕16号)

各省、自治区、直辖市人民政府,国务院各部委、各直属机构:

现将《中国(浙江)自由贸易试验区总体方案》印发给你们,请认真贯彻执行。

中国(浙江)自由贸易试验区总体方案

建立中国(浙江)自由贸易试验区(以下简称自贸试验区)是党中央、国务院作出的重大决策,是新形势下全面深化改革、扩大开放和提升我国资源配置全球竞争力的重大举措。为全面有效推进自贸试验区建设,制定本方案。

一、总体要求

(一)指导思想。

全面贯彻党的十八大和十八届三中、四中、五中、六中全会精神,深入贯彻习近平总书记系列重要讲话精神和治国理政新理念新思想新战略,认真落实党中央、国务院决策部署,统筹推进"五位一体"总体布局和协调推进"四个全面"战略布局,坚持稳中求进工作总基调,牢固树立和贯彻落实创新、协调、绿色、开放、共享的发展理念,进一步解放思想、先行先试,以开放促改革、促发展,为新形势下推动大宗商品贸易自由化发挥示范引领作用,努力营造法治化、国际化、便利化营商环境,为全面深化改革和扩大开放探索新途径、积累新经验,发挥示范带动、服务全国的积极作用。

(二)战略定位。

以制度创新为核心,以可复制可推广为基本要求,将自贸试验区建设成为东部地区重要海上开放门户示范区、国际大宗商品贸易自由化先导区和具有国际影响力的资源配置基地。

(三)发展目标。

经过三年左右有特色的改革探索,基本实现投资贸易便利、高端产业集聚、法治环境规范、金融服务完善、监管高效便捷、辐射带动作用突出,以油品为核心的大宗商品全球配置能力显著提升,对接国际标准初步建成自由贸易港区先行区。

二、区位布局

(一)实施范围。

自贸试验区的实施范围119.95平方公里,由陆域和相关海洋锚地组成,涵盖三个片区:舟山离岛片区78.98平方公里(含舟山港综合保税区区块二3.02平方公里),舟山岛北部片区15.62平方公里(含舟山港综合保税区区块一2.83平方公里),舟山岛南部片区25.35平方公里。

自贸试验区土地开发利用须遵守土地利用、环境保护、城乡规划法律法规,符合土地利用总体规划,并符合节约集约用地的有关要求;涉及海域的,须符合《中华人民共和国海域使用管理法》有关规定和国务院印发的《全国海洋主体功能区规划》、国务院批复的海洋功能区划、近岸海域环境功能区划、浙江省出台的海洋生态红线制度;涉及无居民海岛的,须符合《中华人民共和国海岛保护法》有关规定。

(二)功能划分。

按区域布局划分,舟山离岛片区鱼山岛重点建设国际一流的绿色石化基地,鼠浪湖岛、黄泽山岛、双子山岛、衢山岛、小衢山岛、马迹山岛重点发展油品等大宗商品储存、中转、贸易产业,海洋锚地重点发展保税燃料油供应服务;舟山岛北部片区重点发展油品等大宗商品贸易、保税燃料油供应、石油石化产业配套装备保税物流、仓储、制造等产业;舟山岛南部片区重点发展大宗商品交易、航空制造、零部件物流、研发设计及相关配套产业,建设舟山航空产业园,着力发展水产品贸易、海洋旅游、海水利用、现代商贸、金融服务、航运、信息咨询、高新技术等产业。

按海关监管方式划分,自贸试验区内的海关特殊监管区域重点探索以贸易便利化为主要内容的制度创新,重点开展国际贸易和保税加工、保税物流、保税服务等业务;非海关特殊监管区域重点探索投资制度、金融制度等体制机制创新,积极发展以油品为核心的大宗商品中转、加工贸易、保税燃料油供应、装备制造、航空制造、国际海事服务等业务。

三、主要任务和措施

（一）切实转变政府职能。

1. 深化行政体制改革。深入推进简政放权、放管结合、优化服务改革。建立权责明确、管理高效、运转协调的自贸试验区行政管理体制。深化完善自贸试验区行政管理权力清单、责任清单。深化行政审批制度改革，建立精简高效的统一行政审批机构，开展相对集中行政许可权改革，依法统一行使相关行政许可权。建立市场准入统一平台，依托电子口岸公共平台建设国际贸易“单一窗口”。深化商事制度改革，全面落实“多证合一、一照一码”等措施。深化完善陆上和海洋综合行政执法体系改革。

开展知识产权综合管理改革试点。紧扣创新发展需求，发挥专利、商标、版权等知识产权的引领作用，打通知识产权创造、运用、保护、管理、服务全链条，建立高效的知识产权综合管理体制，构建便民利民的知识产权公共服务体系，探索支撑创新发展的知识产权运行机制，推动形成权界清晰、分工合理、责权一致、运转高效、法治保障的体制机制。搭建便利化的知识产权公共服务平台，设立知识产权服务工作站，大力发展知识产权专业服务业。探索建立自贸试验区跨部门知识产权执法协作机制，完善纠纷调解、援助、仲裁工作机制。探索建立自贸试验区重点产业专利导航制度和重点产业快速协同保护机制。

推动税收服务创新，包括一窗国地办税、一厅自助办理、培训辅导点单、缴纳方式多元、业务自主预约、税银信息互动、税收遵从合作、创新网上服务等举措。

2. 建立统一开放的市场准入和高标准监管制度。建立与自贸试验区相适应的行政监督管理制度，加强与负面清单管理体制相适应的事中事后监管体系建设。完善社会信用体系，推动各部门间依法履职信息的联通和共享。健全守信激励和失信惩戒机制。对涉及自贸试验区内的投资贸易等商事案件，建立专业化审理机制。严格执行环境保护法规和标准。强化安全监管保障，制定安全生产区域规划，建立自贸试验区油品安全管理制度。建立健全应急联动机制，充实应急救援力量，全力强化应急保障。鼓励企业履行社会责任，保障劳动者权益。配合商务部开展经营者集中反垄断审查。

3. 提升利用外资水平。对外商投资实行准入前国民待遇加负面清单管理制度，着力构建与负面清单管理方式相适应的事中事后监管制度。外商投资准入特别管理措施（负面清单）之外领域的外商投资项目（国务院规定对国内投资项目保留核准的除外)和外商投资企业设立及变更实行备案制,由自贸试验区负责办理。进一步减少或取消外商投资准入限制,提高开放度和透明度,做好对外开放的压力测试和风险测试。积极有效引进境外资金、先进技术和高端人才,提升利用外资综合质量。外商在自贸试验区内投资适用《自由贸易试验区外商投资准入特别管理措施(负面清单)》和《自由贸易试验区外商投资国家安全审查试行办法》。探索强化外商投资实际控制人管理,建立外商投资信息报告制度和外商投资信息公示平台,充分发挥国家企业信用信息公示系统作用,提升外商投资全周期监管的科学性、规范性和透明度。完善投资者权益保障机制,允许符合条件的境外投资者自由转移其投资收益。

(四)推动金融管理领域体制机制创新。

12. 扩大金融服务领域开放。允许符合条件的中资商业银行立足当地实际需求,依据监管政策导向,在自贸试验区内设立分支机构。支持外资银行在自贸试验区内设立子行、分行、专营机构。支持符合条件的民营资本在区内依法设立金融租赁公司、财务公司等金融机构,支持符合条件的境内纯中资民营企业发起设立民营银行。支持金融租赁公司在自贸试验区内设立专业子公司。支持商业保理业务发展,探索适合保理业务发展的外汇管理模式。支持自贸试验区内符合条件的企业按规定开展人民币境外证券投资等业务。允许外资股权投资管理机构、外资创业投资管理机构在自贸试验区发起管理人民币股权投资和创业投资基金。进一步简化经常项目外汇收支手续,在真实、合法交易基础上,自贸试验区内货物贸易外汇管理分类等级为A类企业的外汇收入无需开立待核查账户。允许自贸试验区内符合条件的融资租赁业务收取外币租金。支持自贸试验区内符合条件的个人按规定投资境内外证券市场。支持自贸试验区内符合互认条件的基金产品参与内地与香港基金产品互认。

13. 拓展金融服务功能。探索建立与自贸试验区相适应的本外币账户管理体系,促进跨境贸易、投融资结算便利化。为符合条件的自贸试验区内主体办理油品贸易相关的跨境经常项下结算业务、政策允许的资本项下结算业务。在自贸试验区内设立的法人机构可根据经营和管理需要,按规定开展跨国公司外汇资金集中运营管理业务和跨国企业集团内跨境双向人民币资金池业务、享受跨境投融资汇兑便利等政策。支持融资租赁公司依托自贸试验区在大宗商品领域开展包含人民币计价结算、跨境双向人民币资金池等跨境人民币创新业务。鼓励地方政府通过引入社会资本方式,在自贸试验区内设立跨境人民币各类投资基金,按注册地管理,开展跨境人民币双向投资业务。允许自贸试验区内从事油品等大宗商品为主的交易平台或交易所在约定的商业银行设立贸易专用账户,存放大宗商品交易保证金。支持自贸试验区发展与油品贸易相关的总部经济,放宽跨国公司外汇资金集中运营管理的准入条件。进一步简化资金池管理,允许经银行审核真实、合法的电子单证办理经常项目集中收付汇、轧差净额结算业务。允许自贸试验区开展油品现期货交易初期采用双币种计价、结算,逐步探索采用人民币计价、结算,推动人民币国际化进程。完善结售汇管理。允许境内外金融机构、金融技术企业、金融信息服务企业参与自贸试验区油品交易现货市场建设。逐步允许境外企业参与商品期货交易。加强与国际金融机构和国际油品贸易公司的合作,积极构建与国际接轨的油品贸易信息统计、监测体系,建立油品交易市场风险管理体系。

14. 积极发展融资租赁与保险业务。鼓励境内外投资者在自贸试验区设立融资租赁企业,进一步推进内资融资租赁企业试点,注册在自贸试验区内的内资融资租赁试点企业由自贸试验区所在省级商务主管部门和同级国家税务局审核;加强事中事后监管,探索建立融资租赁企业设立和变更的备案制度、违反行业管理规定的处罚制度、失信和经营异常企业公示制度、属地监管部门对企业定期抽查检查制度。支持融资租赁企业在自贸试验区设立特殊项目公司。根据期货保税交割业务需要,允许自贸试验区拓展仓单质押融资等功能,推动完善仓单质押融资所涉及的仓单确权等工作。支持在自贸试验区内探索设立服务石油行业的专营保险公司或分支机构,设立为保险业发展提供配套服务的保险经纪、保险代理、风险评估、损失理算、法律咨询等专业性保险服务机构。取消对自贸试验区内保险支公司高管人员任职资格的事前审批,由自贸试验区所在省保监局实施备案管理。创新针对石油行业的特殊风险分散机制,开展能源、化工等特殊风险保险业务,加大再保险对巨灾保险、特殊风险保险的支持力度。

15. 建立健全金融风险防范体系。落实风险为本的原则,探索建立跨境资金流动风险监管机制,强化开展反洗钱、反恐怖融资、反逃税工作,防止非法资金跨境、跨区流动,切实防范开放环境下的金融风险。

国务院关于印发中国(河南)自由贸易试验区总体方案的通知(节录)

(2017 年 3 月 15 日　国发〔2017〕17 号)

各省、自治区、直辖市人民政府,国务院各部委、各直属机构:

现将《中国(河南)自由贸易试验区总体方案》印发给你们,请认真贯彻执行。

中国(河南)自由贸易试验区总体方案

建立中国(河南)自由贸易试验区(以下简称自贸试验区)是党中央、国务院作出的重大决策,是新形势下全面深化改革、扩大开放和深入推进"一带一路"建设的重大举措。为全面有效推进自贸试验区建设,制定本方案。

一、总体要求

(一)指导思想。

全面贯彻党的十八大和十八届三中、四中、五中、六中全会精神,深入贯彻习近平总书记系列重要讲话精神和治国理政新理念新思想新战略,认真落实党中央、国务院决策部署,统筹推进"五位一体"总体布局和协调推进"四个全面"战略布局,坚持稳中求进工作总基调,牢固树立和贯彻落实创新、协调、绿色、开放、共享的发展理念,进一步解放思想、先行先试,以开放促改革、促发展,为加强与"一带一路"沿线国家交流合作拓展新空间、搭建新平台,为全面深化改革和扩大开放探索新途径、积累新经验,发挥示范带动、服务全国的积极作用。

(二)战略定位。

以制度创新为核心,以可复制可推广为基本要求,加快建设贯通南北、连接东西的现代立体交通体系和现代物流体系,将自贸试验区建设成为服务于"一带一路"建设的现代综合交通枢纽、全面改革开放试验田和内陆开放型经济示范区。

（三）发展目标。

经过三至五年改革探索，形成与国际投资贸易通行规则相衔接的制度创新体系，营造法治化、国际化、便利化的营商环境，努力将自贸试验区建设成为投资贸易便利、高端产业集聚、交通物流通达、监管高效便捷、辐射带动作用突出的高水平高标准自由贸易园区，引领内陆经济转型发展，推动构建全方位对外开放新格局。

三、主要任务和措施

（一）加快政府职能转变。

1. 深化行政管理体制改革。深入推进简政放权、放管结合、优化服务改革，最大限度减少行政审批事项。探索相对集中的行政许可权模式，建立综合统一的行政审批机构。完善“一口受理”服务模式，推进行政审批规范化、标准化、信息化建设，实施行政审批目录化管理。深化投融资体制改革，试行企业投资项目承诺制。精简投资项目准入阶段的相关手续，探索建立“多评合一、统一评审”的新模式。简化整合投资项目报建手续，探索实行先建后验的管理模式。深化商事制度改革，全面实施“五证合一、一照一码”登记制度，探索实行“多证合一”模式，积极推动工商登记全程电子化和使用电子营业执照。将由政府部门承担的资产评估、鉴定、咨询等职能逐步交由法律、会计、信用等专业服务机构承担。开展知识产权综合管理改革试点，紧扣创新发展需求，发挥专利、商标、版权等知识产权的引领作用，打通知识产权创造、运用、保护、管理、服务全链条，建立高效的知识产权综合管理体制，构建便民利民的知识产权公共服务体系，探索支撑创新发展的知识产权运行机制，推动形成权界清晰、分工合理、责权一致、运转高效、法治保障的体制机制。探索建立自贸试验区跨部门知识产权执法协作机制，完善纠纷调解、援助、仲裁工作机制。

2. 完善市场监管机制。推进政府管理由注重事前审批向注重事中事后监管转变，完善信息网络平台，提高行政透明度，实现跨部门协同管理。完善社会信用体系，推动各部门间依法履职信息的联通和共享。健全守信激励和失信惩戒机制。建立集中统一的综合行政执法体系，建设网上执法办案系统。选择重点敏感产业，配合国家有关部门建立与开放市场环境相匹配的产业预警体系，及时发布产业预警信息。建立资源环境承载能力监测预警机制和社会监督举报机制，探索试行环境损害责任追究和赔偿制度。实施公平竞争审查制度。配合商务部开展经营者集中反垄断审查。建立部门协同监管机制，统筹多元化监管力量，整合监管信息，打造事前诚信承诺、事中评估分类、事后联动奖惩的全链条信用监管体系。

3. 提高行政服务效能。河南省依法向自贸试验区下放经济社会管理权限。完善行政部门权力清单和责任清单,建立健全清单动态管理机制。推广政府和社会资本合作模式,完善基本公共服务体系,提高公共服务供给效率。大力推行“互联网+政务服务”,推进实体政务大厅向网上办事大厅延伸,打造政务服务“一张网”,对企业和群众办事实行“一号申请、一窗受理、一网通办”。推动税收服务创新,包括一窗国地办税、一厅自助办理、培训辅导点单、缴纳方式多元、业务自主预约、税银信息互动、税收遵从合作、创新网上服务等举措。建立自贸试验区综合统计调查、监测分析制度。建立完善深化改革量化指标体系,加快形成更有吸引力的法治化、国际化、便利化营商环境。

(二)扩大投资领域开放。

4. 提升利用外资水平。对外商投资实行准入前国民待遇加负面清单管理制度,着力构建与负面清单管理方式相适应的事中事后监管制度。外商投资准入特别管理措施(负面清单)之外领域的外商投资项目(国务院规定对国内投资项目保留核准的除外)和外商投资企业设立及变更实行备案制,由自贸试验区负责办理。进一步减少或取消外商投资准入限制,提高开放度和透明度,做好对外开放的压力测试和风险测试。积极有效引进境外资金、先进技术和高端人才,提升利用外资综合质量。大力引进国际组织和机构、金融总部、区域性总部入驻自贸试验区。外商在自贸试验区内投资适用《自由贸易试验区外商投资准入特别管理措施(负面清单)》和《自由贸易试验区外商投资国家安全审查试行办法》。探索强化外商投资实际控制人管理,建立外商投资信息报告制度和外商投资信息公示平台,充分发挥国家企业信用信息公示系统作用,提升外商投资全周期监管的科学性、规范性和透明度。完善投资者权益保障机制,允许符合条件的境外投资者自由转移其投资收益。

5. 构建对外投资合作服务平台。改革境外投资管理方式,将自贸试验区建设成为企业“走出去”的窗口和综合服务平台。对一般境外投资项目和设立企业实行备案制,属省级管理权限的,由自贸试验区负责备案管理。确立企业对外投资主体地位,支持自贸试验区内企业开展多种形式的对外直接投资。完善“走出去”政策促进、服务保障和风险防控体系。加强与港澳在项目对接、投资拓展、信息交流、人才培训等方面交流合作,共同开拓国际市场。加强境外投资事后管理和服务,完善境外资产和人员安全风险预警和应急保障体系。

（四）深化金融领域开放创新。

9. 扩大金融对内对外开放。进一步简化经常项目外汇收支手续，在真实、合法交易基础上，自贸试验区内货物贸易外汇管理分类等级为A类企业的外汇收入无需开立待核查账户。推动金融服务业对符合条件的民营资本有序开放，在符合现行法律法规及国家政策导向的前提下，允许符合条件的境内纯中资民营企业在自贸试验区依法发起设立中小型银行等金融机构。探索自贸试验区内符合条件的单位和个人按照规定双向投资于境内外证券市场。允许外资股权投资管理机构、外资创业投资管理机构在自贸试验区发起管理人民币股权投资和创业投资基金。支持发展总部经济，放宽跨国公司外汇资金集中运营管理准入条件。逐步允许境外企业参与商品期货交易。支持保险机构在自贸试验区内开展业务创新，探索特殊风险分散机制，加大再保险对巨灾保险、特殊风险的保险保障力度。取消对自贸试验区内保险支公司高管人员任职资格的事前审批，由省级保监机构实施备案管理。

10. 拓展金融服务功能。拓展跨境电子商务金融服务，开展跨境电子商务人民币结算，推动跨境电子商务线上融资及担保方式创新，鼓励保险机构发展出口信用保险，拓宽服务领域。支持自贸试验区发展科技金融，按照国务院统一部署，积极争取纳入投贷联动试点。创建金融集成电路（IC）卡“一卡通”示范区。进一步简化资金池管理，允许经银行审核真实、合法的电子单证办理经常项目集中收付汇、轧差净额结算业务。进一步推进内资融资租赁企业试点，注册在自贸试验区内的内资融资租赁试点企业由自贸试验区所在省级商务主管部门和同级国家税务局审核；加强事中事后监管，探索建立融资租赁企业设立和变更的备案制度、违反行业管理规定的处罚制度、失信和经营异常企业公示制度、属地监管部门对企业定期抽查检查制度。支持在自贸试验区设立金融租赁公司、融资租赁公司，在符合相关规定前提下，设立项目公司开展飞机、工程机械、大型设备等融资租赁业务。允许自贸试验区内符合条件的融资租赁业务收取外币租金。支持商业保理业务发展，探索适合商业保理发展的监管模式。银行按照“了解客户、了解业务、尽职审查”的展业三原则办理经常项目收结汇、购付汇手续。

11. 推动跨境投融资创新。探索建立与自贸试验区相适应的本外币账户管理体系，促进跨境贸易、投融资结算便利化。在健全风险防控机制的前提下，允许自贸试验区内符合条件的企业、金融机构按照有关规定通过贷款、发债等形式从境外自主融入本外币资金,拓宽境外资金回流渠道。允许自贸试验区内跨国企业集团开展跨境双向人民币资金池业务。允许自贸试验区内企业的境外母公司按照有关规定在境内发行人民币债券。自贸试验区内银行可按有关规定发放境外项目人民币贷款。支持开展人民币跨境再保险业务,培育发展再保险市场。支持自贸试验区内符合互认条件的基金产品参与内地与香港基金产品互认。

12. 建立健全金融风险防控体系。建立对持有各类牌照金融机构的分类监管机制,健全符合自贸试验区内金融业发展实际的监控指标,完善金融监管措施,加强监管协调与合作,确保自贸试验区内金融机构风险可控。逐步建立跨境资金流动风险监管机制,对企业跨境收支进行全面监测评价。做好反洗钱、反恐怖融资、反逃税工作,防范非法资金跨境、跨区流动。建立健全自贸试验区金融消费者权益保护工作机制。

国务院关于印发中国（湖北）自由贸易试验区总体方案的通知（节录）

（2017年3月15日　国发〔2017〕18号）

各省、自治区、直辖市人民政府，国务院各部委、各直属机构：

现将《中国（湖北）自由贸易试验区总体方案》印发给你们，请认真贯彻执行。

中国（湖北）自由贸易试验区总体方案

建立中国（湖北）自由贸易试验区（以下简称自贸试验区）是党中央、国务院作出的重大决策，是新形势下全面深化改革、扩大开放和加快推进中部崛起、长江经济带发展的重大举措。为全面有效推进自贸试验区建设，制定本方案。

一、总体要求

（一）指导思想。

全面贯彻党的十八大和十八届三中、四中、五中、六中全会精神，深入贯彻习近平总书记系列重要讲话精神和治国理政新理念新思想新战略，认真落实党中央、国务院决策部署，统筹推进“五位一体”总体布局和协调推进“四个全面”战略布局，坚持稳中求进工作总基调，牢固树立和贯彻落实创新、协调、绿色、开放、共享的发展理念，进一步解放思想、先行先试，以开放促改革、促发展，按照“开放先导、创新驱动、绿色引领、产业集聚”的总体思路，全力打造区域经济发展新引擎，为全面深化改革和扩大开放探索新途径、积累新经验，发挥示范带动、服务全国的积极作用。

（二）战略定位。

以制度创新为核心，以可复制可推广为基本要求，立足中部、辐射全国、走向世界，努力成为中部有序承接产业转移示范区、战略性新兴产业和高技术产业集聚区、全面改革开放试验田和内陆对外开放新高地。

（三）发展目标。

经过三至五年改革探索，对接国际高标准投资贸易规则体系，力争建成高端产业集聚、创新创业活跃、金融服务完善、监管高效便捷、辐射带动作用突出的高水平高标准自由贸易园区，在实施中部崛起战略和推进长江经济带发展中发挥示范作用。

三、主要任务和措施

（一）加快政府职能转变。

1. 深化行政管理体制改革。按照打造法治化、国际化、便利化营商环境的要求，深入推进简政放权、放管结合、优化服务改革，加快推动政府管理模式创新。湖北省能够下放给自贸试验区的经济社会管理权限，全部依法下放。自贸试验区内工作部门依法公开管理权限和流程，建立各部门权力清单和责任清单制度，明确政府职能边界。探索实行市场准入负面清单制度。加快行政审批制度改革，最大限度取消行政审批事项，建立健全行政审批目录管理制度，实行审管职能分离，建立相对集中行政许可权机制，完善“一口受理”服务模式。推进行政审批标准化、信息化建设。开展“证照分离”改革试点。深化商事制度改革，探索“多证合一”模式，开展企业登记全程电子化和电子营业执照试点。推动税收服务创新，包括一窗国地办税、一厅自助办理、培训辅导点单、缴纳方式多元、业务自主预约、税银信息互动、税收遵从合作、创新网上服务等。健全社会服务体系，将由政府部门承担的资产评估、鉴定、咨询、认证、检验检测等职能逐步交由法律、会计、信用、检验检测认证等专业服务机构承担。对接国际商事争议解决规则，提高商事纠纷仲裁国际化程度。

2. 强化事中事后监管。建立健全以信用监管为核心的事中事后监管体系。完善社会信用体系，推动各部门间依法履职信息的联通和共享。健全守信激励和失信惩戒机制。探索大数据监管，加强风险监测分析。建立集中统一的综合执法体系，提高执法效能。配合商务部开展经营者集中反垄断审查。支持社会力量多渠道参与市场监督。

（二）深化投资领域改革。

3. 提升利用外资水平。对外商投资实行准入前国民待遇加负面清单管理制度，着力构建与负面清单管理方式相适应的事中事后监管制度。外商投资准入特别管理措施（负面清单）之外领域的外商投资项目（国务院规定对国内投资项目保留核准的除外）和外商投资企业设立及变更实行备案制，由自贸试验区负责办理。进一步减少或取消外商投资准入限制，提高开放度和透明度，做好对外开放的压力测试和风险测试。积极有效引进境外资金、先进技术和高端人才，提升利用外资综合质量。外商在自贸试验区内投资适用《自由贸易试验区外商投资准入特别管理措施（负面清单）》和《自由贸易试验区外商投资国家安全审查试行办法》。探索强化外商投资实际控制人管理，建立外商投资信息报告制度和外商投资信息公示平台，充分发挥国家企业信用信息公示系统作用，提升外商投资全周期监管的科学性、规范性和透明度。完善投资者权益保障机制，允许符合条件的境外投资者自由转移其投资收益。探索优化投资准入后的管理流程，提升投资便利化水平。

4. 完善对外投资合作促进体系。确立企业对外投资主体地位，支持企业按规定开展多种形式的对外直接投资。对在境外投资开办企业，实行以备案制为主的管理方式，属省级管理权限的，由自贸试验区负责办理。鼓励企业创新对外投资合作方式。完善对外投资合作相关政策促进、服务保障和风险防控体系，推动企业"走出去"方式转型升级，加强国际产能和装备制造合作，融入"一带一路"建设。

（四）深化金融领域开放创新。

8. 扩大金融领域对外开放。探索建立与自贸试验区相适应的本外币账户管理体系，促进跨境贸易、投融资结算便利化。在风险可控前提下，时机成熟时，开展以资本项目可兑换为重点的外汇管理改革试点。拓宽自贸试验区内企业资本项下外币资金结汇用途。自贸试验区内企业可根据自身经营和管理需要，开展集团内跨境双向人民币资金池业务。放宽跨国公司外汇资金集中运营管理准入条件。进一步简化资金池管理，允许经银行审核真实、合法的电子单证办理经常项目集中收付汇、轧差净额结算业务。进一步简化经常项目外汇收支手续，在真实、合法交易基础上，自贸试验区内货物贸易外汇管理分类等级为 A 类企业的外汇收入无需开立待核查账户。银行按照"了解客户、了解业务、尽职审查"的展业三原则办理经常项目收结汇、购付汇手续。提高自贸试验区内企业跨境投资便利化程度。允许自贸试验区内企业的境外母公司按照有关规定在境内发行人民币债券。支持自贸试验区内银行发放境外人民币贷款。允许自贸试验区内银行和已获相应业务许可的非银行支付机构与境外银行和支付机构开展跨境支付合作。鼓励取得互联网支付业务许可的湖北省法人支付机构申请本外币跨境支付业务许可，支持已获得本外币跨境支付业务许可的全国性支付机构在自贸试验区内设立分支机构，按规定为跨境电商交易提供本外币资金收付及结售汇业务。支持自贸试验区内符合互认条件的基金产品参与内地与香港基金产品互认。逐步允许境外企业参与商品期货交易。支持自贸试验区内保险机构开展境外投资。

9. 增强金融服务功能。允许中、外资银行立足当地实际需求，依据监管政策导向，在自贸试验区内新设分行或专营机构、将区内现有银行网点升格为分行。支持符合条件的境内纯中资民营企业在武汉片区发起设立民营银行，服务长江经济带发展。在符合法律法规及政策导向的前提下，支持外资在自贸试验区内设立金融机构。支持符合条件的发起人在自贸试验区内设立金融租赁、汽车金融、消费金融公司和企业集团财务公司等非银行金融机构。支持自贸试验区内银行业金融机构按有关规定开展信贷资产证券化业务。将自贸试验区内符合条件的金融机构纳入优先发行大额可转让存单的机构范围，在自贸试验区内开展大额可转让存单发行试点。鼓励金融机构积极开展动产融资业务，利用动产融资统一登记平台，服务中小企业发展。支持商业保理业务发展，探索适合商业保理业务发展的监管模式。支持证券经营机构在自贸试验区内注册成立分公司或专业子公司，支持证券经营机构利用自贸试验区平台“走出去”，取得合格境内机构投资者（QDII）和人民币合格境内机构投资者（RQDII）资格，开展境外证券投资业务；支持其境外子公司取得合格境外机构投资者（QFII）、人民币合格境外机构投资者（RQFII）资格；支持境外股权投资基金以合格境外有限合伙人（QFLP）开展跨境投资相关业务。支持在自贸试验区内设立健康保险、科技保险和内河航运保险等专业保险机构，扩大出口信用保险覆盖面。完善保险市场体系，推动保险产品研发中心、再保险中心等功能型平台建设。取消对自贸试验区内保险支公司高管人员任职资格的事前审批，由省级保监机构实施备案管理。

大力发展融资租赁业务。进一步推进内资融资租赁企业试点，注册在自贸试验区内的内资融资租赁试点企业由自贸试验区所在省级商务主管部门和同级国家税务局审核；加强事中事后监管，探索建立融资租赁企业设立和变更的备案制度、违反行业管理规定的处罚制度、失信和经营异常企业公示制度、属地监管部门对企业定期抽查检查制度。允许符合条件的融资租赁业务收取外币租金，简化船舶、飞机等大型融资租赁项目预付款手续。支持开展跨境融资租赁服务。支持符合条件的金融租赁公司和融资租赁公司设立专业子公司。经相关部门认可，允许融资租赁公司开展主营业务相关的福费廷业务。对注册在自贸试验区海关特殊监管区域内的融资租赁企业进出口飞机、船舶等大型设备涉及跨关区的，在确保有效监管和执行现行相关税收政策前提下，按物流实际需要，实行海关异地委托监管。支持租赁业境外融资，鼓励各类租赁公司扩大跨境人民币资金使用范围。允许自贸试验区内融资租赁机构依法合规开展跨境双向人民币资金池业务。

10. 推进科技金融创新。完善自贸试验区内股权、技术等资本或要素交易市场,允许外资参与投资。允许外资股权投资管理机构、外资创业投资管理机构在自贸试验区内发起管理人民币股权投资和创业投资基金。鼓励境外天使投资、创业投资等风险投资机构在自贸试验区内开展业务,鼓励“内投外”和“外投内”双向股权投资基金发展,试点开展合格境外有限合伙人(QFLP)和人民币合格境外有限合伙人(RQFLP)业务。鼓励在自贸试验区内设立成套设备进出口保理公司等中介服务机构,有条件的可探索设立并规范发展科技型融资担保公司。促进金融和互联网的融合发展。支持科技型企业通过外资金融机构开展海外上市、离岸并购、特殊目的载体收购。支持武汉股权托管交易中心在依法合规的前提下创新发展,支持武汉股权托管交易中心设立海外归国人员创新创业企业板,推动建立武汉股权托管交易中心与全国中小企业股份转让系统之间的合作对接机制。建立知识产权质押融资市场化风险补偿机制,按照风险可控、商业可持续的原则,开展知识产权质押融资。加快发展科技保险,推进专利保险试点。积极引进海外创新投资机构落户自贸试验区开展相关业务。

11. 建立健全金融风险防控体系。建立金融监管协调机制,完善跨行业、跨市场的金融风险监测评估机制,加强对重大风险的识别和对系统性金融风险的防范。完善对持有各类牌照金融机构的分类监管机制。探索建立跨境资金流动风险监管机制,对企业跨境收支进行全面监测评价,实施分类管理。强化外汇风险防控,实施主体监管,建立合规评价体系,以大数据为依托开展事中事后监管。做好反洗钱、反恐怖融资、反逃税工作,防范非法资金跨境、跨区流动。

国务院关于印发中国（重庆）自由贸易试验区总体方案的通知（节录）

（2017年3月15日　国发〔2017〕19号）

各省、自治区、直辖市人民政府，国务院各部委、各直属机构：

现将《中国（重庆）自由贸易试验区总体方案》印发给你们，请认真贯彻执行。

中国（重庆）自由贸易试验区总体方案

建立中国（重庆）自由贸易试验区（以下简称自贸试验区）是党中央、国务院作出的重大决策，是新形势下全面深化改革、扩大开放和深入推进“一带一路”建设、长江经济带发展、西部大开发战略的重大举措。为全面有效推进自贸试验区建设，制定本方案。

一、总体要求

（一）指导思想。

全面贯彻党的十八大和十八届三中、四中、五中、六中全会精神，深入贯彻习近平总书记系列重要讲话精神和治国理政新理念新思想新战略，认真落实党中央、国务院决策部署，统筹推进“五位一体”总体布局和协调推进“四个全面”战略布局，坚持稳中求进工作总基调，牢固树立和贯彻落实创新、协调、绿色、开放、共享的发展理念，进一步解放思想、先行先试，以开放促改革、促发展，努力为新形势下内陆开放型经济发展起到示范引领作用，为“一带一路”建设和长江经济带发展打好坚实基础，为全面深化改革和扩大开放探索新途径、积累新经验，发挥示范带动、服务全国的积极作用。

（二）战略定位。

以制度创新为核心，以可复制可推广为基本要求，全面落实党中央、国务院关于发挥重庆战略支点和连接点重要作用、加大西部地区门户城市开放力度的要求，努力将自贸试验区建设成为“一带一路”和长江经济带互联互通重要枢纽、西部大开发战略重要支点。

（三）发展目标。

经过三至五年改革探索，努力建成投资贸易便利、高端产业集聚、监管高效便捷、金融服务完善、法治环境规范、辐射带动作用突出的高水平高标准自由贸易园区，努力建成服务于“一带一路”建设和长江经济带发展的国际物流枢纽和口岸高地，推动构建西部地区门户城市全方位开放新格局，带动西部大开发战略深入实施。

三、主要任务和措施

（二）扩大投资领域开放。

4. 提升利用外资水平。对外商投资实行准入前国民待遇加负面清单管理制度，着力构建与负面清单管理方式相适应的事中事后监管制度。外商投资准入特别管理措施（负面清单）之外领域的外商投资项目（国务院规定对国内投资项目保留核准的除外）和外商投资企业设立及变更实行备案制，由自贸试验区负责办理。进一步减少或取消外商投资准入限制，提高开放度和透明度，做好对外开放的压力测试和风险测试。积极有效引进境外资金、先进技术和高端人才，提升利用外资综合质量。外商在自贸试验区内投资适用《自由贸易试验区外商投资准入特别管理措施（负面清单）》和《自由贸易试验区外商投资国家安全审查试行办法》。探索强化外商投资实际控制人管理，建立外商投资信息报告制度和外商投资信息公示平台，充分发挥国家企业信用公示系统作用，提升外商投资全周期监管的科学性、规范性和透明度。建立多部门共享的外资管理综合信息数据系统。完善投资者权益保障机制，允许符合条件的境外投资者自由转移其投资收益。

5. 构筑对外投资服务促进体系。实施对外投资管理体制改革，确立企业对外投资主体地位，对不涉及敏感国家和地区、敏感行业的境外投资项目实行备案制，支持企业开展多种形式的境外投资合作，在法律法规规定的范围内，允许自担风险到境外开展投资合作。鼓励企业创新对外投资合作方式。依托港澳在金融服务、信息资讯、国际贸易网络、风险管理等方面的优势，将自贸试验区建设成为内地企业“走出去”的窗口和综合服务平台。加强与港澳在项目对接、投资拓展、信息交流、人才培训等方面交流合作，共同开拓国际市场。加强境外投资事后管理和服务，完善境外资产和人员安全风险预警和应急保障体系。

（四）深化金融领域开放创新。

11. 优化跨境金融结算服务。支持自贸试验区开展适应内陆加工贸易、转口贸易等多种贸易业态的结算便利化试点。探索与要素市场跨境交易相适应的外汇收支便利化措施,支持区域要素市场开展国际贸易业务。支持发展总部经济,放宽跨国公司外汇资金集中运营管理准入条件。允许重庆市内银行业金融机构与自贸试验区内持有《支付业务许可证》且许可业务范围包括互联网支付的支付机构合作,按照有关管理政策为跨境电子商务(货物贸易或服务贸易)提供跨境本外币支付结算服务。进一步深化支付机构跨境外汇支付业务试点,在保证交易真实性情况下,逐步扩大服务贸易业务范围。

12. 推动跨境人民币业务创新发展。推动自贸试验区与境外开展双向人民币融资。自贸试验区内企业可根据自身经营和管理需要,开展集团内跨境双向人民币资金池业务。允许在自贸试验区内注册的融资租赁企业开展跨境双向人民币资金池业务。允许自贸试验区内租赁企业在境外开立人民币账户用于跨境人民币租赁业务。支持自贸试验区内保险机构开展跨境人民币再保险和全球保单分入业务。研究探索区内金融机构在依法合规、风险可控的前提下向境外销售人民币理财产品、开展人民币项下跨境担保等业务。鼓励在自贸试验区内设立人民币海外投贷基金。在自贸试验区开展人民币基金投资境外项目试点政策下,开展区域性净头寸总规模约束管理试点。允许外资股权投资管理机构、外资创业投资管理机构在自贸试验区发起管理人民币股权投资和创业投资基金。鼓励自贸试验区内金融机构积极创新面向国际的人民币金融产品,扩大境外人民币投资境内金融产品的范围。支持自贸试验区内符合条件的企业按规定开展人民币境外证券投资业务。

13. 探索跨境投融资便利化改革创新。探索建立与自贸试验区相适应的本外币账户管理体系,促进跨境贸易、投融资结算便利化。进一步简化经常项目外汇收支手续,在真实、合法交易基础上,自贸试验区内货物贸易外汇管理分类等级为A类企业的外汇收入无需开立待核查账户。银行按照"了解客户、了解业务、尽职审查"的展业三原则办理经常项目收结汇、购付汇业务。允许自贸试验区内符合条件的融资租赁业务收取外币租金。支持自贸试验区内企业和金融机构通过境外上市、按照有关规定发行债券及标准化金融证券等方式开展境外融资并将资金调回境内使用。支持自贸试验区内符合条件的单位和个人按照规定双向投资于境内外证券市场。逐步允许境外企业参与商品期货交易。支持商业保理业务发展,探索适合商业保理业务发展的监管模式。

14. 增强跨境金融服务功能。支持符合条件的民间资本、境外资本在符合现行法律法规及政策导向的前提下，在自贸试验区内发起和参与设立金融机构。在遵循机构总部统一业务管理政策的前提下，授予自贸试验区内银行业金融机构更多业务自主权，在风险可控的前提下自主开展资金交易业务。支持证券经营机构在自贸试验区内依法设立分支机构或专业子公司。支持在自贸试验区内设立货币兑换、征信等专业化机构。支持符合条件的重庆市证券期货经营机构进入银行间外汇市场，开展人民币对外汇即期业务和衍生品交易。支持自贸试验区符合互认条件的基金产品参与内地与香港基金产品互认。支持符合条件的银行业金融机构在自贸试验区内发行大额存单，区内注册的内外资企业均可参与投资。支持在自贸试验区设立内外资再保险、外资健康保险、国际多式联运物流专业保险等机构。鼓励在自贸试验区设立保险资产管理公司、自保公司、相互制保险机构等新型保险组织，以及为保险业发展提供配套服务的保险经纪、保险代理等专业性保险服务机构。探索在自贸试验区开展巨灾保险服务创新试点。支持在自贸试验区内建立保险资产登记交易平台。鼓励国内期货交易所在自贸试验区的海关特殊监管区域内开展期货保税交易、仓单质押融资等业务。在总结期货保税交割试点经验基础上，鼓励国内期货交易所在自贸试验区的海关特殊监管区域内开展业务，扩大期货保税交割试点的品种。进一步推进内资融资租赁企业试点，注册在自贸试验区内的内资融资租赁试点企业由自贸试验区所在省级商务主管部门和同级国家税务局审核；加强事中事后监管，探索建立融资租赁企业设立和变更的备案制度、违反行业管理规定的处罚制度、失信和经营异常企业公示制度、属地监管部门对企业定期抽查检查制度。支持自贸试验区发展科技金融，按照国务院统一部署，积极争取纳入投贷联动试点。

15. 完善金融风险防控体系。落实风险为本的原则，探索建立跨境资金流动风险监管机制，强化做好反洗钱、反恐怖融资、反逃税工作，防范非法资金跨境、跨区流动。探索建立综合性金融监管协调机制，深入开展跨行业、跨市场的金融风险监测评估，加强对重大风险的预警防范，切实防范开放环境下的金融风险。

国务院关于印发中国(四川)自由贸易试验区总体方案的通知(节录)

(2017年3月15日　国发〔2017〕20号)

各省、自治区、直辖市人民政府,国务院各部委、各直属机构:

现将《中国(四川)自由贸易试验区总体方案》印发给你们,请认真贯彻执行。

中国(四川)自由贸易试验区总体方案

建立中国(四川)自由贸易试验区(以下简称自贸试验区)是党中央、国务院作出的重大决策,是新形势下全面深化改革、扩大开放和深入推进西部大开发、长江经济带发展的重大举措。为全面有效推进自贸试验区建设,制定本方案。

一、总体要求

(一)指导思想。

全面贯彻党的十八大和十八届三中、四中、五中、六中全会精神,深入贯彻习近平总书记系列重要讲话精神和治国理政新理念新思想新战略,认真落实党中央、国务院决策部署,统筹推进"五位一体"总体布局和协调推进"四个全面"战略布局,坚持稳中求进工作总基调,牢固树立和贯彻落实创新、协调、绿色、开放、共享的发展理念,进一步解放思想、先行先试,以开放促改革、促发展,以推进供给侧结构性改革为主线,积极培育内陆地区参与国际经济合作竞争新优势,全力打造区域协调发展新引擎,为全面深化改革和扩大开放探索新途径、积累新经验,发挥示范带动、服务全国的积极作用。

(二)战略定位。

以制度创新为核心,以可复制可推广为基本要求,立足内陆、承东启西,服务全国、面向世界,将自贸试验区建设成为西部门户城市开发开放引领区、内陆开放战略支撑带先导区、国际开放通道枢纽区、内陆开放型经济新高地、内陆与沿海沿边沿江协同开放示范区。

（三）发展目标。

经过三至五年改革探索，力争建成法治环境规范、投资贸易便利、创新要素集聚、监管高效便捷、协同开放效果显著的高水平高标准自由贸易园区，在打造内陆开放型经济高地、深入推进西部大开发和长江经济带发展中发挥示范作用。

三、主要任务和措施

（四）深化金融领域改革创新。

15. 促进跨境投融资便利化。探索建立与自贸试验区相适应的本外币账户管理体系，促进跨境贸易、投融资结算便利化。鼓励允许自贸试验区内法人金融机构和企业按照有关规定在境外发行人民币和外币债券，所筹资金可根据需要调回自贸试验区内使用。支持符合条件的企业参与跨国公司总部外汇资金集中运营管理和跨境双向人民币资金池业务。支持跨国公司成立全球或区域结算中心。研究探索自贸试验区内银行业金融机构在依法合规、风险可控的前提下，向境外销售人民币理财产品、开展人民币项下跨境担保等业务。允许自贸试验区内符合条件的金融机构和企业按照规定开展境外证券投资业务。

16. 增强金融服务功能。在符合现行法律法规及政策导向的前提下，支持在自贸试验区内设立银行、证券、保险等金融机构。支持外资银行和中外合资银行在自贸试验区内设立营业性机构，发挥外资银行跨境业务的网络平台优势，为跨境企业提供综合金融服务。支持银行业金融机构与已获相应业务许可资质的非银行支付机构合作开展企业和个人跨境货物贸易、服务贸易人民币结算服务。加快发展金融 IC 卡（芯片银行卡）和移动金融，打造金融 IC 卡无障碍示范区。优化境外银行卡刷卡消费环境。支持在自贸试验区内设立货币兑换、征信等专业化机构。支持符合条件的自贸试验区内机构按照规定投资境内外证券市场。支持股权托管交易机构在自贸试验区内建立综合金融服务平台。依托现有交易场所开展长江上游生产要素国际交易业务以及粮食、矿石和建筑材料等大宗商品现货交易业务。支持设立健康、科技、养老等专业保险机构。支持注册在自贸试验区内的法人寿险机构创新发展。支持自贸试验区内保险机构大力开展跨境人民币再保险。鼓励各类保险机构在自贸试验区创新特殊风险分散机制，开展特殊风险保险业务。鼓励保险公司创新保险产品，不断拓展责任保险服务领域。建立完善巨灾保险制度。支持专业性保险中介机构等服务机构以及从事再保险业务的社会组织和个人在自贸试验区依法开展相关业务，为保险业发展提供专业技术配套服务。探索与“一带一路”沿线国家的金融合作。支持符合条件的“一带一路”沿线国家的金融机构在自贸试验区以人民币进行新设、增资或参股自贸试验区金融机构等直接投资活动。进一步简化经常项目外汇收支手续，在真实、合法交易基础上，自贸试验区内货物贸易外汇管理分类等级为A类企业的外汇收入无需开立待核查账户。银行按照“了解客户、了解业务、尽职审查”的展业三原则办理经常项目收结汇、购付汇手续。

17. 发展新兴金融业态。积极引进设立各类金融总部、专业子公司、区域总部等机构。支持民营资本依法合规进入金融业，依法设立财务公司、汽车金融公司和消费金融公司等金融机构，支持符合条件的境内纯中资民营企业发起设立民营银行。地方可结合实际试点设立地方资产管理公司和并购基金等。研究探索自贸试验区内金融机构在依法合规、风险可控的前提下，依托各类跨境投融资工具，研发跨市场投资理财产品。支持自贸试验区发展科技金融，按照国务院统一部署，积极争取纳入投贷联动试点，促进创业创新。鼓励通过社会资本设立融资担保基金，缓解中小微企业融资难。支持符合条件的内地和港澳台机构在自贸试验区设立金融租赁公司、融资租赁公司，鼓励在飞机、船舶及其零部件、机器人、农机、医疗设备及基础设施等领域开展业务，支持其在符合相关规定前提下，设立项目公司开展境内外融资租赁业务。支持在海关特殊监管区域内开展飞机融资租赁。允许自贸试验区内符合条件的融资租赁业务收取外币租金。进一步推进内资融资租赁企业试点，注册在自贸试验区内的内资融资租赁试点企业由自贸试验区所在省级商务主管部门和同级国家税务局审核；加强事中事后监管，探索建立融资租赁企业设立和变更的备案制度、违反行业管理规定的处罚制度、失信和经营异常企业公示制度、属地监管部门对企业定期抽查检查制度。支持租赁业境外融资，鼓励各类租赁公司扩大跨境人民币资金使用范围。鼓励国内期货交易所在自贸试验区的海关特殊监管区域内开展期货保税交易、仓单质押融资等业务。支持证券业经营机构在自贸试验区内依法设立分支机构或专业子公司。支持商业保理业务发展，探索适合商业保理业务发展的监管模式。

18. 探索创新金融监管机制。探索建立与自贸试验区相适应的新型风险监管体系。落实风险为本的原则，探索建立跨境资金流动风险监管机制，强化开展反洗钱、反恐怖融资、反逃税工作，防止非法资金跨境、跨区流动。鼓励金融行业协会、自律组织独立或者联合依法开展专业调解，建立调解与仲裁、诉讼的对接机制,加大对金融消费者维权的支持力度。支持建立健全金融消费者教育服务体系,积极创新自贸试验区特色多元化金融消费者教育产品和方式。

国务院关于印发中国(陕西)自由贸易试验区总体方案的通知(节录)

(2017年3月15日　国发〔2017〕21号)

各省、自治区、直辖市人民政府,国务院各部委、各直属机构:

现将《中国(陕西)自由贸易试验区总体方案》印发给你们,请认真贯彻执行。

中国(陕西)自由贸易试验区总体方案

建立中国(陕西)自由贸易试验区(以下简称自贸试验区)是党中央、国务院作出的重大决策,是新形势下全面深化改革、扩大开放和加快推进"一带一路"建设、深入推进西部大开发的重大举措。为全面有效推进自贸试验区建设,制定本方案。

一、总体要求

(一)指导思想。

全面贯彻党的十八大和十八届三中、四中、五中、六中全会精神,深入贯彻习近平总书记系列重要讲话精神和治国理政新理念新思想新战略,认真落实党中央、国务院决策部署,统筹推进"五位一体"总体布局和协调推进"四个全面"战略布局,坚持稳中求进工作总基调,牢固树立和贯彻落实创新、协调、绿色、开放、共享的发展理念,进一步解放思想、先行先试,以开放促改革、促发展,立足于推进"一带一路"建设和西部大开发,为全面深化改革和扩大开放探索新途径、积累新经验,发挥示范带动、服务全国的积极作用。

(二)战略定位。

以制度创新为核心,以可复制可推广为基本要求,全面落实党中央、国务院关于更好发挥"一带一路"建设对西部大开发带动作用、加大西部地区门户城市开放力度的要求,努力将自贸试验区建设成为全面改革开放试验田、内陆型改革开放新高地、“一带一路”经济合作和人文交流重要支点。

（三）发展目标。

经过三至五年改革探索，形成与国际投资贸易通行规则相衔接的制度创新体系，营造法治化、国际化、便利化的营商环境，努力建成投资贸易便利、高端产业聚集、金融服务完善、人文交流深入、监管高效便捷、法治环境规范的高水平高标准自由贸易园区，推动“一带一路”建设和西部大开发战略的深入实施。

三、主要任务和措施

（二）深化投资领域改革。

3. 提升利用外资水平。对外商投资实行准入前国民待遇加负面清单管理制度，着力构建与负面清单管理方式相适应的事中事后监管制度。外商投资准入特别管理措施（负面清单）之外领域的外商投资项目（国务院规定对国内投资项目保留核准的除外）和外商投资企业设立及变更实行备案制，由自贸试验区负责办理。进一步减少或取消外商投资准入限制，提高开放度和透明度，做好对外开放的压力测试和风险测试。鼓励外资更多投向高端装备制造、新一代信息技术、新材料、生物医药等先进制造业领域。鼓励跨国公司在自贸试验区设立地区总部、研发中心、销售中心、物流中心和结算中心。积极有效引进境外资金、先进技术和高端人才，提升利用外资综合质量。外商在自贸试验区内投资适用《自由贸易试验区外商投资准入特别管理措施（负面清单）》和《自由贸易试验区外商投资国家安全审查试行办法》。探索强化外商投资实际控制人管理，建立外商投资信息报告制度和外商投资信息公示平台，充分发挥国家企业信用信息公示系统作用，提升外商投资全周期监管的科学性、规范性和透明度。完善投资者权益保障机制，允许符合条件的境外投资者自由转移其投资收益。

4. 构建对外投资促进体系。将自贸试验区建设成为企业“走出去”的窗口和综合服务平台。对一般境外投资项目和设立企业实行备案制，属省级管理权限的，由自贸试验区负责备案管理。确立企业对外投资主体地位，支持企业开展多种形式的对外直接投资。建立对外投资合作“一站式”服务平台。加强境外投资事中事后监管和服务，完善境外资产和人员安全风险防范和应急保障体系。

（四）深化金融领域开放创新。

7. 推动金融制度创新。探索建立与自贸试验区相适应的本外币账户管理体系,促进跨境贸易、投融资便利化。推动人民币作为自贸试验区与“一带一路”沿线国家跨境贸易和投资计价、结算的主要货币。拓展跨境电子商务人民币结算。推行自贸试验区内跨国企业集团跨境双向人民币资金池业务。支持自贸试验区内符合互认条件的基金产品参与内地与香港基金产品互认。自贸试验区内银行可按有关规定发放境外项目人民币贷款。

支持自贸试验区内符合条件的企业按规定开展境外证券投资。支持开展人民币跨境再保险业务,培育发展再保险市场。大力发展自贸试验区国际航运、国际贸易等重点产业责任保险、信用保险、融资租赁保险。取消对自贸试验区内保险支公司高管人员任职资格的事前审批,由省级保监机构实施备案管理。支持商业保理业务发展,探索适合商业保理发展的外汇管理模式。

8. 增强金融服务功能。支持符合条件的“一带一路”沿线国家的金融机构在自贸试验区内以人民币直接投资设立或参股金融机构。支持符合条件的法人在自贸试验区内依法设立金融租赁公司、财务公司、汽车金融公司、消费金融公司等金融机构。支持符合条件的境内纯中资民营企业发起设立民营银行。支持全国性中资商业银行、陕西本地银行、符合条件的外资银行在自贸试验区内新设分行或营业机构。允许外商投资在自贸试验区内新设一家合资证券公司。进一步推进内资融资租赁企业试点,注册在自贸试验区内的内资融资租赁试点企业由自贸试验区所在省级商务主管部门和同级国家税务局审核;加强事中事后监管,探索建立融资租赁企业设立和变更的备案制度、违反行业管理规定的处罚制度、失信和经营异常企业公示制度、属地监管部门对企业定期抽查检查制度。

鼓励自贸试验区内银行业金融机构为能源、科技、文化、绿色环保等领域企业提供高效优质金融服务。放宽跨国公司外汇资金集中运营管理准入条件。进一步简化资金池管理,允许经银行审核真实、合法的电子单证办理经常项目集中收付汇、轧差净额结算业务。进一步简化经常项目外汇收支手续,在真实、合法交易基础上,自贸试验区内货物贸易外汇管理分类等级为A类企业的外汇收入无需开立待核查账户。银行按照“了解客户、了解业务、尽职审查”的展业三原则办理经常项目收结汇、购付汇手续。允许自贸试验区内符合条件的融资租赁业务收取外币租金。

允许外资股权投资管理机构、外资创业投资管理机构在自贸试验区内发起管理人民币股权投资和创业投资基金。地方可结合实际,引入社会资本在自贸试验区内设立多币种的产业股权投资基金、产业结构调整基金、创业投资基金和服务贸易创新发展引导基金,为符合产业导向的企业提供融资支持服务。鼓励金融机构创新金融产品和服务,为“轻资产”服务贸易企业提供融资便利。鼓励各类金融机构创新供应链融资、贸易融资等业务。

9. 建立健全金融风险防范体系。落实风险为本的原则,探索建立跨境资金流动风险监管机制,强化开展反洗钱、反恐怖融资、反逃税工作,防止非法资金跨境、跨区流动,切实防范开放环境下的金融风险。

国务院关于落实《政府工作报告》重点工作部门分工的意见（节录）

（2017年3月22日　国发〔2017〕22号）

国务院各部委、各直属机构：

为全面贯彻党的十八大和十八届三中、四中、五中、六中全会精神，深入落实中央经济工作会议精神和十二届全国人大五次会议通过的《政府工作报告》部署，做好今年政府工作，实现经济社会发展目标任务，现就《政府工作报告》确定的重点工作提出部门分工意见如下：

一、落实2017年工作总体部署

（三）货币政策要保持稳健中性。广义货币M2和社会融资规模余额预期增长均为12%左右。综合运用货币政策工具，维护流动性基本稳定，合理引导市场利率水平，疏通传导机制，促进金融资源更多流向实体经济，特别是支持"三农"和小微企业。坚持汇率市场化改革方向，保持人民币在全球货币体系中的稳定地位。（人民银行、国家发展改革委、财政部、银监会、证监会、保监会、国家外汇局等按职责分工负责）

二、用改革的办法深入推进"三去一降一补"

（五）因城施策去库存。支持居民自住和进城人员购房需求。坚持住房的居住属性，落实地方政府主体责任，加快建立和完善促进房地产市场平稳健康发展的长效机制，健全购租并举的住房制度，以市场为主满足多层次需求，以政府为主提供基本保障。加强房地产市场分类调控，房价上涨压力大的城市要合理增加住宅用地，规范开发、销售、中介等行为，遏制热点城市房价过快上涨。今年再完成棚户区住房改造600万套，继续发展公租房等保障性住房，因地制宜、多种方式提高货币化安置比例，加强配套设施建设和公共服务，让更多住房困难家庭告别棚户区，让广大人民群众在住有所居中创造新生活。（住房城乡建设部牵头，国家发展改革委、财政部、国土资源部、农业部、人民银行、国务院国资委、税务总局、工商总局、国家林业局、银监会、证监会、保监会、开发银行、农业发展银行等按职责分工负责）

（六）积极稳妥去杠杆。在控制总杠杆率的前提下，把降低企业杠杆率作为重中之重。促进企业盘活存量资产，推进资产证券化，支持市场化法治化债转股，发展多层次资本市场，加大股权融资力度，强化企业特别是国有企业财务杠杆约束，逐步将企业负债降到合理水平。（国家发展改革委、财政部、人民银行、国务院国资委、银监会、证监会等按职责分工负责）

（七）多措并举降成本。扩大小微企业享受减半征收所得税优惠的范围，年应纳税所得额上限由 30 万元提高到 50 万元；科技型中小企业研发费用加计扣除比例由 50% 提高到 75%，千方百计使结构性减税力度和效应进一步显现。（财政部、税务总局、科技部等按职责分工负责）

名目繁多的收费使许多企业不堪重负，要大幅降低非税负担。一是全面清理规范政府性基金，取消城市公用事业附加等基金，授权地方政府自主减免部分基金。二是取消或停征中央涉企行政事业性收费 35 项，收费项目再减少一半以上，保留的项目要尽可能降低收费标准。各地也要削减涉企行政事业性收费。三是减少政府定价的涉企经营性收费，清理取消行政审批中介服务违规收费，推动降低金融、铁路货运等领域涉企经营性收费，加强对市场调节类经营服务性收费的监管。四是继续适当降低“五险一金”有关缴费比例。（财政部、国家发展改革委、工业和信息化部、人力资源社会保障部、住房城乡建设部、交通运输部、人民银行、银监会、证监会、保监会、中国铁路总公司等按职责分工负责）五是通过深化改革、完善政策，降低企业制度性交易成本，降低用能、物流等成本。（国家发展改革委牵头，工业和信息化部、财政部、交通运输部、商务部、国家能源局、中国民航局、中国铁路总公司等按职责分工负责）

（十二）抓好金融体制改革。促进金融机构突出主业、下沉重心，增强服务实体经济能力，坚决防止脱实向虚。鼓励大中型商业银行设立普惠金融事业部，国有大型银行要率先做到，实行差别化考核评价办法和支持政策，有效缓解中小微企业融资难、融资贵问题。发挥好政策性开发性金融作用。推进农村信用社改革，强化服务“三农”功能。深化多层次资本市场改革，完善主板市场基础性制度，积极发展创业板、新三板，规范发展区域性股权市场。做好今年在香港和内地实施“债券通”相关工作。拓宽保险资金支持实体经济渠道。大力发展绿色金融。推动融资租赁业健康发展。高度警惕不良资产、债券违约、影子银行、互联网金融等累积风险。积极稳妥推进金融监管体制改革，有序化解处置突出风险点，整顿规范金融秩序，筑牢金融风险“防火墙”，守住不发生系统性金融风险的底线。（人民银行、中央编办、国家发展改革委、公安部、财政部、商务部、国务院国资委、国务院港澳办、银监会、证监会、保监会、国家外汇局、开发银行、农业发展银行等按职责分工负责）

（十三）深入推进国企国资改革。以提高核心竞争力和资源配置效率为目标，形成有效制衡的公司法人治理结构、灵活高效的市场化经营机制。今年要基本完成公司制改革。深化混合所有制改革，在电力、石油、天然气、铁路、民航、电信、军工等领域迈出实质性步伐。抓好电力和石油天然气体制改革，开放竞争性业务。持续推进国有企业瘦身健体、提质增效，抓紧剥离办社会职能，解决历史遗留问题。推进国有资本投资、运营公司改革试点。改善和加强国有资产监管，确保资产保值增值，把人民的共同财富切实守护好、发展好。（国务院国资委、国家发展改革委、财政部牵头，工业和信息化部、人力资源社会保障部、人民银行、审计署、工商总局、国家统计局、银监会、证监会、国家能源局、全国总工会、中国铁路总公司等按职责分工负责）

三、深化重要领域和关键环节改革

（十六）大力推进社会体制改革。深化收入分配制度配套改革。稳步推动养老保险制度改革，划转部分国有资本充实社保基金。（国家发展改革委、财政部、人力资源社会保障部、国务院国资委、证监会、社保基金会、全国总工会等按职责分工负责）深化医疗、医保、医药联动改革。全面推开公立医院综合改革，全部取消药品加成，协调推进医疗价格、人事薪酬、药品流通、医保支付方式等改革。深入推进教育、文化和事业单位等改革，把社会领域的巨大发展潜力充分释放出来。（国家卫生计生委、中央编办、财政部、国家发展改革委、人力资源社会保障部、食品药品监管总局、国务院医改办、教育部、商务部、文化部、国务院国资委、国家中医药局等按职责分工负责）

七、积极主动扩大对外开放

（三十三）大力优化外商投资环境。修订外商投资产业指导目录，进一步放宽服务业、制造业、采矿业外资准入。支持外商投资企业在国内上市、发债，允许参与国家科技计划项目。在资质许可、标准制定、政府采购、享受《中国制造2025》政策等方面，对内外资企业一视同仁。地方政府可在法定权限范围内，制定出台招商引资优惠政策。高标准高水平建设11个自贸试验区，全面推广成熟经验。引导对外投资健康规范发展，提升风险防范能力。（国家发展改革委、科技部、工业和信息化部、财政部、商务部、海关总署、工商总局、质检总局、证监会等按职责分工负责）

国务院关于印发全面深化中国(上海)自由贸易试验区改革开放方案的通知

(2017 年 3 月 30 日　国发〔2017〕23 号)

各省、自治区、直辖市人民政府,国务院各部委、各直属机构:

现将《全面深化中国(上海)自由贸易试验区改革开放方案》印发给你们,请认真贯彻执行。

全面深化中国(上海)自由贸易试验区改革开放方案

建设中国(上海)自由贸易试验区(以下简称自贸试验区)是党中央、国务院在新形势下全面深化改革和扩大开放的战略举措。自贸试验区建设三年多来取得重大进展,总体达到预期目标。为贯彻落实党中央、国务院决策部署,对照国际最高标准、最好水平的自由贸易区,全面深化自贸试验区改革开放,加快构建开放型经济新体制,在新一轮改革开放中进一步发挥引领示范作用,制定本方案。

一、总体要求

(一)指导思想。全面贯彻党的十八大和十八届三中、四中、五中、六中全会精神,深入贯彻习近平总书记系列重要讲话精神和治国理政新理念新思想新战略,认真落实党中央、国务院决策部署,统筹推进"五位一体"总体布局和协调推进"四个全面"战略布局,坚持稳中求进工作总基调,坚定践行新发展理念,坚持以制度创新为核心,继续解放思想、勇于突破、当好标杆,进一步对照国际最高标准、查找短板弱项,大胆试、大胆闯、自主改,坚持全方位对外开放,推动贸易和投资自由化便利化,加大压力测试,切实有效防控风险,以开放促改革、促发展、促创新;进一步加强与上海国际金融中心和具有全球影响力的科技创新中心建设的联动，不断放大政策集成效应，主动服务“一带一路”建设和长江经济带发展，形成经济转型发展新动能和国际竞争新优势；更大力度转变政府职能，加快探索一级地方政府管理体制创新，全面提升政府治理能力；发挥先发优势，加强改革系统集成，力争取得更多可复制推广的制度创新成果，进一步彰显全面深化改革和扩大开放试验田作用。

（二）建设目标。到2020年，率先建立同国际投资和贸易通行规则相衔接的制度体系，把自贸试验区建设成为投资贸易自由、规则开放透明、监管公平高效、营商环境便利的国际高标准自由贸易园区，健全各类市场主体平等准入和有序竞争的投资管理体系、促进贸易转型升级和通关便利的贸易监管服务体系、深化金融开放创新和有效防控风险的金融服务体系、符合市场经济规则和治理能力现代化要求的政府管理体系，率先形成法治化、国际化、便利化的营商环境和公平、统一、高效的市场环境。强化自贸试验区改革同上海市改革的联动，各项改革试点任务具备条件的在浦东新区范围内全面实施，或在上海市推广试验。

二、加强改革系统集成，建设开放和创新融为一体的综合改革试验区

加强制度创新的系统性、整体性、协同性，围绕深化投资管理体制改革、优化贸易监管服务体系、完善创新促进机制，统筹各环节改革，增强各部门协同，注重改革举措的配套组合，有效破解束缚创新的瓶颈，更大程度激发市场活力。

（三）建立更加开放透明的市场准入管理模式。实施市场准入负面清单和外商投资负面清单制度。在完善市场准入负面清单的基础上，对各类市场主体实行一致管理的，进一步优化、简化办事环节和流程，对业务牌照和资质申请统一审核标准和时限，促进公平竞争。进一步提高外商投资负面清单的透明度和市场准入的可预期性。实施公平竞争审查制度，清理和取消资质资格获取、招投标、权益保护等方面存在的差别化待遇，实现各类市场主体依法平等准入清单之外的行业、领域和业务。

（四）全面深化商事登记制度改革。保障企业登记自主权，尊重企业自主经营的权利。开展企业名称登记制度改革，除涉及前置审批事项或企业名称核准与企业登记不在同一机关外，企业名称不再预先核准。放宽住所（经营场所）登记条件，有效释放场地资源。优化营业执照的经营范围等登记方式。推行全程电子化登记和电子营业执照改革试点。探索建立普通注销登记制度和简易注销登记制度相互配套的市场主体退出制度。开展“一照多址”改革试点。

（五）全面实现“证照分离”。深化“先照后证”改革，进一步加大探索力度。把涉及市场准入的许可审批事项适时纳入改革试点，能取消的全部取消，需要保留审批的，按照告知承诺和加强市场准入管理等方式进一步优化调整，在改革许可管理方式、完善风险防范措施的基础上，进一步扩大实行告知承诺的领域。加强许可管理与企业设立登记管理的衔接，实现统一社会信用代码在各许可管理环节的“一码贯通”。实施生产许可“一企一证”，探索取消生产许可证产品检验。

（六）建成国际先进水平的国际贸易“单一窗口”。借鉴联合国国际贸易“单一窗口”标准，实施贸易数据协同、简化和标准化。纳入海港、空港和海关特殊监管区域的物流作业功能，通过银行机构或非银行支付机构建立收费账单功能，便利企业办理支付和查询。实现物流和监管等信息的交换共享，为进出口货物质量安全追溯信息的管理和查询提供便利。推动将国际贸易“单一窗口”覆盖领域拓展至服务贸易，逐步纳入技术贸易、服务外包、维修服务等，待条件成熟后逐步将服务贸易出口退（免）税申报纳入“单一窗口”管理。与国家层面“单一窗口”标准规范融合对接，推进长江经济带跨区域通关业务办理，加强数据衔接和协同监管。

（七）建立安全高效便捷的海关综合监管新模式。深化实施全国海关通关一体化、“双随机、一公开”监管以及“互联网＋海关”等举措，进一步改革海关业务管理方式，对接国际贸易“单一窗口”，建立权责统一、集成集约、智慧智能、高效便利的海关综合监管新模式。综合应用大数据、云计算、互联网和物联网技术，扩大“自主报税、自助通关、自动审放、重点稽核”试点范围。深化“一线放开”、“二线安全高效管住”改革，强化综合执法，推进协同治理，探索设立与“区港一体”发展需求相适应的配套管理制度。创新加工贸易出口货物专利纠纷担保放行方式。支持海关特殊监管区域外的企业开展高附加值、高技术、无污染的维修业务。深入实施货物状态分类监管，研究将试点从物流仓储企业扩大到贸易、生产加工企业，具备条件时，在上海市其他符合条件的海关特殊监管区域推广实施。

（八）建立检验检疫风险分类监管综合评定机制。完善进口商品风险预警快速反应机制，加强进口货物不合格风险监测，实施消费品等商品召回制度。建立综合应用合格评定新机制，设立国家质量基础检验检疫综合应用示范园区。在制定发布不适用于第三方检验结果采信目录清单基础上，积极推进扩大商品和项目的第三方检验结果采信。探索扩大检验鉴定结果国际互认的范围。

（九）建立具有国际竞争力的创新产业监管模式。优化生物医药全球协同研发的试验用特殊物品的准入许可，完善准入许可的内容和方式。完善有利于提升集成电路全产业链国际竞争力的海关监管模式。研究制定再制造旧机电设备允许进口目录，在风险可控的前提下，试点数控机床、工程设备、通信设备等进口再制造。探索引入市场化保险机制，提高医药生产等领域的监管效率。

（十）优化创新要素的市场配置机制。完善药品上市许可持有人制度。允许自贸试验区内医疗器械注册申请人委托上海市医疗器械生产企业生产产品。健全完善更加符合社会主义市场经济规律、人才成长规律和人才发展流动规律的人才认定标准和推荐方式，标准统一、程序规范的外国人来华工作许可制度及高效、便捷的人才签证制度，吸引更多外籍高层次人才参与创新创业，为其提供出入境和停居留便利，并按规定享受我国鼓励创新创业的相关政策。根据法律法规规定，支持持有外国人永久居留证的外籍高层次人才创办科技型企业，给予与中国籍公民同等待遇。深化上海股权托管交易中心"科技创新板"试点，完善对科创企业的金融服务。支持外资企业设立联合创新平台，协同本土中小微企业开展创新成果产业化项目推进。深化推进金融中心与科技创新中心建设相结合的科技金融模式创新。

（十一）健全知识产权保护和运用体系。充分发挥专利、商标、版权等知识产权引领作用，打通知识产权创造、运用、保护、管理和服务的全链条，提升知识产权质量和效益。以若干优势产业为重点，进一步简化和优化知识产权审查和注册流程，创新知识产权快速维权工作机制。探索互联网、电子商务、大数据等领域的知识产权保护规则。建立健全知识产权服务标准，完善知识产权服务体系。完善知识产权纠纷多元解决机制。支持企业运用知识产权进行海外股权投资。创新发展知识产权金融服务。深化完善有利于激励创新的知识产权归属制度。

三、加强同国际通行规则相衔接，建立开放型经济体系的风险压力测试区

按照国际最高标准，为推动实施新一轮高水平对外开放进行更为充分的压力测试，探索开放型经济发展新领域，形成适应经济更加开放要求的系统试点经验。

（十二）进一步放宽投资准入。最大限度缩减自贸试验区外商投资负面清单，推进金融服务、电信、互联网、文化、文物、维修、航运服务等专业服务业和先进制造业领域对外开放。除特殊领域外，取消对外商投资企业经营期限的特别管理要求。对符合条件的外资创业投资企业和股权投资企业开展境内投资项目,探索实施管理新模式。完善国家安全审查、反垄断审查等投资审查制度。

（十三）实施贸易便利化新规则。优化口岸通关流程,推进各环节监管方式改革,探索公布涵盖各通关环节的货物平均放行时间。最大限度实现覆盖船舶抵离、港口作业、货物通关等口岸作业各环节的全程无纸化,推进贸易领域证书证明的电子化管理。深化亚太示范电子口岸网络试点。推动实施原产地预裁定制度。根据自由贸易协定规定,推动实施原产地自主声明制度。推进企业信用等级的跨部门共享,对高信用等级企业降低查验率。深化完善安全预警和国际竞争力提升的产业安全保障机制。

（十四）创新跨境服务贸易管理模式。在风险可控的前提下,加快推进金融保险、文化旅游、教育卫生等高端服务领域的贸易便利化。提高与服务贸易相关的货物暂时进口便利,拓展暂时进口货物单证制度适用范围,延长单证册的有效期。探索兼顾安全和效率的数字产品贸易监管模式。大力发展中医药服务贸易,扩大中医药服务贸易国际市场准入,推动中医药海外创新发展。深化国际船舶登记制度创新,进一步便利国际船舶管理企业从事海员外派服务。在合适领域分层次逐步取消或放宽对跨境交付、自然人移动等模式的服务贸易限制措施。探索完善服务贸易统计体系,建立服务贸易监测制度。

（十五）进一步深化金融开放创新。加强与上海国际金融中心建设的联动,积极有序实施《进一步推进中国（上海）自由贸易试验区金融开放创新试点加快上海国际金融中心建设方案》。加快构建面向国际的金融市场体系,建设人民币全球服务体系,有序推进资本项目可兑换试点。加快建立金融监管协调机制,提升金融监管能力,防范金融风险。

（十六）设立自由贸易港区。在洋山保税港区和上海浦东机场综合保税区等海关特殊监管区域内,设立自由贸易港区。对标国际最高水平,实施更高标准的“一线放开”、“二线安全高效管住”贸易监管制度。根据国家授权实行集约管理体制,在口岸风险有效防控的前提下,依托信息化监管手段,取消或最大程度简化入区货物的贸易管制措施,最大程度简化一线申报手续。探索实施符合国际通行做法的金融、外汇、投资和出入境管理制度,建立和完善风险防控体系。

四、进一步转变政府职能,打造提升政府治理能力的先行区

加强自贸试验区建设与浦东新区转变一级地方政府职能的联动,系统推进简政放权、放管结合、优化服务改革，在行政机构改革、管理体制创新、运行机制优化、服务方式转变等方面改革创新，全面提升开放环境下政府治理能力。

（十七）健全以简政放权为重点的行政管理体制。加快推进简政放权，深化行政审批制度改革。以厘清政府、市场、社会关系为重点，进一步取消和简化审批事项，最大限度地给市场放权。推动实现市场准入、执业资格等领域的管理方式转变。深化大部门制改革，在市场监管、经济发展、社会管理和公共服务、改革和法制、环保和城建五个职能模块，按照精简高效原则形成跨部门的协同机制。

（十八）深化创新事中事后监管体制机制。按照探索建立新的政府经济管理体制要求，深化分类综合执法改革，围绕审批、监管、执法适度分离，完善市场监管、城市管理领域的综合执法改革。推进交通运输综合行政执法改革，加强执法协调。将异常名录信息归集范围扩大到市场监管以外的行政部门，健全跨部门"双告知、双反馈、双跟踪"许可办理机制和"双随机、双评估、双公示"监管协同机制。落实市场主体首负责任制，在安全生产、产品质量、环境保护等领域建立市场主体社会责任报告制度和责任追溯制度。鼓励社会力量参与市场监督，建立健全会计、审计、法律、检验检测认证等第三方专业机构参与市场监管的制度安排。

（十九）优化信息互联共享的政府服务体系。加快构建以企业需求为导向、大数据分析为支撑的"互联网＋政务服务"体系。建立央地协同、条块衔接的信息共享机制，明确部门间信息互联互通的边界规则。以数据共享为基础，再造业务流程，实现市场准入"单窗通办"、"全网通办"，个人事务"全区通办"，政务服务"全员协办"。探索建立公共信用信息和金融信用信息互补机制。探索形成市场主体信用等级标准体系，培育发展信用信息专业服务市场。

五、创新合作发展模式，成为服务国家"一带一路"建设、推动市场主体走出去的桥头堡

坚持"引进来"和"走出去"有机结合，创新经贸投资合作、产业核心技术研发、国际化融资模式，探索搭建"一带一路"开放合作新平台，建设服务"一带一路"的市场要素资源配置功能枢纽，发挥自贸试验区在服务"一带一路"战略中的辐射带动作用。

（二十）以高标准便利化措施促进经贸合作。对接亚太示范电子口岸网络，积极推进上海国际贸易"单一窗口"与"一带一路"沿线口岸的信息互换和服务共享。率先探索互联互通监管合作新模式，在认证认可、标准计量等方面开展多双边合作交流。加快建设门户复合型国际航空枢纽。促进上海港口与21世纪海上丝绸之路航线港口的合作对接,形成连接国内外重点口岸的亚太供应链中心枢纽。建立综合性对外投资促进机构和境外投资公共信息服务平台,在法律查明和律师服务、商事纠纷调解和仲裁、财务会计和审计服务等方面开展业务合作。打造"一带一路"产权交易中心与技术转移平台,促进"一带一路"产业科技合作。积极推进能源、港口、通信、高端装备制造等领域的国际产能合作和建设能力合作。

（二十一）增强"一带一路"金融服务功能。推动上海国际金融中心与"一带一路"沿线国家和地区金融市场的深度合作、互联互通。加强与境外人民币离岸市场战略合作,稳妥推进境外机构和企业发行人民币债券和资产证券化产品,支持优质境外企业利用上海资本市场发展壮大,吸引沿线国家央行、主权财富基金和投资者投资境内人民币资产,为"一带一路"重大项目提供融资服务。大力发展海外投资保险、出口信用保险、货物运输保险、工程建设保险等业务,为企业海外投资、产品技术输出、承接"一带一路"重大工程提供综合保险服务。支持金砖国家新开发银行的发展。

（二十二）探索具有国际竞争力的离岸税制安排。适应企业参与国际竞争和服务"一带一路"建设的需求,在不导致税基侵蚀和利润转移的前提下,基于真实贸易和服务背景,结合服务贸易创新试点工作,研究探索服务贸易创新试点扩围的税收政策安排。

六、服务全国改革开放大局,形成更多可复制推广的制度创新成果

紧紧把握自贸试验区的基本定位,坚持先行先试,充分发挥各方面的改革创新主动性和创造性,为全面深化改革和扩大开放,取得更多制度创新成果。

（二十三）加快形成系统性的改革经验和模式。把理念创新、体制机制创新、政策创新和加强风险防控等方面的改革试点经验作为重点,加强试点经验的总结和系统集成。对于市场准入、贸易便利化、创新发展体制机制等领域的改革,加快形成可以在全国复制推广的经验。对于进一步扩大开放、对接高标准国际经贸规则等压力测试事项,积极探索经验,为国家推进构建多双边经贸合作新格局做好政策储备。对于政府管理模式创新等改革事项,在改革理念和组织推进等方面总结形成可供其他地区借鉴的改革经验。

七、抓好工作落实

在国务院自由贸易试验区工作部际联席会议统筹协调下,充分发挥地方和部门的积极性，抓好改革措施的落实。按照总体筹划、分步实施、率先突破、逐步完善的原则，各有关部门要大力支持，及时制定实施细则或办法，加强指导和服务；对涉及法律法规调整的改革事项，及时强化法制保障，做好与相关法律立改废释的衔接，共同推进相关体制机制创新，并注意加强监管、防控风险。上海市要把握基本定位，强化使命担当，创新思路、寻找规律、解决问题、积累经验，完善工作机制，系统推进改革试点任务的落实，继续当好全国改革开放排头兵、创新发展先行者。重大事项要及时向国务院请示报告。

国务院批转国家发展改革委关于 2017 年深化经济体制改革重点工作意见的通知(节录)

(2017 年 4 月 13 日　国发〔2017〕27 号)

各省、自治区、直辖市人民政府,国务院各部委、各直属机构:

国务院同意国家发展改革委《关于 2017 年深化经济体制改革重点工作的意见》,现转发给你们,请认真贯彻执行。

关于 2017 年深化经济体制改革重点工作的意见

国家发展改革委

2017 年是实施"十三五"规划的重要一年,是供给侧结构性改革的深化之年,做好全年经济体制改革工作意义重大。根据中央全面深化改革领导小组年度重点工作安排和《政府工作报告》部署,现就 2017 年深化经济体制改革重点工作提出以下意见。

一、总体要求

在以习近平同志为核心的党中央领导下,高举中国特色社会主义伟大旗帜,全面贯彻党的十八大和十八届三中、四中、五中、六中全会精神,以邓小平理论、"三个代表"重要思想、科学发展观为指导,深入贯彻习近平总书记系列重要讲话精神和治国理政新理念新思想新战略,统筹推进"五位一体"总体布局和协调推进"四个全面"战略布局,坚持稳中求进工作总基调,牢固树立和贯彻落实新发展理念,适应把握引领经济发展新常态,坚持以提高发展质量和效益为中心,坚持宏观政策要稳、产业政策要准、微观政策要活、改革政策要实、社会政策要托底的政策思路,坚持以推进供给侧结构性改革为主线，以有利于增添经济发展动力、有利于促进社会公平正义、有利于增强人民群众获得感、有利于调动广大干部群众积极性的改革为重点，持续深化经济体制改革。要坚持基本经济制度，坚持社会主义市场经济改革方向，坚持扩大开放，全面落实党的十八大以来党中央、国务院部署的改革任务，突出重点难点，突出抓好牵一发动全身的改革，推动改革精准落地，提高改革整体效能，扩大改革受益面，更好发挥改革牵引作用，更好解决经济社会发展面临的突出矛盾和问题，有效引导市场预期，增强内生发展动力，促进经济平稳健康发展和社会和谐稳定，以优异成绩迎接党的十九大胜利召开。

二、以供给侧结构性改革为主线持续深化经济体制改革

供给侧结构性改革的最终目的是满足需求，主攻方向是提高供给质量，根本途径是深化改革。要处理好政府和市场的关系、短期和长期的关系、减法和加法的关系、供给和需求的关系，加快推动各项改革落地。

用改革的办法深入推进"三去一降一补"，推动五大任务有实质性进展。扎实有效去产能。更多运用市场化法治化手段，持续推动钢铁、煤炭、煤电等行业化解过剩产能，严格执行环保、能耗、质量、安全等相关法律法规和标准，完善职工安置、债务处置、资产处理等政策及市场化退出机制，确保职工平稳转岗就业。因城施策去库存。把去库存和促进人口城镇化结合起来，坚持住房的居住属性，推进住房公积金制度改革，健全购租并举的住房制度，继续发展公租房等保障性住房，因地制宜、多种方式提高货币化安置比例，加快培育和发展住房租赁市场，加快建立和完善促进房地产市场平稳健康发展长效机制。积极稳妥去杠杆。把降低企业杠杆率作为重中之重，促进企业盘活存量资产，推进资产证券化，支持市场化法治化债转股，发展多层次资本市场，加大股权融资力度，强化企业特别是国有企业财务杠杆约束。多措并举降成本。通过减轻企业税费负担、继续适当降低"五险一金"有关缴费比例、降低制度性交易成本、降低用能和物流成本等措施，持续综合施策降低实体经济企业成本。精准加力补短板。创新投融资体制，进一步放开基础产业和基础设施、公用事业、公共服务等领域，进一步放宽非公有制经济市场准入，加快提升公共服务、基础设施、创新发展、资源环境等支撑能力。深入实施精准扶贫精准脱贫，创新扶贫协作机制。

持续转变政府职能，坚持使市场在资源配置中起决定性作用和更好发挥政府作用。把简政放权、放管结合、优化服务改革作为供给侧结构性改革的重要内容，持续增加有效制度供给。围绕重点领域关键环节持续

加大简政放权力度，做到该放则放、放而到位，降低实体经济特别是制造业的准入门槛，全面实行清单管理制度，减少政府的自由裁量权，增加市场的自主选择权。围绕营造公平竞争环境强化事中事后监管，完善社会信用体系，全面实施公平竞争审查制度，推动完善竞争有序的市场体系。围绕提高智能便捷、公平可及水平，优化政府服务，大力推行"互联网+政务服务"，让企业和群众更多感受到"放管服"改革成效，着力打通"最后一公里"。

增强市场主体活力，着力振兴实体经济。以提高质量、效益和竞争力为中心，坚持品牌引领升级，广泛开展质量提升行动，加强全面质量管理，健全优胜劣汰质量竞争机制，全面提高创新供给能力，以创新引领实体经济转型升级。推进国有企业和重点行业改革，打破行业垄断和地方保护，完善产权保护制度，激发和保护企业家精神。加快培育壮大经济发展新动能，制定新兴产业监管规则，引导和促进新兴产业健康发展，进一步激发市场活力和社会创造力，增强微观主体内生动力。大力改造提升传统产业，增强企业对市场需求变化的反应和调整能力，加强激励，鼓励创新，提高资源配置效率和全要素生产率。

保障和改善民生，推动实现共享发展。完善就业政策，优化收入分配和社会保障体制机制，加快教育、医药卫生、文化、社会治理等领域改革，织密扎牢民生保障网，进一步提高社会事业和公共服务供给质量和水平，加快新型城镇化和城乡一体化体制创新，不断满足人民群众对美好生活的新期待。

三、深化"放管服"改革

以清单管理推动减权放权。制定国务院部门权力和责任清单，推进行政审批标准化、规范化。制定职业资格、行政审批中介服务、政府定价收费等方面清单。清理取消一批生产和服务许可证，加快向国际通行的产品认证管理转变。深化商事制度改革，制定企业设立后的经营许可清单，实行多证合一，扩大"证照分离"改革试点。加快扩大市场准入负面清单试点，为2018年全面实施市场准入负面清单制度创造条件。

完善事中事后监管制度。实现"双随机、一公开"监管全覆盖，加大事中事后监管力度，提高事中事后监管的针对性和有效性，保障市场公平竞争。推进综合行政执法，健全跨部门、跨区域执法协作机制。加快国务院部门和地方政府信息系统互联互通，形成全国统一政务服务平台。推进社会信用体系建设，充分发挥全国信用信息共享平台作用，建立健全政府部门间协同监管和联合奖惩机制，完善国家企业信用信息公示系统，加强信用监管。建立健全企业标准领跑者制度,大力培育发展团体标准,增加新兴产业标准供给,完善产品质量追溯体系,推动建立惩罚性赔偿制度。完善食品药品安全监管体制机制。

创新政府配置资源方式。落实关于创新政府配置资源方式的指导意见,深化全民所有自然资源资产有偿使用制度改革,建立公共资源目录清单,推动公共资源纳入统一平台交易,提高公共资源配置效率和效益。全面完成公务用车制度改革。

持续深化投融资体制改革。落实关于深化投融资体制改革的意见,在一定领域、区域内先行试点企业投资项目承诺制,发挥规划政策对投资的规范引导作用,探索创新以政策性条件引导、企业信用承诺、监管有效约束为核心的管理模式。出台政府投资条例。促进创业投资持续健康发展。大力推行政府和社会资本合作(PPP)模式。抓紧制定政府支持铁路等重大公益性基础设施建设和运营优惠政策。

深化价格改革。全面完成省级电网输配电价首轮改革试点,合理核定区域电网和跨省跨区电网输电价格,指导各地制定地方电网和新增配电网配电价格。深化天然气价格改革。全面推进农业水价综合改革。继续推进医疗服务价格改革,全面推开城市公立医院医药价格改革,深入开展按病种收费工作。制定出台普通旅客列车运输定价成本监审办法。深化道路客运、民航国内航线旅客票价改革。深入开展涉企收费清理规范。完善价格管理制度,修订政府定价行为规则、价格听证办法、行政事业性收费标准管理办法等规章制度。

四、深入推进国企国资改革

全面推进国企改革“1+N”文件落地见效。以提高国有企业质量和效益为中心,抓住关键环节实施突破,增强国有企业核心竞争力。基本完成国有企业公司制改革,探索在中央企业集团层面实行股权多元化,推进董事会建设,形成有效制衡的公司法人治理结构、灵活高效的市场化经营机制。深入推进中央企业兼并重组,持续推进国有企业瘦身健体、提质增效,进一步突出主业,抓紧剥离办社会职能,解决历史遗留问题。改善和加强国有资产监管,实现国有资产保值增值。加快推动国有资本投资、运营公司改革试点。坚持党管干部原则与董事会依法产生、董事会依法选择经营管理者、经营管理者依法行使用人权相结合,探索建立中央企业领导人员分类分层管理制度。研究制定改革国有企业工资决定机制的意见,启动国有企业职业经理人薪酬制度改革试点。制定实施深化东北地区国有企业改革专项工作方案。

深化国有企业混合所有制改革。按照完善治理、强化激励、突出主业、提高效率的要求，深化混合所有制改革，在电力、石油、天然气、铁路、民航、电信、军工等领域迈出实质性步伐，严格规范混合所有制改革操作流程和审批程序，严格执行重大事项请示报告制度，在引入合格非国有战略投资者、完善法人治理结构、建立市场化激励约束机制和薪酬管理体系、探索实行国家特殊管理股制度、探索企业法人治理结构与党建工作有机结合的途径和方式等方面，形成可复制可推广的经验。指导推动各地积极稳妥开展混合所有制改革试点。在纳入首批试点的中央企业所属子企业和地方国有企业，规范推进国有控股混合所有制企业员工持股试点，成熟一户、开展一户，及时进行阶段性总结。支持非公有制企业、股权投资基金等各方参与国有企业混合所有制改革，主业处于充分竞争行业和领域的商业类国有企业，积极引入其他国有资本或各类非国有资本实现股权多元化，国有资本可以绝对控股、可以相对控股，也可以参股。

加大重点行业改革力度。加快推进电力体制改革，有序放开发用电计划，扩大电力市场化交易规模，完善可再生能源消纳保障机制，加快电力交易机构股份制改造，积极培育售电侧市场主体，深入开展增量配电业务改革试点。出台实施石油天然气体制改革方案，加快研究制定改革配套政策和专项方案。全面实施盐业体制改革，打破食盐生产批发经营区域限制，完善食盐储备和监管机制，保证食盐安全稳定供应。

五、加强产权保护制度建设

推动产权保护举措落地。落实关于完善产权保护制度依法保护产权的意见，抓紧总结一批产权保护方面的好案例，剖析一批侵害产权的案例，甄别纠正一批社会反映强烈的产权纠纷申诉案件。推动民法典编纂工作，清理有违公平的法律法规条款。落实关于加强政务诚信建设的指导意见，完善政府守信践诺机制。

激发和保护企业家精神。出台激发和保护企业家精神的意见，抓紧研究制定配套政策措施，加强对优秀企业家的社会荣誉激励，完善对企业家的优质高效务实服务，健全企业家容错帮扶机制。完善支持企业家专心创新创业的政策体系，支持企业家持续创新、转型发展。加强企业家精神的培育传承。

六、深化财税体制改革

加快推进财政事权和支出责任划分改革。落实关于推进中央与地方财政事权和支出责任划分改革的指导意见，争取在部分基本公共服务领域取得突破性进展。推进省以下相关领域财政事权和支出责任划分改革。制定中央和地方收入划分总体方案，研究提出健全地方税体系方案，进一步理顺中央与地方财政分配关系，发挥中央和地方两个积极性。

深化预算管理制度改革。加大财政支出优化整合力度，清理一般公共预算中以收定支事项。将中央国有资本经营预算调入一般公共预算的比例提高到22%。深入推进政府预决算公开。制定中央部门购买服务指导性目录。建立健全各类公共资源出让收益管理和监督制度体系。加快制定出台政府会计准则制度，开展政府财务报告编制试点。

改革完善税收制度。落实和完善全面推开营改增政策，简化增值税税率结构，由四档税率简并至三档。深化资源税改革，扩大水资源税改革试点范围。

七、推进金融体制改革

深入推进利率汇率市场化改革。加快完善利率市场化形成和调控机制，推动市场基准利率和收益率曲线建设，健全国债收益率曲线。进一步完善人民币汇率市场化形成机制，增强汇率弹性，保持人民币在全球货币体系中的稳定地位。稳妥有序推进人民币国际化。稳步推进企业外债登记制管理改革，建立健全宏观审慎管理框架下的外债和资本流动管理体系。

深化金融机构和金融监管体制改革。继续引导和支持大中型商业银行设立普惠金融事业部，实行差别化考核评价办法和支持政策，做好小微企业和"三农"金融服务。推动大型商业银行完善现代金融企业制度。完善开发银行、政策性银行治理结构，合理划分业务范围，加强内部管控和外部监管。有序推动民营银行发展，支持符合规定条件的各类出资主体申请设立和投资入股非银行金融机构。推进农村信用社改革，强化服务"三农"功能。大力发展绿色金融。稳妥推进科技创新企业投贷联动试点。加快设立国家融资担保基金。积极稳妥推进金融监管体制改革，加强金融宏观审慎管理制度建设。推进统一资产管理产品标准规制。完善存款保险制度。

深化多层次资本市场改革。完善股票发行、交易和上市公司退市等基础性制度，积极发展创业板、新三板，规范发展区域性股权市场。积极配合修订证券法。修订上市公司治理准则。完善事中事后监管制度，从严从重打击资本市场的各类违法违规行为。完善债券市场基础设施，推进企业债券注册管理制改革，健全债券发行人信息披露制度，健全信用风险市场化处置机制。开展基础设施资产证券化试点。在严格控制试点规模和审慎稳妥前提下，稳步扩大银行不良资产证券化试点参与机构范围。

完善现代保险制度。加强农业保险制度建设，在部分地区对适度规模经营农户实施大灾保险，提高保险覆盖面和理赔标准，完善农业再保险体系。积极开发适应新型农业经营主体需求的保险品种，稳步开展价格保险、收入保险试点，逐步扩大“保险＋期货”试点。推动地方开展覆盖洪水、台风等灾因的巨灾保险实践探索。拓宽保险资金支持实体经济和参与基础设施建设渠道。

八、完善城乡发展一体化体制机制

健全新型城镇化体制机制。深化户籍制度改革，落实人地挂钩、支持农业转移人口市民化财政政策，实现户籍人口城镇化率提高1个百分点以上，加快居住证制度全覆盖。推动各地有序扩大城镇学位供给，加快建立以居住证为主要依据的随迁子女入学政策。优化行政区划设置，推动一批具备条件的县和特大镇有序设市，出台市辖区设置标准。深入推进经济发达镇行政管理体制改革，构建符合基层政权定位、适应城镇化发展需要的新型行政管理体制。深入推进国家新型城镇化综合试点。推进建筑业改革发展。

深入推进农业供给侧结构性改革。积极稳妥推进粮食等重要农产品价格形成机制和收储制度改革，健全玉米市场化收购加补贴机制，坚持并完善稻谷、小麦最低收购价政策，完善棉花目标价格政策，调整大豆目标价格政策，促进农业结构调整优化。落实以绿色生态为导向的农业补贴制度，提高补贴政策指向性和精准性。改革财政支农投入机制，探索建立涉农资金统筹整合长效机制，将贫困县财政涉农资金整合试点推广到全部贫困县。出台实施完善粮食主产区利益补偿机制的意见。创新农业节水灌溉体制机制。

稳步推进农村集体产权制度改革。加快推进农村承包地确权登记颁证，扩大整省试点范围，细化和落实农村土地“三权分置”办法，培育新型农业经营主体和服务主体。开展土地经营权入股发展农业产业化经营试点。全面开展农村集体资产清产核资，明晰产权归属，稳妥有序、由点及面推进农村集体经营性资产股份合作制改革。扩大农村集体产权制度改革试点。统筹推进农村土地制度改革三项试点，形成可推广的改革成果。全面加快“房地一体”的农村宅基地和集体建设用地确权登记发证工作。稳妥推进农村承包土地的经营权和农民住房财产权抵押贷款试点。全面总结并推广成渝统筹城乡综合配套改革试验的经验做法。

九、健全创新驱动发展体制机制

建立健全科技创新激励机制。改革科技评价制度，制定出台科技人才评价、科研机构创新绩效评价、科研事业单位领导人员管理等改革文件,探索实行有别于行政机关和行政人员的科研机构和科研人员管理制度,激发科技人员创新创业潜能和活力。完善科技成果转移转化体系。全面完成中央财政科技计划和资金管理改革,出台国家重点研发计划管理办法及配套制度。

完善创新创业支撑政策体系。深入推进全面创新改革试验,全面开展 169 项重大改革举措试点,在创新激励、知识产权、军民融合等方面形成一批改革经验并加快推广。再建设一批国家自主创新示范区、高新区,进一步深化国家自主创新示范区政策试点,进一步提升高新区创新发展能力。启动科技型中小企业评价工作。持续推进大众创业、万众创新,梳理一批成熟的“双创”模式和经验在全国范围内推广,新建一批“双创”示范基地,鼓励大企业和科研院所、高校设立专业化众创空间,提升科技企业孵化器和众创空间服务能力,打造面向大众的“双创”全程服务体系。开展知识产权综合管理改革试点,完善知识产权创造、保护和运用体系。开展新一轮服务业综合改革试点。

十、加快构建开放型经济新体制

创新外商投资管埋体制。修订外商投资产业指导目录,进一步放宽服务业、制造业、采矿业外资准入。对外资全面实施准入前国民待遇加负面清单管理模式。高标准高水平建设自由贸易试验区,持续拓展自由贸易试验区改革开放试点深度和广度,在更大范围复制推广成熟经验。促进开发区改革和创新发展。

引导对外投资健康有序发展。扎实推进“一带一路”建设,加快陆上经济走廊和海上合作支点建设,构建沿线大通关合作机制。深化国际产能合作,带动我国装备、技术、标准、服务走出去。加快人民币海外合作基金筹建。完善对外投资管理制度,加强对外投资真实性审查,建立对外投资黑名单制度。

构建外贸可持续发展新机制。支持市场采购贸易、外贸综合服务企业发展,积极培育外贸发展新动能,推进服务贸易创新发展试点,设立服务贸易创新发展引导基金。鼓励扩大出口信用保险覆盖面,不断优化费率。推广国际贸易“单一窗口”,实现全国通关一体化和通关作业无纸化。

十一、大力推进社会体制改革

推动养老保险制度改革。改革和完善基本养老保险制度,制定划转部分国有资本充实社保基金实施方案,在健全激励约束机制、强化基金征缴等措施基础上,研究制定基本养老保险基金中央调剂制度方案。积极发展企业年金和职业年金,开展个人税收递延型商业养老保险试点。全面放开养老服务市场,推进老龄事业发展和养老体系建设,建立以居家为基础、社区为依托、机构为补充、医养结合的多层次养老服务体系,提高养老服务质量。

深入推进教育体制改革。深化考试招生制度改革,积极稳妥推进高考综合改革试点,完善普通高等教育招生计划编制办法,进一步缩小高考录取率省际差距。统一城乡义务教育学生“两免一补”政策,实现相关教育经费随学生流动可携带。强化教育督导,加强教师队伍建设。出台深化产教融合的政策措施,推动职业教育、高等教育与产业链、创新链要素创新融合。深入推进教育管办评分离。

深化医疗、医保、医药联动改革。全面推开城市公立医院综合改革,全部取消药品加成,推进现代医院管理制度建设。推进公立医院人事制度改革,创新机构编制管理,建立以公益性为导向的考核评价机制,开展公立医院薪酬制度改革试点。健全医疗保险稳定可持续筹资和报销比例调整机制,提高城乡居民医保财政补助标准,同步提高个人缴费标准,扩大用药保障范围。改进个人账户,开展门诊统筹。深化医保支付方式改革,推进基本医保全国联网和异地就医结算,基本实现异地安置退休人员和符合规定的转诊人员就医住院医疗费用直接结算。继续推进城乡居民医保制度整合和政策统一。开展生育保险和基本医疗保险合并实施试点。在85%以上的地市开展分级诊疗试点和家庭签约服务,全面启动多种形式的医疗联合体建设试点。进一步改革完善药品生产流通使用政策,逐步推行公立医疗机构药品采购“两票制”。深化药品医疗器械审评审批制度改革。出台支持社会力量提供多层次多样化医疗服务的政策措施。

加快构建现代公共文化服务体系。坚持保基本、补短板,以县为单位全面落实基本公共文化服务标准,以标准化促进基本公共文化服务均等化。完善公共文化服务设施运管机制,创新公共文化服务供给方式,鼓励社会力量参与公共文化服务体系建设。

深化事业单位和社会组织改革。在事业单位分类的基础上,积极开展承担行政职能事业单位改革试点,稳步推进从事生产经营活动事业单位转企改制,建立健全与不同类别相适应的财政支持、财务、资产、收入分配、社会保障等配套政策,提高公益服务质量和效率。总结评估行业协会商会与行政机关脱钩改革试点经验,扩大试点范围,促进行业协会商会成为依法设立、自主办会、服务为本、治理规范、行为自律的社会组织。

十二、深化生态文明体制改革

完善主体功能区制度。研究提出完善主体功能区战略和制度的意见,调整修订主体功能区规划,推动形成陆域海域全覆盖的主体功能区布局。建立健全资源环境承载能力监测预警长效机制,开展长江经济带资源环境承载能力评价和预警。以主体功能区规划为基础统筹各类空间性规划,推进“多规合一”。编制国家级、省级国土规划。指导浙江、福建、广西等9省区开展省级空间规划试点,研究制定编制市县空间规划的意见。健全重点生态功能区产业准入负面清单制度。

深化生态文明建设试点示范。推进国家生态文明试验区建设,编制国家生态文明试验区(江西)实施方案和国家生态文明试验区(贵州)实施方案。健全国土空间用途管制制度,开展自然生态空间用途管制试点。稳步推进三江源、大熊猫、东北虎豹等9个国家公园体制试点,出台国家公园体制总体方案。开展健全国家自然资源资产管理体制试点。

完善生态环境保护制度。加快建立覆盖所有固定污染源的控制污染物排放许可制。健全生态环境监测、环境保护督察制度。创新河湖管护体制机制,强化河湖执法监督,全面推行河长制。加强围填海管控和海岸线保护与利用管理,实施国家海洋督查制度。启动全国碳排放权交易市场。健全全面保护天然林制度,继续推进新一轮退耕还林还草和退耕还湿试点。

深入推进国有林场和国有林区改革。基本完成国有林场改革主要任务。因地制宜逐步推进国有林区政企分开,创新森林资源管护机制和监管体制。研究化解国有林场林区金融债务问题。

健全自然资源资产产权制度。继续推动自然资源产权制度改革。全面完成不动产统一登记工作,实现登记机构、登记簿册、登记依据和信息平台“四统一”。以不动产统一登记为基础开展自然资源统一确权登记试点。制定领导干部自然资源资产离任审计暂行规定。

十三、加强改革任务落实和总结评估

加强已出台改革方案督促落实。完善跨部门的统筹协调机制,健全改革落实责任制,充分调动地方和基层推动改革的积极性主动性。加强对国企国资、财税、金融、投资、土地、城镇化、社会保障、生态文明、对外开放等基础性重大改革的统筹推进,抓紧细化实施方案,打通政策落实的“最后一公里”,加强督查督办和工作考核,确保改革举措落实到位、取得实效。

加强对改革实施效果的评估。采取自评估、第三方评估、社会调查等方式开展改革效果评估。对评估和督查反映出来的问题,要列出清单,明确整改责任,限期挂账整改。对于改革推进过程中出现的新情况新问题,有针对性地提出解决办法,及时调整完善改革措施。

加强改革试点经验总结推广。支持鼓励地方和基层结合实际大胆闯大胆试,建立健全试点经验总结推广工作机制,对已开展的各类试点进行认真总结,巩固改革试点成果。对经实践证明行之有效的经验和做法,及时加以总结并在更大范围推广。更多挖掘鲜活案例和典型样本,树立改革标杆,放大示范效应。

加强改革理论提炼创新。对党的十八大以来改革创新理论深入研究,在转变政府职能、基本经济制度新内涵、新的产权观、新型混合所有制经济理念、与现代国家治理体系相适应的现代财政制度等方面,总结提炼改革开放重大创新理论,更好发挥创新理论对深化改革的指导作用,引领改革开放实现新突破、取得新辉煌。

附件:2017 年经济体制改革重点任务分工表(节录)

附件

2017 年经济体制改革重点任务分工表(节录)

序号	改革任务	责任单位
22	落实关于深化投融资体制改革的意见,在一定领域、区域内先行试点企业投资项目承诺制。出台政府投资条例。促进创业投资持续健康发展。	国家发展改革委、国务院法制办、财政部、证监会
33	深化国有企业混合所有制改革。	国家发展改革委、国务院国资委、财政部、证监会
48	大力发展绿色金融。	人民银行、财政部、国家发展改革委、环境保护部、银监会、证监会、保监会
51	积极稳妥推进金融监管体制改革。	中央编办、人民银行、银监会、证监会、保监会、财政部、国家发展改革委

续表

序号	改革任务	责任单位
52	完善股票发行、交易和上市公司退市等基础性制度，积极发展创业板、新三板，规范发展区域性股权市场。	证监会
53	积极配合修订证券法。	证监会、国务院法制办、人民银行
54	修订上市公司治理准则。完善事中事后监管制度，从严从重打击资本市场的各类违法违规行为。	证监会
55	完善债券市场基础设施，推进企业债券注册管理制改革，健全债券发行人信息披露制度，健全信用风险市场化处置机制。	人民银行、国家发展改革委、证监会按职责分工负责
56	开展基础设施资产证券化试点。	人民银行、证监会

国务院关于做好当前和今后一段时期就业创业工作的意见（节录）

（2017年4月13日　国发〔2017〕28号）

各省、自治区、直辖市人民政府，国务院各部委、各直属机构：

就业是13亿多人口最大的民生，也是经济发展最基本的支撑。党中央、国务院坚持把就业放在经济社会发展的优先位置，强力推进简政放权、放管结合、优化服务改革，营造鼓励大众创业、万众创新的良好环境，加快培育发展新动能，就业局势保持总体稳定。但也要看到，当前经济社会发展中还存在不少困难和问题，部分地区、行业、群体失业风险有所上升，招工难与就业难并存的结构性矛盾加剧，新就业形态迅速发展对完善就业政策提出了新要求。面对就业形势的新变化和新挑战，必须把就业作为重中之重，坚持实施就业优先战略和更加积极的就业政策，坚决打好稳定和扩大就业的硬仗，稳住就业基本盘，在经济转型中实现就业转型，以就业转型支撑经济转型。现就进一步做好就业创业工作提出以下意见。

三、促进以创业带动就业

（十）拓宽融资渠道。落实好创业担保贷款政策，鼓励金融机构和担保机构依托信用信息，科学评估创业者还款能力，改进风险防控，降低反担保要求，健全代偿机制，推行信贷尽职免责制度。促进天使投资、创业投资、互联网金融等规范发展，灵活高效满足创业融资需求。有条件的地区可通过财政出资引导社会资本投入，设立高校毕业生就业创业基金，为高校毕业生创业提供股权投资、融资担保等服务。（人民银行、国家发展改革委、财政部、人力资源社会保障部、银监会、证监会等负责）

国务院办公厅关于加快发展冷链物流保障食品安全促进消费升级的意见（节录）

（2017年4月13日　国办发〔2017〕29号）

各省、自治区、直辖市人民政府，国务院各部委、各直属机构：

随着我国经济社会发展和人民群众生活水平不断提高，冷链物流需求日趋旺盛，市场规模不断扩大，冷链物流行业实现了较快发展。但由于起步较晚、基础薄弱，冷链物流行业还存在标准体系不完善、基础设施相对落后、专业化水平不高、有效监管不足等问题。为推动冷链物流行业健康规范发展，保障生鲜农产品和食品消费安全，根据食品安全法、农产品质量安全法和《物流业发展中长期规划（2014—2020年）》等，经国务院同意，提出以下意见。

一、总体要求

（一）指导思想。全面贯彻党的十八大和十八届三中、四中、五中、六中全会精神，深入贯彻习近平总书记系列重要讲话精神，认真落实党中央、国务院决策部署，紧紧围绕统筹推进“五位一体”总体布局和协调推进“四个全面”战略布局，牢固树立和贯彻落实创新、协调、绿色、开放、共享的发展理念，深入推进供给侧结构性改革，充分发挥市场在资源配置中的决定性作用，以体制机制创新为动力，以先进技术和管理手段应用为支撑，以规范有效监管为保障，着力构建符合我国国情的“全链条、网络化、严标准、可追溯、新模式、高效率”的现代化冷链物流体系，满足居民消费升级需要，促进农民增收，保障食品消费安全。

（二）基本原则。

市场为主，政府引导。强化企业市场主体地位，激发市场活力和企业创新动力。发挥政府部门在规划、标准、政策等方面的引导、扶持和监管作用，为冷链物流行业发展创造良好环境。

问题导向，补齐短板。聚焦农产品产地“最先一公里”和城市配送“最后一公里”等突出问题，抓两头、带中间，因地制宜、分类指导，形成贯通一、二、三产业的冷链物流产业体系。

创新驱动，提高效率。大力推广现代冷链物流理念，深入推进大众创业、万众创新，鼓励企业利用现代信息手段，创新经营模式，发展供应链等新型产业组织形态，全面提高冷链物流行业运行效率和服务水平。

完善标准，规范发展。加快完善冷链物流标准和服务规范体系，制修订一批冷链物流强制性标准。加强守信联合激励和失信联合惩戒，推动企业优胜劣汰，促进行业健康有序发展。

（三）发展目标。到 2020 年，初步形成布局合理、覆盖广泛、衔接顺畅的冷链基础设施网络，基本建立“全程温控、标准健全、绿色安全、应用广泛”的冷链物流服务体系，培育一批具有核心竞争力、综合服务能力强的冷链物流企业，冷链物流信息化、标准化水平大幅提升，普遍实现冷链服务全程可视、可追溯，生鲜农产品和易腐食品冷链流通率、冷藏运输率显著提高，腐损率明显降低，食品质量安全得到有效保障。

九、完善政策支持体系

要加强调查研究和政策协调衔接，加大对冷链物流理念和重要性的宣传力度，提高公众对全程冷链生鲜农产品质量的认知度。（国家发展改革委、农业部、商务部、食品药品监管总局、国家卫生计生委负责）拓宽冷链物流企业的投融资渠道，引导金融机构对符合条件的冷链物流企业加大投融资支持，创新配套金融服务。（人民银行、银监会、证监会、保监会、国家开发银行负责）大中型城市要根据冷链物流等设施的用地需求，分级做好物流基础设施的布局规划，并与城市总体规划、土地利用总体规划做好衔接。永久性农产品产地预冷设施用地按建设用地管理，在用地安排上给予积极支持。（国土资源部、住房城乡建设部负责）针对制约冷链物流行业发展的突出短板，探索鼓励社会资本通过设立产业发展基金等多种方式参与投资建设。（国家发展改革委、商务部、农业部负责）冷链物流企业用水、用电、用气价格与工业同价。（国家发展改革委负责）加强城市配送冷藏运输车辆的标识管理。（交通运输部、商务部负责）指导完善和优化城市配送冷藏运输车辆的通行和停靠管理措施。（公安部、交通运输部、商务部负责）继续执行鲜活农产品“绿色通道”政策。（交通运输部、国家发展改革委负责）对技术先进、管理规范、运行高效的冷链物流园区优先考虑列入示范物流园区，发挥示范引领作用。（国家发展改革委、国土资源部、住房城乡建设部负责）加强冷链物流人才培养，支持高等学校设置冷链物流相关专业和课程，发展职业教育和继续教育，形成多层次的教育、培训体系。（教育部负责）

国务院办公厅关于进一步完善国有企业法人治理结构的指导意见

（2017年4月24日　国办发〔2017〕36号）

各省、自治区、直辖市人民政府，国务院各部委、各直属机构：

完善国有企业法人治理结构是全面推进依法治企、推进国家治理体系和治理能力现代化的内在要求，是新一轮国有企业改革的重要任务。当前，多数国有企业已初步建立现代企业制度，但从实践情况看，现代企业制度仍不完善，部分企业尚未形成有效的法人治理结构，权责不清、约束不够、缺乏制衡等问题较为突出，一些董事会形同虚设，未能发挥应有作用。根据《中共中央　国务院关于深化国有企业改革的指导意见》等文件精神，为改进国有企业法人治理结构，完善国有企业现代企业制度，经国务院同意，现提出以下意见：

一、总体要求

（一）指导思想。

全面贯彻党的十八大和十八届三中、四中、五中、六中全会精神，深入贯彻习近平总书记系列重要讲话精神和治国理政新理念新思想新战略，认真落实党中央、国务院决策部署，统筹推进"五位一体"总体布局和协调推进"四个全面"战略布局，牢固树立和贯彻落实创新、协调、绿色、开放、共享的发展理念，从国有企业实际情况出发，以建立健全产权清晰、权责明确、政企分开、管理科学的现代企业制度为方向，积极适应国有企业改革的新形势新要求，坚持党的领导、加强党的建设，完善体制机制，依法规范权责，根据功能分类，把握重点，进一步健全各司其职、各负其责、协调运转、有效制衡的国有企业法人治理结构。

（二）基本原则。

1. 坚持深化改革。尊重企业市场主体地位，遵循市场经济规律和企业发展规律，以规范决策机制和完善制衡机制为重点，坚持激励机制与约束机制相结合，体现效率原则与公平原则，充分调动企业家积极性，提升企业的市场化、现代化经营水平。

2. 坚持党的领导。落实全面从严治党战略部署，把加强党的领导和完善公司治理统一起来，明确国有企业党组织在法人治理结构中的法定地位，发挥国有企业党组织的领导核心和政治核心作用，保证党组织把方向、管大局、保落实。坚持党管干部原则与董事会依法选择经营管理者、经营管理者依法行使用人权相结合，积极探索有效实现形式，完善反腐倡廉制度体系。

3. 坚持依法治企。依据《中华人民共和国公司法》、《中华人民共和国企业国有资产法》等法律法规，以公司章程为行为准则，规范权责定位和行权方式；法无授权，任何政府部门和机构不得干预企业正常生产经营活动，实现深化改革与依法治企的有机统一。

4. 坚持权责对等。坚持权利义务责任相统一，规范权力运行、强化权利责任对等，改革国有资本授权经营体制，深化权力运行和监督机制改革，构建符合国情的监管体系，完善履职评价和责任追究机制，对失职、渎职行为严格追责，建立决策、执行和监督环节的终身责任追究制度。

（三）主要目标。

2017 年年底前，国有企业公司制改革基本完成。到 2020 年，党组织在国有企业法人治理结构中的法定地位更加牢固，充分发挥公司章程在企业治理中的基础作用，国有独资、全资公司全面建立外部董事占多数的董事会，国有控股企业实行外部董事派出制度，完成外派监事会改革；充分发挥企业家作用，造就一大批政治坚定、善于经营、充满活力的董事长和职业经理人，培育一支德才兼备、业务精通、勇于担当的董事、监事队伍；党风廉政建设主体责任和监督责任全面落实，企业民主监督和管理明显改善；遵循市场经济规律和企业发展规律，使国有企业成为依法自主经营、自负盈亏、自担风险、自我约束、自我发展的市场主体。

二、规范主体权责

健全以公司章程为核心的企业制度体系，充分发挥公司章程在企业治理中的基础作用，依照法律法规和公司章程，严格规范履行出资人职责的机构（以下简称出资人机构）、股东会（包括股东大会，下同）、董事会、经理层、监事会、党组织和职工代表大会的权责，强化权利责任对等，保障有效履职，完善符合市场经济规律和我国国情的国有企业法人治理结构，进一步提升国有企业运行效率。

（一）理顺出资人职责，转变监管方式。

1. 股东会是公司的权力机构。股东会主要依据法律法规和公司章程，通过委派或更换董事、监事（不含职工代表），审核批准董事会、监事会年度工作报告，批准公司财务预决算、利润分配方案等方式，对董事会、监事会以及董事、监事的履职情况进行评价和监督。出资人机构根据本级人民政府授权对国家出资企业依法享有股东权利。

2. 国有独资公司不设股东会，由出资人机构依法行使股东会职权。以管资本为主改革国有资本授权经营体制，对直接出资的国有独资公司，出资人机构重点管好国有资本布局、规范资本运作、强化资本约束、提高资本回报、维护资本安全。对国有全资公司、国有控股企业，出资人机构主要依据股权份额通过参加股东会议、审核需由股东决定的事项、与其他股东协商作出决议等方式履行职责，除法律法规或公司章程另有规定外，不得干预企业自主经营活动。

3. 出资人机构依据法律法规和公司章程规定行使股东权利、履行股东义务，有关监管内容应依法纳入公司章程。按照以管资本为主的要求，出资人机构要转变工作职能、改进工作方式，加强公司章程管理，清理有关规章、规范性文件，研究提出出资人机构审批事项清单，建立对董事会重大决策的合规性审查机制，制定监事会建设、责任追究等具体措施，适时制定国有资本优先股和国家特殊管理股管理办法。

（二）加强董事会建设，落实董事会职权。

1. 董事会是公司的决策机构，要对股东会负责，执行股东会决定，依照法定程序和公司章程授权决定公司重大事项，接受股东会、监事会监督，认真履行决策把关、内部管理、防范风险、深化改革等职责。国有独资公司要依法落实和维护董事会行使重大决策、选人用人、薪酬分配等权利，增强董事会的独立性和权威性，落实董事会年度工作报告制度；董事会应与党组织充分沟通，有序开展国有独资公司董事会选聘经理层试点，加强对经理层的管理和监督。

2. 优化董事会组成结构。国有独资、全资公司的董事长、总经理原则上分设，应均为内部执行董事，定期向董事会报告工作。国有独资公司的董事长作为企业法定代表人，对企业改革发展负首要责任，要及时向董事会和国有股东报告重大经营问题和经营风险。国有独资公司的董事对出资人机构负责，接受出资人机构指导，其中外部董事人选由出资人机构商有关部门提名，并按照法定程序任命。国有全资公司、国有控股企业的董事由相关股东依据股权份额推荐派出，由股东会选举或更换，国有股东派出的董事要积极维护国有资本权益；国有全资公司的外部董事人选由控股股东商其他股东推荐，由股东会选举或更换；国有控股企业应有一定比例的外部董事，由股东会选举或更换。

3. 规范董事会议事规则。董事会要严格实行集体审议、独立表决、个人负责的决策制度，平等充分发表意见，一人一票表决，建立规范透明的重大事项信息公开和对外披露制度，保障董事会会议记录和提案资料的完整性，建立董事会决议跟踪落实以及后评估制度，做好与其他治理主体的联系沟通。董事会应当设立提名委员会、薪酬与考核委员会、审计委员会等专门委员会，为董事会决策提供咨询，其中薪酬与考核委员会、审计委员会应由外部董事组成。改进董事会和董事评价办法，完善年度和任期考核制度，逐步形成符合企业特点的考核评价体系及激励机制。

4. 加强董事队伍建设。开展董事任前和任期培训，做好董事派出和任期管理工作。建立完善外部董事选聘和管理制度，严格资格认定和考试考察程序，拓宽外部董事来源渠道，扩大专职外部董事队伍，选聘一批现职国有企业负责人转任专职外部董事，定期报告外部董事履职情况。国有独资公司要健全外部董事召集人制度，召集人由外部董事定期推选产生。外部董事要与出资人机构加强沟通。

（三）维护经营自主权，激发经理层活力。

1. 经理层是公司的执行机构，依法由董事会聘任或解聘，接受董事会管理和监事会监督。总经理对董事会负责，依法行使管理生产经营、组织实施董事会决议等职权，向董事会报告工作，董事会闭会期间向董事长报告工作。

2. 建立规范的经理层授权管理制度，对经理层成员实行与选任方式相匹配、与企业功能性质相适应、与经营业绩相挂钩的差异化薪酬分配制度，国有独资公司经理层逐步实行任期制和契约化管理。根据企业产权结构、市场化程度等不同情况，有序推进职业经理人制度建设，逐步扩大职业经理人队伍，有序实行市场化薪酬，探索完善中长期激励机制，研究出台相关指导意见。国有独资公司要积极探索推行职业经理人制度，实行内部培养和外部引进相结合，畅通企业经理层成员与职业经理人的身份转换通道。开展出资人机构委派国有独资公司总会计师试点。

（四）发挥监督作用，完善问责机制。

1. 监事会是公司的监督机构，依照有关法律法规和公司章程设立，对董事会、经理层成员的职务行为进行监督。要提高专职监事比例，增强监事会的独立性和权威性。对国有资产监管机构所出资企业依法实行外派监事会制度。外派监事会由政府派出，负责检查企业财务，监督企业重大决策和关键环节以及董事会、经理层履职情况，不参与、不干预企业经营管理活动。

2. 健全以职工代表大会为基本形式的企业民主管理制度,支持和保证职工代表大会依法行使职权,加强职工民主管理与监督,维护职工合法权益。国有独资、全资公司的董事会、监事会中须有职工董事和职工监事。建立国有企业重大事项信息公开和对外披露制度。

3. 强化责任意识,明确权责边界,建立与治理主体履职相适应的责任追究制度。董事、监事、经理层成员应当遵守法律法规和公司章程,对公司负有忠实义务和勤勉义务;要将其信用记录纳入全国信用信息共享平台,违约失信的按规定在“信用中国”网站公开。董事应当出席董事会会议,对董事会决议承担责任;董事会决议违反法律法规或公司章程、股东会决议,致使公司遭受严重损失的,应依法追究有关董事责任。经理层成员违反法律法规或公司章程,致使公司遭受损失的,应依法追究有关经理层成员责任。执行董事和经理层成员未及时向董事会或国有股东报告重大经营问题和经营风险的,应依法追究相关人员责任。企业党组织成员履职过程中有重大失误和失职、渎职行为的,应按照党组织有关规定严格追究责任。按照“三个区分开来”的要求,建立必要的改革容错纠错机制,激励企业领导人员干事创业。

(五)坚持党的领导,发挥政治优势。

1. 坚持党的领导、加强党的建设是国有企业的独特优势。要明确党组织在国有企业法人治理结构中的法定地位,将党建工作总体要求纳入国有企业章程,明确党组织在企业决策、执行、监督各环节的权责和工作方式,使党组织成为企业法人治理结构的有机组成部分。要充分发挥党组织的领导核心和政治核心作用,领导企业思想政治工作,支持董事会、监事会、经理层依法履行职责,保证党和国家方针政策的贯彻执行。

2. 充分发挥纪检监察、巡视、审计等监督作用,国有企业董事、监事、经理层中的党员每年要定期向党组(党委)报告个人履职和廉洁自律情况。上级党组织对国有企业纪检组组长(纪委书记)实行委派制度和定期轮岗制度,纪检组组长(纪委书记)要坚持原则、强化监督。纪检组组长(纪委书记)可列席董事会和董事会专门委员会的会议。

3. 积极探索党管干部原则与董事会选聘经营管理人员有机结合的途径和方法。坚持和完善双向进入、交叉任职的领导体制,符合条件的国有企业党组(党委)领导班子成员可以通过法定程序进入董事会、监事会、经理层,董事会、监事会、经理层成员中符合条件的党员可以依照有关规定和程序进入党组(党委);党组(党委)书记、董事长一般由一人担任,推进中央企业党组(党委)专职副书记进入董事会。在董事会选聘经理层成员工作中，上级党组织及其组织部门、国有资产监管机构党委应当发挥确定标准、规范程序、参与考察、推荐人选等作用。积极探索董事会通过差额方式选聘经理层成员。

三、做好组织实施

（一）及时总结经验，分层有序实施。在国有企业建设规范董事会试点基础上，总结经验、完善制度，国务院国资委监管的中央企业要依法改制为国有独资公司或国有控股公司，全面建立规范的董事会。国有资本投资、运营公司法人治理结构要“一企一策”地在公司章程中予以细化。其他中央企业和地方国有企业要根据自身实际，由出资人机构负责完善国有企业法人治理结构。

（二）精心规范运作，做好相互衔接。国有企业要按照完善法人治理结构的要求，全面推进依法治企，完善公司章程，明确内部组织机构的权利、义务、责任，实现各负其责、规范运作、相互衔接、有效制衡。国务院国资委要会同有关部门和单位抓紧制定国有企业公司章程审核和批准管理办法。

金融、文化等国有企业的改革，中央另有规定的依其规定执行。

国务院办公厅关于转发国务院国资委以管资本为主推进职能转变方案的通知

（2017 年 4 月 27 日　国办发〔2017〕38 号）

各省、自治区、直辖市人民政府，国务院各部委、各直属机构：

《国务院国资委以管资本为主推进职能转变方案》已经国务院同意，现转发给你们，请认真贯彻执行。

国务院国资委以管资本为主推进职能转变方案

国务院国资委

党的十八大以来，国务院国资委认真贯彻落实党中央、国务院关于深化国有企业改革的决策部署，准确把握国有资产监管机构的出资人代表职责定位，坚定不移深化国有企业改革，探索完善国有资产监管体制机制，积极推进国有企业结构调整、创新发展，为实现国有资产保值增值、防止国有资产流失、发展壮大国有经济作出了积极贡献。但与此同时，国有资产监督机制尚不健全，国有资产监管中越位、缺位、错位问题依然存在，亟需加快调整优化监管职能和方式，推进国有资产监管机构职能转变，进一步提高国有资本运营和配置效率。按照《中共中央　国务院关于深化国有企业改革的指导意见》、《国务院关于改革和完善国有资产管理体制的若干意见》（国发〔2015〕63 号）有关要求，制定本方案。

一、总体要求

（一）指导思想。

全面贯彻党的十八大和十八届二中、三中、四中、五中、六中全会精神，深入学习贯彻习近平总书记系列重要讲话精神和治国理政新理念新思想新战略，坚持党的领导不动摇，统筹推进“五位一体”总体布局和协调推进“四个全面”战略布局，牢固树立和贯彻落实创新、协调、绿色、开放、共享的发展理念，按照深化简政放权、放管结合、优化服务改革的要求，依法履行职责，以管资本为主加强国有资产监管，以提高国有资本效率、增强国有企业活力为中心，明确监管重点，精简监管事项，优化部门职能，改进监管方式，全面加强党的建设，进一步提高监管的科学性、针对性和有效性，加快实现以管企业为主向以管资本为主的转变。

（二）基本原则。

坚持准确定位。按照政企分开、政资分开、所有权与经营权分离要求，科学界定国有资产出资人监管的边界，国务院国资委作为国务院直属特设机构，根据授权代表国务院依法履行出资人职责，专司国有资产监管，不行使社会公共管理职能，不干预企业依法行使自主经营权。

坚持依法监管。按照有关法律法规规定，建立和完善出资人监管的权力和责任清单，健全监管制度体系，重点管好国有资本布局、规范资本运作、提高资本回报、维护资本安全。全面加强国有资产监督，充实监督力量，完善监督机制，严格责任追究，切实防止国有资产流失。

坚持搞活企业。遵循市场经济规律和企业发展规律，突出权责一致，确保责任落实，将精简监管事项与完善国有企业法人治理结构相结合，依法落实企业法人财产权和经营自主权，激发企业活力、创造力和市场竞争力，打造适应市场竞争要求、以提高核心竞争力和资源配置效率为目标的现代企业。

坚持提高效能。明确国有资产监管重点，调整优化监管职能配置和组织设置，改进监管方式和手段，整合监管资源，优化监管流程，提高监管效率，加强监管协同，推进监管信息共享和动态监管，实现依法监管、分类监管、阳光监管。

坚持党的领导。坚持党对国有企业政治领导、思想领导、组织领导的有机统一，发挥国有企业党组织的领导核心和政治核心作用，把方向、管大局、保落实。健全完善党建工作责任制，落实党建工作主体责任，为国有企业改革发展提供坚强有力的政治保证、组织保证和人才支撑。

二、调整优化监管职能

按照职权法定、规范行权的要求，调整、精简、优化监管职能，将强化出资人监管与落实管党治党责任相结合、落实保值增值责任与搞活企业相结合，做好整合监管职能与优化机构设置的衔接，强化 3 项管资本职能，精简43项监管事项，整合三方面相关职能。加大简政放权力度，更好维护企业市场主体地位，推动完善现代企业制度，健全各司其职、各负其责、协调运转、有效制衡的国有企业法人治理结构。坚持权力和责任相统一、相匹配，层层建立权力和责任清单，确保企业接住管好精简的监管事项，体现国资监管要求，落实保值增值责任。按照全面从严治党战略部署，严格落实管党治党责任，全面加强国有企业党的建设，保证党和国家方针政策、重大部署在国有企业贯彻执行。

（一）强化管资本职能，落实保值增值责任。

完善规划投资监管。服从国家战略和重大决策，落实国家产业政策和重点产业发展总体要求，调整优化国有资本布局，加大对中央企业投资的规划引导力度，加强对发展战略和规划的审核，制定并落实中央企业国有资本布局结构整体规划。改进投资监管方式，通过制定中央企业投资负面清单、强化主业管理、核定非主业投资比例等方式，管好投资方向，根据投资负面清单探索对部分企业和投资项目实施特别监管制度。落实企业投资主体责任，完善投资监管制度，开展投资项目第三方评估，防止重大违规投资，依法依规追究违规责任。加强对中央企业国际化经营的指导，强化境外投资监管体系建设，加大审核把关力度，严控投资风险。

突出国有资本运营。围绕服务国家战略目标和优化国有资本布局结构，推动国有资本优化配置，提升国有资本运营效率和回报水平。牵头改组组建国有资本投资、运营公司，实施资本运作，采取市场化方式推动设立国有企业结构调整基金、国有资本风险投资基金、中央企业创新发展投资引导基金等相关投资基金。建立健全国有资本运作机制，组织、指导和监督国有资本运作平台开展资本运营，鼓励国有企业追求长远收益，推动国有资本向关系国家安全、国民经济命脉和国计民生的重要行业和关键领域、重点基础设施集中，向前瞻性战略性产业集中，向具有核心竞争力的优势企业集中。

强化激励约束。实现业绩考核与薪酬分配协同联动，进一步发挥考核分配对企业发展的导向作用，实现“业绩升、薪酬升，业绩降、薪酬降”。改进考核体系和办法，突出质量效益与推动转型升级相结合，强化目标管理、对标考核、分类考核，对不同功能定位、不同行业领域、不同发展阶段的企业实行差异化考核。严格贯彻落实国有企业负责人薪酬制度改革相关政策，建立与选任方式相匹配、与企业功能性质相适应、与经营业绩相挂钩的差异化薪酬分配办法。

（二）加强国有资产监督，防止国有资产流失。

坚持出资人管理和监督的有机统一。健全规范国有资本运作、防止国有资产流失的监管制度，加强对制度执行情况的监督检查。增加监督专门力量，分类处置和督办发现的问题，组织开展国有资产重大损失调查，形成发现、调查、处理问题的监督工作闭环。进一步强化监督成果在业绩考核、薪酬分配、干部管理等方面的运用。

强化外派监事会监督。进一步加强和改进监事会监督，完善监督工作体制机制，明确外派监事会由政府派出、作为出资人监督专门力量的职责定位。突出监督重点，围绕企业财务和重大决策、运营过程中可能造成国有资产流失的事项和关键环节以及董事会和经理层依法依规履职情况等重点，着力强化当期和事中监督。改进监事会监督方式，落实外派监事会纠正违规决策、罢免或者调整领导人员的建议权，建立外派监事会可追溯、可量化、可考核、可问责的履职记录制度，提升监督效能。

严格落实责任。建立健全违法违规经营投资责任追究制度体系，完善责任倒查和追究机制，构建权责清晰、约束有效的经营投资责任体系。加大对违法违规经营投资责任的追究力度，综合运用组织处理、经济处罚、禁入限制、党纪政纪处分和追究刑事责任等手段，依法依规查办违法违规经营投资导致国有资产重大损失的案件。

（三）精简监管事项，增强企业活力。

取消一批监管事项。严格按照出资关系界定监管范围。减少对企业内部改制重组的直接管理，不再直接规范上市公司国有股东行为，推动中央企业严格遵守证券监管规定。减少薪酬管理事项，取消中央企业年金方案、中央企业子企业分红权激励方案审批，重点加强事后备案和规范指导。减少财务管理事项，取消与借款费用、股份支付、应付债券等会计事项相关的会计政策和会计估计变更事前备案，重点管控企业整体财务状况。取消中央企业职工监事选举结果、工会组织成立和工会主席选举等事项审批，由企业依法自主决策。

下放一批监管事项。将延伸到中央企业子企业和地方国有企业的管理事项，原则上归位于企业集团和地方国资委。将中央企业所持有部分非上市股份有限公司的国有股权管理方案和股权变动事项，企业集团内部国有股东所持有上市公司股份流转、国有股东与上市公司非重大资产重组、国有股东通过证券交易系统转让一定比例或数量范围内所持有上市公司股份等事项以及中央企业子企业股权激励方案的审批权限，下放给企业集团。国有企业要进一步明确各治理主体行权履职边界，层层落实责任,确保国有资产保值增值。落实国家所有、分别代表原则,将地方国有上市公司的国有股权管理事项的审批权限下放给省级国资委。

授权一批监管事项。结合落实董事会职权等试点工作,将出资人的部分权利授权试点企业董事会行使,同时健全完善制度规范,切实加强备案管理和事后监督。依法将中央企业五年发展战略规划制定权授予试点企业董事会,进一步落实试点企业董事会对经理层成员选聘、业绩考核、薪酬管理以及企业职工工资总额管控、重大财务事项管理的职权,充分发挥董事会的决策作用。试点企业董事会要进一步健全和规范决策制度,明确授权事项在企业内部的决策、执行、监督机制,落实相应责任,严格责任追究。

移交一批社会公共管理事项。落实政资分开原则,立足国有资产出资人代表职责定位,全面梳理配合承担的社会公共管理职能,结合工作实际,提出分类处理建议,交由相关部门和单位行使。

(四)整合相关职能,提高监管效能。

整合国有企业改革职能。对承担的企业重组整合、结构优化、改制上市、规范董事会建设以及解决历史遗留问题等职能进行统筹整合,集中力量加大对改革改制、管理创新和商业模式创新的指导服务力度,加快完善现代企业制度。

整合经济运行监测职能。集中统一开展财务动态监测和经济运行分析,综合分析行业与企业情况、经营与财务情况,及时、准确提供运行数据,全面掌握中央企业运行状况,为国家宏观调控和国有资产监管工作提供基础支撑。

整合推动科技创新职能。明确中央企业科技创新方向和重点任务,整合新兴产业培育、知识产权保护、企业品牌建设等职能,推动企业完善技术创新体系,组建产业协同发展平台,协调落实重大科技政策和项目,更好发挥中央企业在大众创业、万众创新中的引领带动作用。

(五)全面加强党的建设,强化管党治党责任。

建立健全党建工作责任制。强化中央企业党建工作考核,落实“四同步”、“四对接”要求,加强基层党组织和党员队伍建设,保证党组织工作机构健全、党务工作者队伍稳定、党组织和党员作用得到有效发挥。注重加强混合所有制企业党建工作。

加强党的领导与完善公司治理相统一。明确和落实党组织在国有企业法人治理结构中的法定地位,把党建工作总体要求写入公司章程,健全党组织参与重大问题决策的规则和程序,使党组织发挥作用组织化、制度化、具体化。处理好党组织和其他治理主体的关系，明确权责边界，做到无缝衔接。

坚持党管干部原则与市场化机制相结合。保证党对干部人事工作的领导权和对重要干部的管理权，严格执行国有企业领导人员对党忠诚、勇于创新、治企有方、兴企有为、清正廉洁的选任标准，党组织要在确定标准、规范程序、参与考察、推荐人选等方面把好关，按照市场规律对经理层进行管理，建立科学合理的考核评价体系，为国有企业领导人员树立正向激励的鲜明导向。

加大纪检监察工作力度。深入推进党风廉政建设和反腐败斗争。认真落实《中国共产党问责条例》等规定，加大对中央企业党委（党组）和党员领导人员履行管党治党责任不力的问责力度。对国务院国资委党委管理主要负责人的中央企业开展巡视监督，加强对中央企业开展内部巡视的领导和指导。

三、改进监管方式手段

按照事前制度规范、事中跟踪监控、事后监督问责的要求，积极适应监管职能转变和增强企业活力、强化监督管理的需要，创新监管方式和手段，更多采用市场化、法治化、信息化监管方式，提高监管的针对性、实效性。

（一）强化依法监管。

严格依据公司法、企业国有资产法、企业国有资产监督管理暂行条例等法律法规规定的权限和程序行权履职。健全完善国有资产监管法规制度体系，建立出资人监管的权力和责任清单，清单以外的事项由企业依法自主决策。加强公司章程管理，规范董事会运作，严格选派、管理股东代表和董事、监事，注重通过国有企业法人治理结构依法履行出资人职责。

（二）实施分类监管。

针对商业类和公益类国有企业的不同战略定位和发展目标，研究制定差异化的监管目标、监管重点和监管措施，因企施策推动企业改革发展，促进经济效益和社会效益有机统一。在战略规划制定、资本运作模式、人员选用机制、经营业绩考核等方面，实施更加精准有效的分类监管。

（三）推进阳光监管。

依法推进国有资产监管信息公开，主动接受社会监督。健全信息公开制度，加强信息公开平台建设，依法向社会公开国有资本整体运营情况、企业国有资产保值增值及经营业绩考核总体情况、国有资产监管制度和监督检查情况。指导中央企业加大信息公开力度，依法依规公开治理结构、财务状况、关联交易、负责人薪酬等信息，积极打造阳光企业。

（四）优化监管流程。

按照程序简化、管理精细、时限明确的原则，深入推进分事行权、分岗设权、分级授权和定期轮岗，科学设置内设机构和岗位职责权限，确保权力运行协调顺畅。推进监管信息化建设，整合信息资源，统一工作平台，畅通共享渠道，健全中央企业产权、投资、财务等监管信息系统，实现动态监测，提升整体监管效能。

四、切实抓好组织实施

国务院国资委要依据本方案全面梳理并优化调整具体监管职能，相应调整内设机构，明确取消、下放、授权的监管事项，加快制定出资人监管的权力和责任清单，按程序报批后向社会公开。要坚持试点先行，结合企业实际，继续推进简政放权、放管结合、优化服务改革，分类放权、分步实施，确保放得下、接得住、管得好。要积极适应职能转变要求，及时清理完善涉及的国有资产监管法规和政策文件。

各地区可参照本方案要求，结合实际情况，制定本地区国有资产监管机构的职能转变方案。

附件：精简的国资监管事项（共 43 项）

附件

精简的国资监管事项（共 43 项）

（一）取消事项（共 26 项）

序号	事项内容
1	直接规范上市公司国有股东行为
2	指导中央企业评估机构选聘
3	中央企业境外产权管理状况检查
4	审批中央企业子企业分红权激励方案
5	审批中央企业年金方案
6	审批中央企业重组改制中离退休和内退人员相关费用预提方案

续表

序号	事项内容
7	审批中央企业住房补贴整体方案和负责人异地调动住房补贴方案
8	对中央企业账销案存的事前备案
9	与借款费用、股份支付、应付债券等12个会计事项相关的会计政策和会计估计变更事前备案
10	指导中央企业内部资源整合与合作
11	联合开展全国企业管理现代化创新成果评审和推广
12	指导地方国有企业重组改制上市管理
13	指导中央企业所属科研院所等事业单位改制
14	审批中央企业职工监事选举结果
15	指导中央企业内设监事会工作
16	中央企业职工董事履职管理
17	组织中国技能大赛、中央企业职工技能比赛
18	批复中央企业工会组织成立和工会主席选举有关事项
19	评比表彰中央企业企业文化示范单位
20	指导地方国资委新闻宣传工作
21	直接开展中央企业高级政工师任职资格评定
22	要求中介机构提供对中央企业国有资本经营决算的审计报告
23	指导和监督中央企业开展全员业绩考核工作
24	中央企业信息工作评价
25	中央企业信息化水平评价
26	指导中央企业档案工作

（二）下放事项（共9项）

序号	事项内容
1	审批地方国资委监管企业的上市公司国有股权管理事项
2	审批中央企业所持有非上市股份有限公司的国有股权管理方案和股权变动事项（主业涉及国家安全和国民经济命脉的重要行业和关键领域、主要承担重大专项任务的子企业除外）

续表

序号	事项内容
3	审批中央企业子企业股权激励方案
4	审批国有股东通过证券交易系统转让一定比例或数量范围内所持有上市公司股份事项
5	审批本企业集团内部的国有股东所持有上市公司股份的无偿划转、非公开协议转让事项
6	审批未导致国有控股股东持股比例低于合理持股比例的公开征集转让、国有股东发行可交换公司债券及所控股上市公司发行证券事项
7	审批国有参股股东所持有上市公司国有股权公开征集转让、发行可交换公司债券事项
8	审批未导致上市公司控股权转移的国有股东通过证券交易系统增持、协议受让、认购上市公司发行股票等事项
9	审批未触及证监会规定的重大资产重组标准的国有股东与所控股上市公司进行资产重组事项

（三）授权事项（共 8 项）

序号	事项内容
1	制定中央企业五年发展战略规划和年度投资计划
2	经理层成员选聘
3	经理层成员业绩考核
4	经理层成员薪酬管理
5	职工工资总额审批
6	中央企业子企业以非公开协议方式增资及相应的资产评估
7	国有参股企业与非国有控股上市公司重组
8	大额预算外捐赠、重大担保管理和债务风险管控

说明：1. 本表适用于国务院国资委监管范围内中央企业。

2. 下放事项中，第 1 项下放给地方国资委，第 2、3 项下放给中央企业，第 4—9 项下放给国家出资企业。

3. 授权事项将根据企业实际情况，授予落实董事会职权试点企业，国有资本投资、运营公司试点企业。

国务院办公厅关于加快推进“多证合一”改革的指导意见

（2017 年 5 月 5 日　国办发〔2017〕41 号）

各省、自治区、直辖市人民政府，国务院各部委、各直属机构：

“五证合一”、“两证整合”登记制度改革的相继实施有效提升了政府行政服务效率，降低了市场主体创设的制度性交易成本，激发了市场活力和社会创新力，但目前仍然存在各类证照数量过多、“准入不准营”、简政放权措施协同配套不够等问题。为进一步优化营商环境，经国务院同意，现就加快推进“多证合一”改革提出以下意见。

一、统一思想，充分认识推行改革的重要意义

在全面实施企业、农民专业合作社工商营业执照、组织机构代码证、税务登记证、社会保险登记证、统计登记证“五证合一、一照一码”登记制度改革和个体工商户工商营业执照、税务登记证“两证整合”的基础上，将涉及企业（包括个体工商户、农民专业合作社，下同）登记、备案等有关事项和各类证照（以下统称涉企证照事项）进一步整合到营业执照上，实现“多证合一、一照一码”，是贯彻中央关于推进供给侧结构性改革决策部署，推进简政放权、放管结合、优化服务的重要内容，是进一步推动政府职能转变、深化行政审批制度改革的重要途径，是深化商事制度改革、进一步释放改革红利的重要抓手；对于推动市场在资源配置中起决定性作用和更好发挥政府作用，构建“互联网 +”环境下政府新型管理方式、营造便利宽松的创业创新环境和公开透明平等竞争的营商环境，建立程序更为便利、内容更为完善、流程更为优化、资源更为集约的市场准入新模式，促进提高劳动生产率具有重要意义。各地区、各部门要高度重视，积极作为，把这项改革的实施工作摆在重要位置，采取切实有力措施，确保“多证合一”改革在 2017 年 10 月 1 日前落到实处、取得实效。

二、认真梳理涉企证照事项，全面实行“多证合一”

坚持“多证合一”和行政审批制度改革相结合，按照市场化改革方向，充分发挥市场在资源配置中的决定性作用。各地区要按照能整合的尽量整合、能简化的尽量简化、该减掉的坚决减掉的原则,全面梳理、分类处理涉企证照事项,将信息采集、记载公示、管理备查类的一般经营项目涉企证照事项,以及企业登记信息能够满足政府部门管理需要的涉企证照事项,进一步整合到营业执照上,被整合证照不再发放,实行"多证合一、一照一码",使企业在办理营业执照后即能达到预定可生产经营状态,大幅度缩短企业从筹备开办到进入市场的时间。对于市场机制能够有效调节、企业能够自主管理的事项以及可以通过加强事中事后监管达到原设定涉企证照事项目的的,要逐步取消或改为备案管理。对于关系公共安全、经济安全、生态安全、生产安全、意识形态安全的涉企证照事项继续予以保留,要实行准入清单管理。对于没有法律法规依据、非按法定程序设定的涉企证照事项一律取消。

三、深化信息共享和业务协同,简化企业准入手续

坚持互联互通与数据共享相结合,大力推进信息共享,能向社会公开的尽量公开,打通信息孤岛。各地区要依托已有设施资源和政府统一数据共享交换平台,进一步完善省级信用信息共享平台、国家企业信用信息公示系统、部门间的数据接口,在更大范围、更深层次实现部门间企业基础信息和相关信用信息共享、业务协同。各地区要加快制定政府数据资源共享目录体系和管理办法,建立区域内统一标准的市场主体信息库,构建统一高效、互联互通、安全可靠的政府数据资源体系,打破部门和行业信息壁垒。从严控制个性化信息采集,凡是能通过信息共享获取的信息和前序流程已收取的材料,不得要求企业和群众重复提交;凡是能通过网络核验的信息,不得要求其他单位和申请人重复提交;凡是应由行政机关及相关机构调查核实的信息,由部门自行核实,实现相同信息"一次采集、一档管理",避免让企业重复登记、重复提交材料。

四、完善工作流程,做好改革衔接过渡

各地区要在"五证合一"登记制度改革工作机制及技术方案的基础上,继续全面实行"一套材料、一表登记、一窗受理"的工作模式,申请人办理企业注册登记时只需填写"一张表格",向"一个窗口"提交"一套材料"。登记部门直接核发加载统一社会信用代码的营业执照,相关信息在国家企业信用信息公示系统公示,并及时归集至全国信用信息共享平台。企业不再另行办理"多证合一"涉及的被整合证照事项,相关部门通过信息共享满足管理需要。已按照"五证合一"登记模式领取加载统一社会信用代码营业执照的企业,不需要重新申请办理"多证合一"登记,由登记机关将相关登记信息通过全国信用信息共享平台共享给被整合证照涉及的相关部门。企业原证照有效期满、申请变更登记或者申请换发营业执照的，由登记机关换发加载统一社会信用代码的营业执照。

五、推进“互联网＋政务服务”，不断提高服务效率

坚持优化政务服务与推进“互联网＋”相结合，优化审批流程，提高审批效率，提升透明度和可预期性。各地区要加快一体化网上政务服务平台建设，打造“互联网＋”模式下方便快捷、公平普惠、优质高效的政务服务体系。推进各类涉企证照事项线上并联审批，优化线上、线下办事流程，简化办事手续，减少办事环节，降低办事成本，实现“一网通办、一窗核发”。要推进涉企证照事项标准化管理，在全面梳理、分类处理的基础上，全面公开涉企证照事项目录和程序，明晰具体受理条件和办理标准，列明审查要求和时限，实现服务事项标准化。

六、加强事中事后监管，促进服务效能提升

坚持便捷准入与严格监管相结合，以有效监管保障便捷准入，防止劣币驱逐良币，提高开办企业积极性。各地区、各部门要切实转变理念，精简事前审批，加强事中事后监管，探索市场监管新模式。要全面推行“双随机、一公开”监管，按照“谁审批、谁监管，谁主管、谁监管”的原则，强化主动监管、认真履职意识，明确监管责任。要建立以信用为核心的新型监管机制，依托全国信用信息共享平台不断完善政府部门之间信息共享与联合惩戒机制，充分发挥国家企业信用信息公示系统和“信用中国”网站的作用，强化企业自我约束功能，降低市场交易风险，减少政府监管成本，提高经济运行效率。

七、推进“一照一码”营业执照广泛应用，推动改革落地

坚持“多证合一”与推进“一照一码”营业执照应用相结合，打通改革成果落地的“最后一公里”。各地“多证合一”改革情况不同，证照整合项目、形式不同，各地区、各部门要加快完善各自相关信息系统，互认“一照一码”营业执照的法律效力，推进“一照一码”营业执照在区域内、行业内的互认和应用。对于被整合证照所涵盖的原有事项信息，不得再要求企业提供额外的证明文件，使“一照一码”营业执照成为企业唯一“身份证”，使统一社会信用代码成为企业唯一身份代码，实现企业“一照一码”走天下。

八、强化中央和地方联动，统筹稳妥推进改革

坚持统筹推进与因地制宜相结合，鼓励地方大胆探索实践，自下而上，上下联动。各省级人民政府要结合实际，鼓励基层探索实践。要及时总结改革经验，巩固改革成果，不断扩大“多证合一”的覆盖范围。国务院各相关部门要解放思想，锐意进取，主动作为。各地区、各部门要按照职责分工，加强衔接配合，积极推进改革。要做好对改革政策的解读和宣传工作，形成推动改革落地见效的良好氛围，确保“多证合一”改革各项措施顺利推进。

九、完善配套制度和政策，确保改革于法有据

坚持基层先行先试与依法推动相结合，大力推进相关法律法规制修订和改革配套政策联动。各地区、各部门在推进“多证合一”改革时，要充分做好沟通和衔接工作，在全面梳理、分类处理涉企证照事项的基础上，对确需在全国范围内合并的事项中涉及法律、法规、规章和规范性文件修改、完善和清理的，要按照职责分工，依照法定程序开展相关工作，确保改革在法治轨道上推进。

十、加强窗口建设，做好人员、设施、经费保障

坚持内强素质与外提能力相结合，以内挖潜力、充分利用原有设施为重点，做好人员、设施、经费保障工作。“多证合一”改革后，基层登记窗口压力将进一步增大。各地区要通过合理调整、优化机构和人员配置，配足配强窗口人员队伍，确有必要时可以采用政府购买服务等方式，提高窗口服务能力。要加强窗口工作人员培训，提高业务素质。要优化支出结构，加强窗口软硬件设施配备，做好信息化保障。

十一、加强督查考核，完善激励机制

坚持鼓励先进与鞭策落后相结合，充分调动干事创业积极性、主动性。各地区要通过制定任务清单、将落实情况纳入政府工作考核内容等方式，把“多证合一”改革摆进地方经济社会发展大局考虑，加强督查，形成有效激励机制和容错纠错机制。要对接国际营商环境指标，加强对本地区营商环境便利化的评估和排名工作，建立开办企业时间统计通报制度，研究建立新生市场主体统计调查、监测分析制度。相关部门要组织联合督导，对改革进展情况进行监督检查。

国务院关于进一步削减工商登记前置审批事项的决定

（2017 年 5 月 7 日　国发〔2017〕32 号）

各省、自治区、直辖市人民政府，国务院各部委、各直属机构：

经研究论证，国务院决定，进一步削减工商登记前置审批事项，将以下 5 项工商登记前置审批事项改为后置审批：省级人民政府商务行政主管部门实施的设立典当行及分支机构审批；省级人民政府新闻出版广电行政主管部门实施的设立中外合资、合作印刷企业和外商独资包装装潢印刷企业审批，设立从事出版物印刷经营活动的企业审批；中国民用航空局实施的外航驻华常设机构设立审批、民用航空器（发动机、螺旋桨）生产许可。建议将 1 项依据有关法律设立的工商登记前置审批事项改为后置审批，国务院将依照法定程序提请全国人民代表大会常务委员会修订相关法律规定。

各地区、各相关部门要抓紧做好以上事项改为后置审批的落实和衔接，增强工作紧迫感，加快推进配套改革和相关制度建设，进一步改进事中事后监管措施，确保安全责任落实到位。

国务院办公厅关于印发自由贸易试验区外商投资准入特别管理措施(负面清单)(2017年版)的通知(节录)

(2017年6月5日　国办发〔2017〕51号)

各省、自治区、直辖市人民政府,国务院各部委、各直属机构:

《自由贸易试验区外商投资准入特别管理措施(负面清单)(2017年版)》已经国务院同意,现印发给你们。此次修订进一步放宽外商投资准入,是实施新一轮高水平对外开放的重要举措。各地区、各部门要认真贯彻执行,增强服务意识,提高监管水平,有效防控风险。实施中的重大问题,要及时向国务院请示报告。

《自由贸易试验区外商投资准入特别管理措施(负面清单)(2017年版)》自2017年7月10日起实施。2015年4月8日印发的《自由贸易试验区外商投资准入特别管理措施(负面清单)》同时废止。

自由贸易试验区外商投资准入特别管理措施(负面清单)(2017年版)说明

一、《自由贸易试验区外商投资准入特别管理措施(负面清单)(2017年版)》(以下简称《自贸试验区负面清单》)依据现行有关法律法规制定,已经国务院批准,现予以发布。负面清单列明了不符合国民待遇等原则的外商投资准入特别管理措施,适用于自由贸易试验区(以下简称自贸试验区)。

二、《自贸试验区负面清单》依据《国民经济行业分类》(GB/T 4754—2011)划分为15个门类、40个条目、95项特别管理措施,与上一版相比,减少了10个条目、27项措施。其中特别管理措施包括具体行业措施和适用于所有行业的水平措施。

三、《自贸试验区负面清单》中未列出的与国家安全、公共秩序、公共文化、金融审慎、政府采购、补贴、特殊手续、非营利组织和税收相关的特别管理措施，按照现行规定执行。自贸试验区内的外商投资涉及国家安全的，须按照《自由贸易试验区外商投资国家安全审查试行办法》进行安全审查。

四、《自贸试验区负面清单》之内的非禁止投资领域，须进行外资准入许可。《自贸试验区负面清单》之外的领域，在自贸试验区内按照内外资一致原则实施管理。

五、香港特别行政区、澳门特别行政区、台湾地区投资者在自贸试验区内投资参照《自贸试验区负面清单》执行。内地与香港特别行政区、澳门特别行政区关于建立更紧密经贸关系的安排及其补充协议，《海峡两岸经济合作框架协议》，我国签署的自贸协定中适用于自贸试验区并对符合条件的投资者有更优惠的开放措施的，按照相关协议或协定的规定执行。

自由贸易试验区外商投资准入特别管理措施（负面清单）（2017年版）（节录）

序号	领域	特别管理措施
八、金融业		
（二十七）	资本市场服务	50. 期货公司外资比例不超过49%。 51. 证券公司外资比例不超过49%。 52. 单个境外投资者持有（包括直接持有和间接控制）上市内资证券公司股份的比例不超过20%；全部境外投资者持有（包括直接持有和间接控制）上市内资证券公司股份的比例不超过25%。 53. 证券投资基金管理公司外资比例不超过49%。 54. 不得成为证券交易所的普通会员和期货交易所的会员。 55. 除中国政府另有规定的情况外，不得申请开立A股证券账户以及期货账户。

国务院办公厅关于印发全国深化简政放权放管结合优化服务改革电视电话会议重点任务分工方案的通知

（2017年6月22日 国办发〔2017〕57号）

各省、自治区、直辖市人民政府，国务院各部委、各直属机构：

《全国深化简政放权放管结合优化服务改革电视电话会议重点任务分工方案》已经国务院同意，现印发给你们，请结合实际认真贯彻执行。

全国深化简政放权放管结合优化服务改革电视电话会议重点任务分工方案

为把全国深化简政放权放管结合优化服务改革电视电话会议确定的重点任务落到实处，现制定如下分工方案。

一、任务分工

（一）为促进就业创业降门槛。

1. 2017年10月底前在全国范围内实现“多证合一、一照一码”，对工商登记前后涉及的信息采集、记载公示和管理备查类的各种涉企证照事项，能整合的尽量整合、能简化的尽量简化。（工商总局牵头，国务院相关部门按职责分工负责）

2. 在更大范围推进“证照分离”改革试点，除涉及国家安全、公共安全、生态安全和公众健康等重大公共利益之外，把能分离的许可类的“证”都分离出去，分别予以取消或改为备案、告知承诺等管理方式。（中央编办〔国务院审改办〕、工商总局、国务院法制办牵头，国务院相关部门按职责分工负责）

3. 在总结试点经验基础上加快制定出台国务院部门权力和责任清

单。指导督促各地继续对权力和责任清单进行规范和完善。(中央编办〔国务院审改办〕牵头,国务院相关部门按职责分工负责)

4. 进一步扩大市场准入负面清单试点,压缩负面清单事项,为2018年全面实施市场准入负面清单创造条件。(国家发展改革委、商务部负责)

5. 对新产业、新业态、新模式要积极探索包容审慎监管,对于看得准、有发展前景的,量身定制适当的监管模式;一时看不准的,要密切关注,为新兴生产力成长打开更大空间。(各地区、各部门负责)

(二)为各类市场主体减负担。

6. 坚持依法治税,减少征税的自由裁量权,增加透明度,防止任性收税。改进和优化纳税服务。(税务总局负责)

7. 落实和完善全面推开营改增政策,增值税税率结构由四档简并至三档后,要确保所有行业税负只减不增。落实好中小微企业相关税收优惠政策,持续释放更大减税效应。(财政部、税务总局负责)

8. 继续清理规范政府性基金和行政事业性收费,取消政府提供普遍公共服务和体现一般性管理职能的收费,财政供养事业单位的收费要全面纳入预算管理。(财政部牵头,国务院相关部门按职责分工负责)

9. 切实加强对涉企经营服务性收费的监管,多措并举降低企业用能、用地、用网、物流、融资等各方面成本。(国家发展改革委、财政部牵头,国务院相关部门按职责分工负责)

10. 全面清理整顿行业协会商会、各类中介机构收费项目,不合理的要取消,保留的要降低收费标准。(国家发展改革委、财政部牵头,国务院相关部门按职责分工负责)

11. 2017年7月1日前向社会公布中央和地方政府性基金及行政事业性收费目录清单,年内公布中央和地方政府定价的涉企经营服务性收费清单。抓紧建立全国收费目录清单"一张网",实行动态化管理,清单之外一律不得收费。(财政部、国家发展改革委牵头,国务院相关部门按职责分工负责)

12. 加大审计、督查力度,对各类乱收费行为要抓典型,公开曝光、严厉惩处。(国务院办公厅、审计署牵头,国务院相关部门按职责分工负责)

(三)为激发有效投资拓空间。

13. 放宽社会服务业市场准入,制定具体办法,抓紧解决健康养老、医疗康复、技术培训、文化体育等领域准入门槛高、互为前置审批等问题。

（国家发展改革委、教育部、民政部、人力资源社会保障部、文化部、国家卫生计生委、新闻出版广电总局、体育总局等按职责分工负责）

14. 今年再压减50%的工业产品生产许可证。对管理目的相同或类似的不同部门许可事项，要加快清理合并。（中央编办〔国务院审改办〕、质检总局牵头，工业和信息化部、交通运输部、农业部、商务部、国家卫生计生委、食品药品监管总局等按职责分工负责）

15. 清理、整合、规范现有认证事项和收费，坚决治理认证乱象。加快推进认证机构与政府部门彻底脱钩，尽快实现认证结果的互认通用。（质检总局、中央编办〔国务院审改办〕牵头，国务院相关部门按职责分工负责）

16. 进一步放宽外资准入限制，落实外商投资实行备案管理的开放、便利措施。（国家发展改革委、商务部负责）

（四）为公平营商创条件。

17. 建立完善企业和群众评判“放管服”改革成效的机制，主动对标先进评价标准，把企业申请开办时间压缩了多少、投资项目审批提速了多少、产品质量提升了多少、群众办事方便了多少作为重要衡量标准。（各地区、各部门负责）

18. 综合部门和业务监管部门都要严格落实“谁审批谁监管、谁主管谁监管”的要求，明规矩于前，画出红线、底线；寓严管于中，把更多力量放到市场、放到监管一线；施重惩于后，对严重违法违规、影响恶劣的市场主体要坚决清除出市场。（国务院相关部门按职责分工负责）

19. 实现“双随机、一公开”监管全覆盖，进一步健全随机抽查系统，完善相关细则，确保监管公平公正、不留死角。及时公开企业违法违规信息和检查执法结果，接受群众监督。（工商总局牵头，各地区、各部门负责）

20. 更大力度推动跨部门联合检查，推行综合执法改革，逐步实现“多帽合一”，严格规范公正文明执法，解决多头执法、重复执法问题。（中央编办〔国务院审改办〕、国务院法制办牵头，各地区、各部门负责）

21. 坚决整治、严厉打击安全生产、食品药品等领域损害人民群众身体健康和生命财产安全的行为，制售假冒伪劣、价格欺诈、虚假广告、电信诈骗、侵犯知识产权等严重扰乱市场秩序的行为，金融领域违规授信、非法网络借贷、内幕交易，以及环保领域偷排偷放、监测数据造假等违法违规行为。（各地区、各部门负责）

22. 加快实行巨额惩罚性赔偿制度，建立完善跨地域、跨部门、跨行业的失信联合惩戒机制，让违法经营者付出高昂代价。（国家发展改革委、工商总局、质检总局、国务院法制办牵头，国务院相关部门按职责分工负责）

（五）为群众办事生活增便利。

23. 持续开展“减证便民”行动，今年务必要有大的突破。凡没有法律法规依据的一律取消，能通过个人现有证照来证明的一律取消，能采取申请人书面承诺方式解决的一律取消，能通过网络核验的一律取消。对必要的证明要加强互认共享，减少不必要的重复举证。（各地区、各部门负责）

24. 大力提升与群众生活密切相关的公用事业服务质量和效率，对供水、供电、供气、供暖等公用事业单位及银行等服务机构要加强监管，引入社会评价，促进其提高服务水平，对群众反映强烈的要及时督促解决。加快推进公用事业领域改革，打破不合理垄断，鼓励社会资本进入，以竞争推动服务质量提升。（国家发展改革委牵头，各地区、各部门负责）

25. 加快推行“互联网 + 政务服务”，推动政府部门在协同联动、流程再造、系统整合等方面进行改革，提升线上线下一体化政务服务能力。（国务院办公厅、国家发展改革委牵头，国务院相关部门按职责分工负责）

26. 加强部门间信息互联互通，打破“信息孤岛”。2017 年内要基本完成国务院部门内部政务信息系统整合清理工作，年底前要拿出国务院部门互联互通的政务信息系统名单和共享信息目录、逐步实现连接，2018 年 6 月底前实现国务院各部门整合后的政务信息系统统一接入国家共享平台。（国务院办公厅、国家发展改革委牵头，国务院相关部门按职责分工负责）

二、工作要求

（一）加强组织领导。各地区、各部门主要负责同志要亲自抓深化“放管服”改革，认真组织实施，细化分解任务，明确时间节点，层层压实责任，做到有布置、有检查、有验收，确保改革措施落地见效。各地区、各部门要在 2017 年 12 月底前将贯彻落实情况报国务院。

（二）强化督查问责。各地区、各部门要以强有力的督查促进改革落实，对督查发现落实到位、积极作为的典型要通报表扬、给予激励，对发现的问题要坚决整改，对敷衍塞责、延误改革、整改不力的要严肃问责，对工作不落实的要公开曝光。

（三）鼓励支持地方和基层大胆探索。各地区、各部门要尊重并发挥基层首创精神，积极营造良好环境，加强指导协调，支持地方因地制宜大胆探索,并及时总结推广改革经验。自贸试验区等承担“放管服”改革试点任务的地方,要敢为人先、积极探索,当好改革“排头兵”,打造改革“新高地”。

(四)筑牢“放管服”改革的法治保障基石。按照重大改革于法有据的要求,对照几年来“放管服”改革措施和修法的相关决定,加快推进相关法律法规的立改废释工作。2017 年底前各级政府要按照部署对行政法规、规章、规范性文件进行一次全面清理。

国务院办公厅关于加快发展商业养老保险的若干意见（节录）

（2017年6月29日　国办发〔2017〕59号）

各省、自治区、直辖市人民政府，国务院各部委、各直属机构：

商业养老保险是商业保险机构提供的，以养老风险保障、养老资金管理等为主要内容的保险产品和服务，是养老保障体系的重要组成部分。发展商业养老保险，对于健全多层次养老保障体系，促进养老服务业多层次多样化发展，应对人口老龄化趋势和就业形态新变化，进一步保障和改善民生，促进社会和谐稳定等具有重要意义。为深入贯彻落实《中共中央关于全面深化改革若干重大问题的决定》、《国务院关于加快发展养老服务业的若干意见》（国发〔2013〕35号）、《国务院关于加快发展现代保险服务业的若干意见》（国发〔2014〕29号）等文件要求，经国务院同意，现就加快发展商业养老保险提出以下意见：

一、总体要求

（一）指导思想。

全面贯彻党的十八大和十八届三中、四中、五中、六中全会精神，深入贯彻习近平总书记系列重要讲话精神和治国理政新理念新思想新战略，认真落实党中央、国务院决策部署，牢固树立新发展理念，以提高发展质量和效益为中心，以推进供给侧结构性改革为主线，以应对人口老龄化、满足人民群众日益增长的养老保障需求、促进社会和谐稳定为出发点，以完善养老风险保障机制、提升养老资金运用效率、优化养老金融服务体系为方向，依托商业保险机构专业优势和市场机制作用，扩大商业养老保险产品供给，拓宽服务领域，提升保障能力，充分发挥商业养老保险在健全养老保障体系、推动养老服务业发展、促进经济提质增效升级等方面的生力军作用。

（二）基本原则。

坚持改革创新，提升保障水平。以应对人口老龄化、保障和改善民生为导向，坚持专注主业，深化商业养老保险体制机制改革，激发创新活力，增加养老保障产品和服务供给，提高服务质量和效率，更好满足人民群众多样化、多层次养老保障需求。

坚持政策引导，强化市场机制。更好发挥政府引导和推动作用，给予商业养老保险发展必要政策支持，创造良好政策环境。充分发挥市场在资源配置中的决定性作用，鼓励市场主体及相关业务特色化、差异化发展。

坚持完善监管，规范市场秩序。始终把维护保险消费者合法权益作为商业养老保险监管的出发点和立足点，坚持底线思维，完善制度体系，加强监管协同，强化制度执行，杜绝行政摊派、强买强卖，营造平等参与、公平竞争、诚信规范的市场环境。

（三）主要目标。

到2020年，基本建立运营安全稳健、产品形态多样、服务领域较广、专业能力较强、持续适度盈利、经营诚信规范的商业养老保险体系，商业养老保险成为个人和家庭商业养老保障计划的主要承担者、企业发起的商业养老保障计划的重要提供者、社会养老保障市场化运作的积极参与者、养老服务业健康发展的有力促进者、金融安全和经济增长的稳定支持者。

四、推进商业养老保险资金安全稳健运营

（十）发挥商业养老保险资金长期投资优势。坚持风险可控、商业可持续原则，推进商业养老保险资金稳步有序参与国家重大战略实施。支持商业养老保险资金通过债权投资计划、股权投资计划、不动产投资计划、资产支持计划、保险资产管理产品等形式，参与重大基础设施、棚户区改造、新型城镇化建设等重大项目和民生工程建设，服务科技型企业、小微企业、战略性新兴产业、生活性服务新业态等发展，助力国有企业混合所有制改革。

（十一）促进商业养老保险资金与资本市场协调发展。发挥商业保险机构作为资本市场长期机构投资者的积极作用，依法有序参与股票、债券、证券投资基金等领域投资，为资本市场平稳健康发展提供长期稳定资金支持，规范有序参与资本市场建设。

（十二）审慎开展商业养老保险资金境外投资。在风险可控前提下，稳步发展商业养老保险资金境外投资业务，合理配置境外资产，优化配置结构。支持商业养老保险资金通过相关自贸试验区开展境外市场投资；按照商业可持续原则，有序参与丝路基金、亚洲基础设施投资银行和金砖国家新开发银行等主导的投资项目，更好服务国家“走出去”战略。

中国证监会发布的
部门规章及规范性文件

综　　合

区域性股权市场监督管理试行办法

(2017 年 5 月 3 日　证监会令第 132 号)

第一章　总　　则

第 一 条　为了规范区域性股权市场的活动,保护投资者合法权益,防范区域性股权市场风险,促进区域性股权市场健康发展,根据《中华人民共和国证券法》《中华人民共和国公司法》《国务院办公厅关于规范发展区域性股权市场的通知》等规定,制定本办法。

第 二 条　在区域性股权市场非公开发行、转让中小微企业股票、可转换为股票的公司债券和国务院有关部门认可的其他证券,以及相关活动,适用本办法。

第 三 条　区域性股权市场是为其所在省级行政区域内中小微企业证券非公开发行、转让及相关活动提供设施与服务的场所。

除区域性股权市场外,地方其他各类交易场所不得组织证券发行和转让活动。

第 四 条　在区域性股权市场内的证券发行、转让及相关活动,应当遵守法律、行政法规和规章等规定,遵循公平自愿、诚实信用、风险自担的原则。禁止欺诈、内幕交易、操纵市场、非法集资行为。

第 五 条　省级人民政府依法对区域性股权市场进行监督管理,负责风险处置。

省级人民政府指定地方金融监管部门承担对区域性股权市场的日常监督管理职责,依法查处违法违规行为,组织开展风险防范、处置工作。

省级人民政府根据法律、行政法规、国务院有关规定和本办法,制定区域性股权市场监督管理的实施细则和操作办法。

第 六 条　中国证券监督管理委员会(以下简称中国证监会)及其派出机构对地方金融监管部门的区域性股权市场监督管理工作进行指

导、协调和监督，对市场规范运作情况进行监督检查，对市场风险进行预警提示和处置督导。

地方金融监管部门与中国证监会派出机构应当建立区域性股权市场监管合作及信息共享机制。

第七条 区域性股权市场运营机构（以下简称运营机构）负责组织区域性股权市场的活动，对市场参与者进行自律管理。

各省、自治区、直辖市、计划单列市行政区域内设立的运营机构不得超过一家。

第八条 运营机构应当具备下列条件：

（一）依法设立的法人；

（二）开展业务活动所必需的营业场所、业务设施、营运资金、专业人员；

（三）健全的法人治理结构；

（四）完善的风险管理与内部控制制度；

（五）法律、行政法规和中国证监会规定的其他条件。

证券公司可以参股、控股运营机构。

有《中华人民共和国证券法》第一百零八条规定的情形，或者被中国证监会采取证券市场禁入措施且仍处于禁入期间的，不得担任运营机构的负责人。

第九条 省级人民政府对运营机构实施监督管理，向社会公告运营机构名单，并报中国证监会备案。未经公告并备案，任何单位和个人不得组织、开展区域性股权市场相关活动。

第二章 证券发行与转让

第十条 企业在区域性股权市场发行股票，应当符合下列条件：

（一）有符合《中华人民共和国公司法》规定的治理结构；

（二）最近一个会计年度的财务会计报告无虚假记载；

（三）没有处于持续状态的重大违法行为；

（四）法律、行政法规和中国证监会规定的其他条件。

第十一条 企业在区域性股权市场发行可转换为股票的公司债券，应当符合下列条件：

（一）本办法第十条规定的条件；

（二）债券募集说明书中有具体的公司债券转换为股票的办法；

（三）本公司已发行的公司债券或者其他债务没有处于持续状态的违约或者迟延支付本息的情形；

（四）法律、行政法规和中国证监会规定的其他条件。

第十二条 未经国务院有关部门认可，不得在区域性股权市场发行除股票、可转换为股票的公司债券之外的其他证券。

第十三条 在区域性股权市场发行证券，应当向合格投资者发行。单只证券持有人数量累计不得超过 200 人，法律、行政法规另有规定的除外。

前款所称合格投资者，应当具有较强风险识别和承受能力，并符合下列条件之一：

（一）证券公司、期货公司、基金管理公司及其子公司、商业银行、保险公司、信托公司、财务公司等依法经批准设立的金融机构，以及依法备案或者登记的证券公司子公司、期货公司子公司、私募基金管理人；

（二）证券公司资产管理产品、基金管理公司及其子公司产品、期货公司资产管理产品、银行理财产品、保险产品、信托产品等金融机构依法管理的投资性计划；

（三）社会保障基金，企业年金等养老基金，慈善基金等社会公益基金，以及依法备案的私募基金；

（四）依法设立且净资产不低于一定指标的法人或者其他组织；

（五）在一定时期内拥有符合中国证监会规定的金融资产价值不低于人民币 50 万元，且具有 2 年以上金融产品投资经历或者 2 年以上金融行业及相关工作经历的自然人。

第十四条 在区域性股权市场发行证券，不得通过拆分、代持等方式变相突破合格投资者标准。有下列情形之一的，应当穿透核查最终投资者是否为合格投资者，并合并计算投资者人数：

（一）以理财产品、合伙企业等形式汇集多个投资者资金直接或者间接投资于证券的；

（二）将单只证券分期发行的。

理财产品、合伙企业等投资者符合本办法第十三条第二款第（二）项、第（三）项规定的除外。

第十五条 在区域性股权市场发行证券，不得采用广告、公开劝诱等公开或者变相公开方式。

通过互联网络、广播电视、报刊等向社会公众发布招股说明书、债券募集说明书、拟转让证券数量和价格等有关证券发行或者转让信息的，属

于前款规定的公开或者变相公开方式;但符合下列条件的除外:

(一)通过运营机构的信息系统等网络平台向在本市场开户的合格投资者发布证券发行或者转让信息;

(二)投资者需凭用户名和密码等身份认证方式登录后才能查看。

第十六条 在区域性股权市场挂牌转让证券的企业(以下简称挂牌公司),应当符合本办法第十条规定的条件。

第十七条 在区域性股权市场转让证券的,应当符合本办法第十二条、第十三条、第十四条、第十五条规定,不得采取集中竞价、连续竞价、做市商等集中交易方式。

投资者在区域性股权市场买入后卖出或者卖出后买入同一证券的时间间隔不得少于5个交易日。

第十八条 符合下列情形之一的,不受本办法第十三条规定的限制:

(一)证券发行人、挂牌公司实施股权激励计划;

(二)证券发行人、挂牌公司的董事、监事、高级管理人员及发行、挂牌前已持有股权的股东认购或者受让本发行人、挂牌公司证券;

(三)因继承、赠与、司法裁决、企业并购等非交易行为获得证券。

第十九条 运营机构依法对证券发行、挂牌转让申请文件进行审查,出具审查意见,并在发行、挂牌完成后5个工作日内报地方金融监管部门和中国证监会派出机构备案。

第二十条 运营机构应当在每个交易日发布证券挂牌转让的最新价格行情。

第二十一条 证券发行人、挂牌公司及区域性股权市场的其他参与者应当按照规定和协议约定,真实、准确、完整地向投资者披露信息,不得有虚假记载、误导性陈述或者重大遗漏。

运营机构应当建立信息披露网络平台,供信息披露义务人按照规定披露信息。

第二十二条 证券发行人应当披露招股说明书、债券募集说明书,并在发生可能对已发行证券产生较大影响的重要事件时,披露临时报告。

挂牌公司应当在每一会计年度结束之日起4个月内编制并披露年度报告,并在发生可能对证券转让价格产生较大影响的重要事件时,披露临时报告。

招股说明书、债券募集说明书、年度报告应当包括公司基本情况、公司治理、控股股东和实际控制人情况、业务概况、财务会计报告以及可能对证券发行或者转让具有较大影响的其他情况。

第三章　账户管理与登记结算

第二十三条　投资者在区域性股权市场买卖证券,应当向办理登记结算业务的机构申请开立证券账户。办理登记结算业务的机构可以直接为投资者开立证券账户,也可以委托参与本市场的证券公司代为办理。

开立证券账户的机构应当对申请人是否符合本办法规定的合格投资者条件进行审查,对不符合规定条件的申请人,不得为其开立证券账户。申请人为自然人的,还应当在为其开立证券账户前,通过书面或者电子形式向其揭示风险,并要求其确认。

本办法施行前已开立证券账户但不符合本办法规定的合格投资者条件的投资者,不得认购和受让证券;已经认购或者受让证券的,只能继续持有或者卖出。

第二十四条　投资者在区域性股权市场内买卖证券的资金,应当专户存放在商业银行或者国务院金融监督管理机构批准的具有证券期货保证金存管业务资格的机构。任何单位和个人不得以任何形式挪用投资者资金。

省级人民政府制定投资者在区域性股权市场内买卖证券资金的管理细则,明确投资者资金的动用情形、划转路径和有关各方的职责。

运营机构应当每日监测投资者资金的变动情况,发现异常情形及时处理并向地方金融监管部门和中国证监会派出机构报告。

第二十五条　区域性股权市场的登记结算业务,应当由运营机构或者中国证监会认可的登记结算机构办理。

在区域性股权市场内发行、转让的证券,应当在办理登记结算业务的机构集中存管和登记。办理登记结算业务的机构应当根据证券登记结算的结果,确认证券持有人持有证券的事实,提供证券持有人登记资料。

办理登记结算业务的机构应当妥善保存登记、结算的原始凭证及有关文件和资料,保存期限不得少于20年。

第二十六条　办理登记结算业务的机构应当按照规定办理证券账户开立、变更、注销和证券登记、结算,保证证券持有人名册和登记过户记录真实、准确、完整,证券和资金的清算交收有序进行。

办理登记结算业务的机构不得挪用投资者的证券。

办理登记结算业务的机构与中国证券登记结算有限责任公司应当建立证券账户对接机制,将区域性股权市场证券账户纳入到资本市场统一证券账户体系。

第四章　中介服务

第二十七条　中介机构及其业务人员在区域性股权市场从事相关业务活动的，应当诚实守信、勤勉尽责，遵守法律、行政法规、中国证监会和有关省级人民政府规定等，遵守行业规范，对其业务行为承担责任。

第二十八条　运营机构可以自行或者组织有关中介机构开展下列业务活动：

（一）为参与本市场的企业提供改制辅导、管理培训、管理咨询、财务顾问服务；

（二）为证券的非公开发行组织合格投资者进行路演推介或者其他促成投融资需求对接的活动；

（三）为合格投资者提供企业研究报告和尽职调查信息；

（四）为在本市场开户的合格投资者买卖证券提供居间介绍服务；

（五）与商业银行、小额贷款公司等开展业务合作，支持其为参与本市场的企业提供融资服务；

（六）中国证监会规定的其他业务。

第二十九条　运营机构开展本办法第二十八条规定的业务活动，应当按照下列规定采取有效措施，防范运营机构与市场参与者、不同参与者之间的利益冲突：

（一）为参与本市场的企业提供服务的，应当采取业务隔离措施，避免与投资者的利益冲突；

（二）为合格投资者提供企业研究报告和尽职调查信息的，应当遵循独立、客观的原则，不得提供证券投资建议，不得提供虚假、不实、误导性信息；

（三）为合格投资者买卖证券提供居间介绍服务的，应当公平对待买卖双方，不得损害任何一方的利益；

（四）向服务对象收取费用的，应当符合有关规定并披露收费标准。

第三十条　区域性股权市场应当作为地方人民政府扶持中小微企业政策措施的综合运用平台，为地方人民政府市场化运用贴息、投资等资金扶持中小微企业发展提供服务。

第三十一条　区域性股权市场可以在依法合规、风险可控前提下，开展业务、产品、运营模式和服务方式创新，为中小微企业提供多样化、个性化的服务。

区域性股权市场可以按照规定为中小微企业信息展示提供服务。

第三十二条 区域性股权市场不得为其所在省级行政区域外企业证券的发行、转让或者登记存管提供服务。

第三十三条 区域性股权市场可以与证券期货交易所、全国中小企业股份转让系统、机构间私募产品报价与服务系统、证券期货经营机构、证券期货服务机构、证券期货行业自律组织,建立合作机制。但是,有违反本办法第三十二条规定情形的除外。

符合中国证监会规定条件的运营机构,可以开展全国中小企业股份转让系统的推荐业务试点。

第五章 市场自律

第三十四条 运营机构应当负责区域性股权市场信息系统的开发、运行、维护,以及信息安全的管理,保证区域性股权市场信息系统安全稳定运行。

区域性股权市场的信息系统应当符合有关法律法规和信息技术管理规范,并通过中国证监会组织的合规性、安全性评估;未通过评估的,应当限期整改。

区域性股权市场的信息技术管理规范,由中国证监会另行制定。

第三十五条 运营机构、办理登记结算业务的机构应当将证券交易、登记、结算等信息系统与中国证监会指定的监管信息系统进行对接。

运营机构应当自每个月结束之日起 7 个工作日内,向地方金融监管部门和中国证监会派出机构报送区域性股权市场有关信息;发生影响或者可能影响区域性股权市场安全稳定运行的重大事件的,应当立即报告。

运营机构报送的信息必须真实、准确、完整,指标、格式、统计方法应当规范、统一,具体办法由中国证监会另行制定。

第三十六条 运营机构、办理登记结算业务的机构制定的业务操作细则和自律管理规则,应当符合法律、行政法规、中国证监会规章和规范性文件、有关省级人民政府的监管细则等规定,并报地方金融监管部门和中国证监会派出机构备案。

地方金融监管部门和中国证监会派出机构发现业务操作细则和自律管理规则违反相关规定的,可以责令其修改。

第三十七条 运营机构应当按照规定对区域性股权市场参与者的违

法行为及违反自律管理规则的行为，采取自律管理措施，并向地方金融监管部门和中国证监会派出机构报告。

运营机构应当畅通投诉渠道，妥善处理投资者投诉，保护投资者合法权益。

第三十八条 运营机构应当对区域性股权市场进行风险监测、评估、预警和采取有关处置措施，防范和化解市场风险。

第三十九条 运营机构可以以特别会员方式加入中国证券业协会，接受中国证券业协会的自律管理和服务。

证券公司作为运营机构股东或者在区域性股权市场从事相关业务活动的，应当遵守证券行业监管和自律规则。

中国证券业协会督促引导证券公司为区域性股权市场的投融资活动提供优质高效低廉服务。鼓励证券公司为区域性股权市场提供业务、技术等支持。

第六章　监 督 管 理

第四十条 地方金融监管部门实施现场检查，可以采取下列措施：

（一）进入运营机构或者区域性股权市场有关参与者的办公场所或者营业场所进行检查；

（二）询问运营机构或者区域性股权市场有关参与者的负责人、工作人员，要求其对有关检查事项做出说明；

（三）查阅、复制与检查事项有关的文件、资料，对可能被转移、隐匿或者毁损的文件、资料、电子设备予以封存；

（四）检查运营机构或者区域性股权市场有关参与者的信息系统，复制有关数据资料；

（五）法律、行政法规和中国证监会规定的其他措施。

中国证监会派出机构可以采取前款规定的措施，对区域性股权市场规范运作情况进行现场检查。

第四十一条 地方金融监管部门和中国证监会派出机构依法履行职责，被检查、调查的单位和个人应当配合，如实提供有关文件和资料，不得拒绝、阻碍和隐瞒。

第四十二条 运营机构违法违规经营或者出现重大风险，严重危害区域性股权市场秩序、损害投资者利益的，由地方金融监管部门责令停业整顿，并更换有关责任人员。

第四十三条 运营机构或者区域性股权市场参与者违反本办法规定的,地方金融监管部门可以采取责令改正、监管谈话、出具警示函、责令参加培训、责令定期报告、认定为不适当人选等监督管理措施;依法应予行政处罚的,给予警告,并处以3万元以下罚款。具体实施细则由省级人民政府制定。

对违反本办法规定的行为,法律、行政法规或者国务院另有规定的,依照其规定处理。

第四十四条 运营机构从业人员或者其他参与区域性股权市场的人员违反法律、行政法规或者本办法规定,情节严重的,中国证监会可以依法采取证券市场禁入的措施。

第四十五条 对运营机构或者区域性股权市场参与者从事内幕交易、操纵市场等严重扰乱市场秩序行为的,依法从严查处。

第四十六条 中国证监会派出机构发现违反本办法行为的线索,应当移送地方金融监管部门处理。

第四十七条 地方金融监管部门未按照规定对违反本办法行为进行查处的,中国证监会派出机构应当予以指导、协调和监督。

第四十八条 中国证监会派出机构对地方金融监管部门的监管能力和条件进行审慎评估,加强监管培训,采取有效措施,促使地方监管能力与市场发展状况相适应。

第四十九条 中国证监会派出机构可以对区域性股权市场的安全规范运行情况、风险管理能力等进行监测评估。

评估结果应当作为区域性股权市场开展先行先试相关业务的审慎性条件。

第五十条 违反本办法第三条第二款规定,组织证券发行和转让活动,或者违反本办法第九条规定,擅自组织开展区域性股权市场活动的,按照《国务院关于清理整顿各类交易场所　切实防范金融风险的决定》(国发〔2011〕38号)和《国务院办公厅关于清理整顿各类交易场所的实施意见》(国办发〔2012〕37号)规定予以清理,并依法追究法律责任。

第五十一条 运营机构应当建立区域性股权市场诚信档案,并按照规定提供诚信信息的查询和公示。

运营机构和区域性股权市场参与者及其相关人员的诚信信息,应当同时按照规定记入中国证监会证券期货市场诚信档案数据库。

第七章　附　　则

第五十二条　区域性股权市场为其所在省级行政区域内的有限责任公司股权融资或者转让提供服务的,参照适用本办法。

第五十三条　本办法自 2017 年 7 月 1 日起施行。《关于规范证券公司参与区域性股权交易市场的指导意见(试行)》(证监会公告〔2012〕20号)同时废止。

中国证监会发行审核工作预约接待办法

（2017年1月14日　证监会公告〔2017〕2号）

第一条　为进一步加强和改进中国证监会发行监管服务，保障发行人正常的业务沟通需求，规范发行审核来访接待工作，防范廉政风险，制定本办法。

第二条　发行审核沟通工作依照《中国证监会行政许可实施程序》以及证监会公布的发行审核工作流程规定的程序和方式进行。在各审核环节主要通过审核部门提出书面反馈意见，发行人及其中介机构提供书面回复的方式进行沟通。

第三条　为提高沟通效率和效果，发行人及其中介机构对以下事项，可以通过预约与发行审核部门及其工作人员进行当面沟通：

（一）对反馈意见重大问题需要当面解释说明；

（二）咨询重大政策和审核标准问题；

（三）需要与发行审核部门当面沟通的其他特殊情形。

其他与发行申请业务相关的问题，鼓励通过电子邮件、电话等形式进行沟通。

第四条　发行审核部门应当及时总结审核实践中遇到的共性问题，研究形成审核标准，通过监管问答等形式及时向社会公布。进一步提高审核进程透明度，便于发行人及时了解审核进度。

第五条　发行审核部门及其工作人员不接待以下情形的来访：

（一）无具体事由的礼节性拜访；

（二）与发行业务无关的中介机构和人员来访；

（三）首次书面反馈意见告知前的来访；

（四）其他与发行审核工作无关的来访。

第六条　对于需要当面沟通的情形，发行审核部门及其工作人员应当及时、有效、热情地做好沟通服务工作。

第七条　发行人及其中介机构提出需当面沟通的，可以提前3个工作日通过电话或电子邮件向审核工作人员提出预约申请和沟通问题清单。来访者人数原则上不超过 3 人。

第 八 条 预约申请符合规定情形的,发行审核部门及其工作人员应当在 3 个工作日内安排沟通,并及时告知来访者。预约申请不符合规定情形的,应当立即告知申请人结果及具体原因。

发行审核部门原则上不接待未经预约的来访。因特殊情况未能提前预约的,事后应当补交预约申请。

第 九 条 审核工作人员接待来访者应当在办公场所进行。严禁审核工作人员在发行审核期间与发行人及相关利害关系人进行任何正常工作沟通之外的私下接触。

第 十 条 审核工作人员接待时应当确认来访者身份。接待过程中,审核工作人员应当对照问题清单与来访者进行沟通。接待时应当有两名审核工作人员在场。

第十一条 审核工作人员接待来访者应当热情礼貌,态度温和,耐心倾听来访者的意见和诉求。能当场给予答复的,给予明确答复;不能当场答复的,说明下一步的研究处理程序。

第十二条 来访结束后,来访者须填写来访登记表,由负责接待的审核工作人员签字确认并存入发行卷宗档案。

第十三条 证监会发行审核部门设立投诉电子邮箱(fxbtousu@ csrc. gov. cn),对发行人及其中介机构提出的投诉意见及时处理。

第十四条 本办法自公布之日起施行。

中国证监会关于支持绿色债券发展的指导意见

（2017 年 3 月 2 日　证监会公告〔2017〕6 号）

为全面贯彻落实《中共中央　国务院关于加快推进生态文明建设的意见》和《关于构建绿色金融体系的指导意见》(银发〔2016〕228 号)精神,坚持创新、协调、绿色、开放、共享的发展理念,引导证券交易所债券市场进一步服务绿色产业健康有序发展,助推我国经济发展方式转变和经济结构转型升级,现就证券交易所发展绿色公司债券的有关事项,提出以下指导意见:

一、本指导意见所称绿色公司债券,是指符合《证券法》《公司法》《公司债券发行与交易管理办法》及其他相关法律法规的规定,遵循证券交易所相关业务规则的要求,募集资金用于支持绿色产业项目的公司债券。

二、绿色公司债券募集资金投向的绿色产业项目,主要参考中国金融学会绿色金融专业委员会编制的《绿色债券支持项目目录》要求,重点支持节能、污染防治、资源节约与循环利用、清洁交通、清洁能源、生态保护和适应气候变化等绿色产业。

三、拟发行绿色公司债券的发行人,除要符合《证券法》《公司法》和《公司债券发行与交易管理办法》规定的公司债券发行条件外,原则上不得属于高污染、高能耗或其他违背国家产业政策导向的行业。重点支持下列主体发行绿色公司债券:

(一)长期专注于绿色产业的成熟企业;

(二)在绿色产业领域具有领先技术或独特优势的潜力企业;

(三)致力于中长期绿色产业发展的政府和社会资本合作项目的企业;

(四)具有投资我国绿色产业项目计划或致力于推动我国绿色产业发展的国际金融组织或跨国公司。

四、绿色公司债券申报受理及审核实行“专人对接、专项审核”,适用“即报即审”政策。中国证监会将不断完善绿色公司债券准入管理“绿色通道”制度安排，持续提升企业发行绿色债券的便利性。

五、发行人应当认真履行信息披露义务，按照规定或约定真实、准确、完整、及时地披露绿色公司债券相关信息。申请发行绿色公司债券时，募集说明书应当披露拟投资的绿色产业项目类别、项目认定依据或标准、环境效益目标、募集资金使用计划和管理制度等内容。同时，发行人还应当提供募集资金投向绿色产业项目的承诺函。绿色公司债券存续期间，发行人应当按照相关规则规定或约定披露绿色公司债券募集资金使用情况、绿色产业项目进展情况和环境效益等内容。绿色公司债券受托管理人在年度受托管理事务报告中也应当披露上述内容。

六、发行绿色公司债券所募集的资金可以用于绿色产业项目的建设、运营、收购，或偿还绿色产业项目的银行贷款等债务；严禁名实不符，冒用、滥用绿色项目名义套用、挪用资金。发行人应当按照有关规定或约定开立募集资金专项账户，对发行绿色公司债券所募集的资金进行专户管理，确保资金真正用于符合要求的绿色产业项目。受托管理人应当勤勉尽责，对发行人发行绿色公司债券的募集资金使用和专项账户管理情况进行持续督导。

七、绿色公司债券申报前及存续期内，鼓励发行人提交由独立专业评估或认证机构就募集资金拟投资项目属于绿色产业项目所出具的评估意见或认证报告。开展绿色公司债券评估认证业务的评估认证机构，应当建立评估认证的相关制度、流程和标准，本着独立、客观、公正、规范的原则，出具绿色公司债券评估认证报告。鼓励评估认证机构之间加强沟通协调和行业自律，建立完善统一的评估认证标准和流程。

八、证券交易所应当积极参与绿色金融领域的国际交流合作，探索将绿色公司债券优先纳入境内外证券交易所互联互通机制，引入境外绿色公司债券优质发行人及专业投资者。定期开展政策培训，加强绿色公司债券推广及优秀案例宣传，推动中介机构强化服务意识。

九、鼓励证券承销机构与绿色产业优质企业建立长效合作机制，积极主动提供绿色公司债券中介服务，加强绿色公司债券相关理论研究和业务创新。鼓励信用评级机构在信用评级过程中将发行人的绿色信用记录纳入其信用风险考量，并在信用评级报告中进行专项披露。

十、中国证券业协会应当定期发布“绿色债券公益榜”。证券公司参与绿色公司债券承销情况，作为证券公司分类评价中社会责任评价的重要内容。

十一、积极培育绿色投资文化，鼓励证券公司、基金管理公司、私募基金管理机构、商业银行、保险公司等市场主体及其管理的产品投资绿色公司债券。加快培育绿色公司债券专业投资人，积极引入境外绿色公司债券专业投资者。鼓励各类市场投资主体加强合作，探索建立绿色投资者联盟，共同倡导和落实社会责任。

十二、证券交易所研究发布绿色公司债券指数，建立和完善绿色公司债券板块，扩大绿色公司债券市场影响力。鼓励市场投资机构以绿色指数为基础开发公募、私募基金等绿色金融产品，满足投资者需要。

十三、鼓励支持地方政府综合利用贴息、财政补贴、设立绿色公司债券投资基金等多种优惠政策支持绿色公司债券发展。各证监局应当主动对接辖区地方政府，积极引导社会资本参与绿色产业项目建设。

十四、发行绿色资产支持证券、绿色地方政府债券、绿色可续期债券等产品，参照绿色公司债券的相关要求执行；发行准入管理、上市交易等另有规定的，从其规定。

十五、本意见由中国证监会负责解释。本意见未尽事宜按照中国证监会相关规定执行。

十六、本意见自公布之日起施行。

证　券

发　行　类

关于加强发行审核工作人员履职回避管理的规定（2017 年修订）

（2017 年 1 月 14 日　证监会公告〔2017〕1 号）

为保障发行审核工作的公平、公正，进一步加强履职回避管理，根据《关于进一步规范发行审核权力运行的若干意见》（证监会公告〔2015〕27 号），对参与发行审核工作的人员（以下统称审核工作人员）履职回避作出以下规定：

一、审核工作人员应当严格遵守《公务员法》《公务员回避规定（试行）》《中国证监会工作人员任职回避和公务回避规定（试行）》和《中国证监会工作人员行为准则》等规定中有关任职和公务回避的要求。

二、审核工作人员与首发申请企业之间存在下列情形之一的，应当回避：

（一）审核工作人员亲属中涉及配偶、父母、子女及其配偶在首发申请人任职；审核工作人员亲属中涉及兄弟姐妹及其配偶、配偶的父母担任首发申请人的董事（含独立董事）、监事、中层及以上领导职务。

（二）审核工作人员亲属直接或者通过其控制的经营单位间接持有首发申请企业股票。

（三）其他可能影响审核工作人员公正履行职责的情形。

三、审核工作人员与再融资申请企业之间存在下列情形之一的，应当回避：

（一）审核工作人员亲属中涉及配偶、父母、子女及其配偶在再融资申请人任职；审核工作人员亲属中涉及兄弟姐妹及其配偶、配偶的父母担任再融资申请人的董事（含独立董事）、监事、中层及以上领导职务。

（二）审核工作人员亲属是再融资申请企业的控股股东、实际控制人、持股5%以上的股东。

（三）其他可能影响审核工作人员公正履行职责的情形。

四、审核工作人员与中介机构之间存在下列情形之一的，在参与该中介机构为之提供服务的企业审核工作时应当回避：

（一）审核工作人员亲属中涉及配偶、父母、子女及其配偶在该中介机构任职；审核工作人员亲属中涉及兄弟姐妹及其配偶、配偶的父母担任该中介机构的董事长、主要合伙人、中层及以上领导职务。

（二）审核工作人员亲属中涉及配偶、父母、子女及其配偶在保荐机构任职；审核工作人员亲属中涉及兄弟姐妹及其配偶、配偶的父母在保荐机构担任保荐业务负责人、在发行保荐部门任职或者从事与发行保荐业务相关工作，以及在该保荐机构担任中层及以上领导职务；审核工作人员亲属是企业申报材料的签字人员或者该项目的经办人。

（三）其他可能影响审核工作人员公正履行职责的情形。

五、本人认为可能存在利益冲突情形的，可以申请并经批准后回避。

六、审核工作人员履职回避按以下程序操作：

申报材料分发后，审核工作人员应当及时填写《发行部审核工作人员履职回避情况表》，发现存在需回避情形的，应当在情况表中说明具体情况，由审核处室负责人重新指定其他审核工作人员审核。

反馈会前，审核处室负责人应当及时填写《发行部审核工作人员履职回避情况表》，发现存在需回避情形的，应当在情况表中说明具体情况，由分管部门领导指定处室其他人员参加反馈会和初审会。

初审会前，分管副主任应当及时填写《发行部审核工作人员履职回避情况表》，发现存在需回避情形的，由部门主要负责人指定其他部门领导参会。

《发行部审核工作人员履职回避情况表》作为初审报告的附件一并存档备查。

七、发行部每三个月组织一次公务回避情况内部自查，并根据自查情况进行整改。

八、发行审核工作人员出现需报告的回避事项的，应当及时主动汇报。审核工作人员存在应当回避而未提出回避的，属于违反《中国证监会工作人员行为准则》的行为，发行部启动问责机制，依照人事管理权限和有关规定依法追究责任。

九、本规定所称亲属，是指审核工作人员的配偶、父母、子女、兄弟姐妹、配偶的父母、子女的配偶、兄弟姐妹的配偶。

本规定自公布之日起施行。原《关于加强发行审核工作人员履职回避管理的规定》同时废止。

关于加强发审委委员履职回避管理的规定（2017年修订）

（2017年1月14日　证监会公告〔2017〕1号）

为保障发行审核工作的公平、公正，进一步加强履职回避管理，根据《中国证监会发行审核委员会办法》（以下简称《发审委办法》）和《关于进一步规范发行审核权力运行的若干意见》（证监会公告〔2015〕27号）等规定，对发审委委员履职回避作出以下规定：

一、发审委委员在参与发行审核工作时，应当严格遵守《发审委办法》中有关履职回避的基本要求。有下列情形之一的，应当回避：

（一）发审委委员或者其亲属涉及配偶、父母、子女及其配偶在发行人任职；发审委委员亲属中涉及兄弟姐妹及其配偶、配偶的父母担任发行人的董事（含独立董事）、监事、中层及以上领导职务。

（二）发审委委员或者其亲属涉及配偶、父母、子女及其配偶在保荐机构任职；发审委委员亲属中涉及兄弟姐妹及其配偶、配偶的父母在保荐机构担任负责保荐业务的负责人、在发行保荐部门任职或从事与发行保荐业务相关工作，以及在该保荐机构担任中层及以上领导职务；发审委委员亲属是企业申报材料的签字人员或者该项目的经办人。

（三）发审委委员或者其亲属、发审委委员所在工作单位持有发行人的股票，可能影响其公正履行职责。

（四）发审委委员或者其所在工作单位近两年来为发行人提供保荐、承销、审计、评估、法律、咨询等服务，可能妨碍其公正履行职责。

（五）发审委委员或者其亲属担任董事、监事或者其他高级管理人员的公司，与发行人或者保荐人有行业竞争关系，经认定可能影响其公正履行职责。

（六）发审委工作会议召开前，发审委委员与本次所审核发行人及其他相关单位或者个人进行过接触，可能影响其公正履行职责。

（七）中国证监会认定的可能产生利害冲突或者发审委委员认为可能影响其公正履行职责的其他情形。

本款所称亲属，是指发审委委员的配偶、父母、子女、兄弟姐妹、配偶的父母、子女的配偶、兄弟姐妹的配偶。

二、发审委委员因其所在单位的业务可能影响其公正履职，存在下列情形之一的，应当回避：

（一）来自会计师事务所、律师事务所、资产评估事务所等中介机构的发审委委员，其所在单位有人担任发行人独立董事或者发行人保荐机构内核成员；律师委员所在事务所担任发行人主承销商律师。

（二）来自中国证监会派出机构的委员，发行人为所在辖区的企业。

（三）来自基金管理公司的委员有下列情形之一的：

1. 发审委委员所在基金管理公司的基金是上市公司前十大股东；

2. 发审委委员所在的社保基金持有首发申请企业股份；

3. 发审委委员所在的基金管理公司管理的基金合计持有发行人5%以上股份，或者向发行人派驻了董事、监事、高级管理人员；

4. 持有发审委委员所在基金管理公司股份比例5%以上的公司，以及该公司控股股东、控股子公司和控股股东控制的其他子公司，为发行人提供保荐、承销等业务；

5. 发审委委员所在基金管理公司管理的基金作为发行人再融资发行对象。

对于本规定未列明，但可能影响其公正履职的其他事项，发审委委员应当按照从严原则执行回避规定。

三、发审委委员履职回避按照以下程序操作：

（一）发审委委员上任首日，需填报回避申请表，对照应当回避的情形提出自己应当回避的项目，并随时更新；

（二）安排发审委委员分组参加具体审核工作时，根据委员的回避申请表，明确发审委委员应当回避的情况；

（三）审核材料分发后，发审委委员应当迅速阅读材料，对照材料的具体内容再次核对是否需要回避；如需回避，应当及时提出回避申请；

（四）召开发审委工作会议时，出席会议的发审委委员应当填写是否与发行人接触的有关说明；如有接触，必须回避。

四、发审委委员参加发审委工作会议应当回避而未提出回避的，属于违反发审委工作纪律的行为。证监会发行监管部应会同有关部门启动问责机制，依照相关规则严肃追究责任，视情节分别采取谈话提醒、批评、解聘等处理措施。

本规定自公布之日起施行。原《关于加强发审委委员履职回避管理的规定》同时废止。

关于修改《上市公司非公开发行股票实施细则》的决定

（2017 年 2 月 15 日　证监会公告〔2017〕5 号）

一、第七条第一款修改为："《管理办法》所称'定价基准日'，是指计算发行底价的基准日。定价基准日为本次非公开发行股票发行期的首日。上市公司应按不低于发行底价的价格发行股票。"

二、第九条修改为："发行对象属于下列情形之一的，具体发行对象及其定价原则应当由上市公司董事会的非公开发行股票决议确定，并经股东大会批准；认购的股份自发行结束之日起 36 个月内不得转让：

"（一）上市公司的控股股东、实际控制人或其控制的关联人；

"（二）通过认购本次发行的股份取得上市公司实际控制权的投资者；

"（三）董事会拟引入的境内外战略投资者。"

三、第十二条第二款修改为："前款所述认购合同应载明该发行对象拟认购股份的数量或数量区间、定价原则、限售期，同时约定本次发行一经上市公司董事会、股东大会批准并经中国证监会核准，该合同即应生效。"

四、第十三条第（一）项、第（二）项、第（四）项修改为："（一）应当按照本细则的规定确定本次发行的定价基准日，并提请股东大会批准。

"（二）董事会决议确定具体发行对象的，董事会决议应当确定具体的发行对象名称及其定价原则、认购数量或者数量区间、限售期；发行对象与公司签订的附条件生效的股份认购合同应当经董事会批准。

"（四）本次非公开发行股票的数量不确定的，董事会决议应当明确数量区间（含上限和下限）。董事会决议还应当明确，上市公司的股票在董事会决议日至发行日期间除权、除息的，发行数量是否相应调整。"

五、删除第十六条。

六、第二十一条第一款修改为："上市公司取得核准批文后，应当在批文的有效期内，按照《证券发行与承销管理办法》（证监会令第 121 号）

的有关规定发行股票。”

七、第二十九条第一款修改为:“验资完成后的次一交易日,上市公司和保荐人应当向中国证监会提交《证券发行与承销管理办法》规定的备案材料。”

本决定自公布之日起施行。

《上市公司非公开发行股票实施细则》根据本决定作相应的修改并对条文顺序作相应调整,重新公布。

上市公司非公开发行股票实施细则

(2007年9月17日公布　根据2011年8月1日中国证券监督管理委员会《关于修改上市公司重大资产重组与配套融资相关规定的决定》修订　根据2017年2月15日中国证券监督管理委员会《关于修改〈上市公司非公开发行股票实施细则〉的决定》修订)

第一章　总　　则

第 一 条　为规范上市公司非公开发行股票行为,根据《上市公司证券发行管理办法》(证监会令第30号,以下简称《管理办法》)的有关规定,制定本细则。

第 二 条　上市公司非公开发行股票,应当有利于减少关联交易、避免同业竞争、增强独立性;应当有利于提高资产质量、改善财务状况、增强持续盈利能力。

第 三 条　上市公司董事、监事、高级管理人员、保荐人和承销商、为本次发行出具专项文件的专业人员及其所在机构,以及上市公司控股股东、实际控制人及其知情人员,应当遵守有关法律法规和规章,勤勉尽责,不得利用上市公司非公开发行股票谋取不正当利益,禁止泄露内幕信息和利用内幕信息进行证券交易或者操纵证券交易价格。

第 四 条　上市公司的控股股东、实际控制人和本次发行对象,应当按照有关规定及时向上市公司提供信息,配合上市公司真实、准确、完整地履行信息披露义务。

第 五 条　保荐人、上市公司选择非公开发行股票的发行对象和确定发行价格，应当遵循公平、公正原则，体现上市公司和全体股东的最大利益。

第 六 条 发行方案涉及中国证监会规定的重大资产重组的，其配套融资按照现行相关规定办理。

第二章 发行对象与认购条件

第 七 条 《管理办法》所称"定价基准日"，是指计算发行底价的基准日。定价基准日为本次非公开发行股票发行期的首日。上市公司应按不低于发行底价的价格发行股票。

《管理办法》所称"定价基准日前 20 个交易日股票交易均价"的计算公式为：定价基准日前 20 个交易日股票交易均价 = 定价基准日前 20 个交易日股票交易总额/定价基准日前 20 个交易日股票交易总量。

第 八 条 《管理办法》所称"发行对象不超过 10 名"，是指认购并获得本次非公开发行股票的法人、自然人或者其他合法投资组织不超过 10 名。

证券投资基金管理公司以其管理的 2 只以上基金认购的，视为一个发行对象。

信托公司作为发行对象，只能以自有资金认购。

第 九 条 发行对象属于下列情形之一的，具体发行对象及其定价原则应当由上市公司董事会的非公开发行股票决议确定，并经股东大会批准；认购的股份自发行结束之日起 36 个月内不得转让：

（一）上市公司的控股股东、实际控制人或其控制的关联人；

（二）通过认购本次发行的股份取得上市公司实际控制权的投资者；

（三）董事会拟引入的境内外战略投资者。

第 十 条 发行对象属于本细则第九条规定以外的情形的，上市公司应当在取得发行核准批文后，按照本细则的规定以竞价方式确定发行价格和发行对象。发行对象认购的股份自发行结束之日起 12 个月内不得转让。

第三章 董事会与股东大会决议

第十一条 上市公司申请非公开发行股票，应当按照《管理办法》的相关规定召开董事会、股东大会，并按规定及时披露信息。

第十二条　董事会决议确定具体发行对象的，上市公司应当在召开董事会的当日或者前 1 日与相应发行对象签订附条件生效的股份认购合同。

前款所述认购合同应载明该发行对象拟认购股份的数量或数量区间、定价原则、限售期，同时约定本次发行一经上市公司董事会、股东大会批准并经中国证监会核准，该合同即应生效。

第十三条　上市公司董事会作出非公开发行股票决议，应当符合下列规定：

（一）应当按照本细则的规定确定本次发行的定价基准日，并提请股东大会批准。

（二）董事会决议确定具体发行对象的，董事会决议应当确定具体的发行对象名称及其定价原则、认购数量或者数量区间、限售期；发行对象与公司签订的附条件生效的股份认购合同应当经董事会批准。

（三）董事会决议未确定具体发行对象的，董事会决议应当明确发行对象的范围和资格，定价原则、限售期。

（四）本次非公开发行股票的数量不确定的，董事会决议应当明确数量区间（含上限和下限）。董事会决议还应当明确，上市公司的股票在董事会决议日至发行日期间除权、除息的，发行数量是否相应调整。

（五）董事会决议应当明确本次募集资金数量的上限、拟投入项目的资金需要总数量、本次募集资金投入数量、其余资金的筹措渠道。募集资金用于补充流动资金或者偿还银行贷款的，应当说明补充流动资金或者偿还银行贷款的具体数额；募集资金用于收购资产的，应当明确交易对方、标的资产、作价原则等事项。

第十四条　董事会决议经表决通过后，上市公司应当在 2 个交易日内披露。

董事会应当按照《公开发行证券的公司信息披露内容与格式准则第 25 号——上市公司非公开发行股票预案和发行情况报告书》的要求编制非公开发行股票预案，作为董事会决议的附件，与董事会决议同时刊登。

第十五条　本次发行涉及资产审计、评估或者上市公司盈利预测的，资产审计结果、评估结果和经审核的盈利预测报告至迟应随召开股东大会的通知同时公告。

第十六条　上市公司股东大会就非公开发行股票作出的决定，至少应当包括《管理办法》和本细则规定须提交股东大会批准的事项。

《管理办法》所称应当回避表决的“特定的股东及其关联人”，是指董事会决议已确定为本次发行对象的股东及其关联人。

第四章　核准与发行

第十七条　股东大会批准本次发行后，上市公司可向中国证监会提交发行申请文件。

申请文件应当按照本细则附件1《上市公司非公开发行股票申请文件目录》的有关规定编制。

第十八条　保荐人和发行人律师应当各司其职，勤勉尽责，对本次非公开发行股票申请的合规性审慎地履行尽职调查职责。

保荐人出具的发行保荐书和发行人律师出具的法律意见书，应当对照中国证监会的各项规定逐项发表明确的结论性意见，并载明得出每项结论的查证过程及事实依据。

第十九条　中国证监会按照《管理办法》规定的程序审核非公开发行股票申请。

上市公司收到中国证监会发行审核委员会关于本次发行申请获得通过或者未获通过的结果后，应当在次一交易日予以公告，并在公告中说明，公司收到中国证监会作出的予以核准或者不予核准的决定后，将另行公告。

第二十条　上市公司取得核准批文后，应当在批文的有效期内，按照《证券发行与承销管理办法》（证监会令第121号）的有关规定发行股票。

上市公司收到中国证监会予以核准决定后作出的公告中，应当公告本次发行的保荐人，并公开上市公司和保荐人指定办理本次发行的负责人及其有效联系方式。

上市公司、保荐人对非公开发行股票进行推介或者向特定对象提供投资价值研究报告的，不得采用任何公开方式，且不得早于上市公司董事会关于非公开发行股票的决议公告之日。

第二十一条　董事会决议确定具体发行对象的，上市公司在取得核准批文后，应当按照本细则第九条的规定和认购合同的约定发行股票。

第二十二条　董事会决议未确定具体发行对象的，在取得中国证监会的核准批文后，由上市公司及保荐人在批文的有效期内选择发行时间；在发行期起始的前1日，保荐人应当向符合条件的特定对象提供认购邀请书。

第二十三条　认购邀请书发送对象的名单由上市公司及保荐人共同

确定。

认购邀请书发送对象的名单除应当包含董事会决议公告后已经提交认购意向书的投资者、公司前 20 名股东外，还应当包含符合《证券发行与承销管理办法》规定条件的下列询价对象：

（一）不少于 20 家证券投资基金管理公司；

（二）不少于 10 家证券公司；

（三）不少于 5 家保险机构投资者。

第二十四条 认购邀请书应当按照公正、透明的原则，事先约定选择发行对象、确定认购价格、分配认购数量等事项的操作规则。

认购邀请书及其申购报价表参照本细则附件 2 的范本制作，发送时由上市公司加盖公章，由保荐代表人签署。

第二十五条 认购邀请书发出后，上市公司及保荐人应当在认购邀请书约定的时间内收集特定投资者签署的申购报价表。

在申购报价期间，上市公司、保荐人应当确保任何工作人员不泄露发行对象的申购报价情况，申购报价过程应当由发行人律师现场见证。

第二十六条 申购报价结束后，上市公司及保荐人应当对有效申购按照报价高低进行累计统计，按照价格优先的原则合理确定发行对象、发行价格和发行股数。

第二十七条 发行结果确定后，上市公司应当与发行对象签订正式认购合同，发行对象应当按照合同约定缴款。

发行对象的认购资金应先划入保荐人为本次发行专门开立的账户，验资完毕后，扣除相关费用再划入发行人募集资金专项存储账户。

第二十八条 验资完成后的次一交易日，上市公司和保荐人应当向中国证监会提交《证券发行与承销管理办法》规定的备案材料。

发行情况报告书应当按照《公开发行证券的公司信息披露内容与格式准则第 25 号——上市公司非公开发行股票预案和发行情况报告书》的要求编制。

第二十九条 保荐人关于本次发行过程和认购对象合规性的报告应当详细记载本次发行的全部过程，列示发行对象的申购报价情况及其获得配售的情况，并对发行结果是否公平、公正，是否符合非公开发行股票的有关规定发表意见。

报价在发行价格之上的特定对象未获得配售或者被调减配售数量的，保荐人应当向该特定对象说明理由，并在报告书中说明情况。

第三十条 发行人律师关于本次发行过程和认购对象合规性的报告

应当详细认证本次发行的全部过程,并对发行过程的合规性、发行结果是否公平、公正,是否符合非公开发行股票的有关规定发表明确意见。

发行人律师应当对认购邀请书、申购报价表、正式签署的股份认购合同及其他有关法律文书进行见证,并在报告书中确认有关法律文书合法有效。

第五章 附　　则

第三十一条　本细则自发布之日起实施。

第三十二条　本细则的附件包括《上市公司非公开发行股票申请文件目录》、《〈认购邀请书〉和〈申购报价单〉范本》。

附件:1. 上市公司非公开发行股票申请文件目录

2.《认购邀请书》和《申购报价单》范本

附件 1

上市公司非公开发行股票申请文件目录

第一章　发行人的申请报告及相关文件

1 – 1　发行人申请报告

1 – 2　本次发行的董事会决议和股东大会决议

1 – 3　本次非公开发行股票预案

1 – 4　公告的其他相关信息披露文件

第二章　保荐人和律师出具的文件

2 – 1　保荐人出具的证券发行保荐书

2 – 2　保荐人尽职调查报告

2 – 3　发行人律师出具的法律意见书

2 – 4　发行人律师工作报告

第三章　财务信息相关文件

3 – 1　发行人最近 1 年的财务报告和审计报告及最近一期的财务报告

3 – 2　最近 3 年一期的比较式财务报表(包括合并报表和母公司报表)

3 – 3　本次收购资产相关的最近 1 年一期的财务报告及其审计报

告、资产评估报告

3－4　发行人董事会、会计师事务所及注册会计师关于上市公司最近1年及一期的非标准无保留意见审计报告的补充意见

3－5　会计师事务所关于前次募集资金使用情况的专项报告

第四章　其他文件

4－1　有关部门对募集资金投资项目的审批、核准或备案文件

4－2　特定行业主管部门出具的监管意见书

4－3　国务院相关主管部门关于引入境外战略投资者的批准文件

4－4　附条件生效的股份认购合同

4－5　附条件生效的资产转让合同

4－6　发行人全体董事对相关申请文件真实性、准确性和完整性的承诺书

编制说明：

前述申请文件目录是对发行申请文件的最低要求，中国证监会根据审核需要，可以要求发行人和中介机构补充材料。某些材料对发行人不适用的，可不必提供，但应作出书面说明。保荐机构报送申请文件，初次报送应提交原件1份，复印件及电子文件3份。

附件2

《认购邀请书》和《申购报价单》范本

[*]股份有限公司非公开发行股票认购邀请书

______________：

经[*]股份有限公司（简称“公司”或“本公司”）[*]年度第[*]次临时股东大会（简称“股东大会”）批准，拟向特定投资者非公开发行股票（简称“本次发行”）。本次发行已经中国证监会核准。现发出认购邀请书（简称“本邀请书”），诚邀贵公司/您参与本次发行认购。以下为本次发行认购的具体事项，敬请认真阅读：

一、认购对象与条件

1. 认购对象

本次发行的认购对象为[*]。

2. 认购数量

每一特定投资者的最低有效认购数量不得低于[*]万股,超过[*]万股的必须是[*]万股的整数倍。每一特定投资者最多认购数量不得超过[*]万股。

3. 认购价格

本次发行价格根据本邀请书第三部分所规定的程序和规则确定。

二、认购时间安排

1. 接到本邀请书后,贵公司如欲认购,应于[*]年[*]月[*]日[*]时前将附件《申购报价单》以传真方式发至本公司(传真号:[*])。

2. 本公司收到《申购报价单》后,根据中国证监会的有关规定和本邀请书第三部分所规定的程序和规则确定本次发行的价格、最终发行对象和股份分配数量,并于确定上述结果后尽快向最终发行对象发出《缴款通知书》。

3. 发行对象收到《缴款通知书》后,应在《缴款通知书》规定的时限内将认购款汇至本公司指定的账户(具体账户为:[*])。认购款未按时到账的,视为放弃认购。

三、发行价格、发行对象及分配股数的确定程序和规则

1. 本次申报价格

本次申报价格应不低于每股[*]元。

(认购人可以在该价格基础上,根据不同的认购股份数量,以增加[*]元的整数倍的形式确定其申报价格,每个认购人申报的价格不超过三档。)

2. 认购确认程序与规则

(此处保荐人和上市公司应明确告知确认最终认购价格、发行对象及其分配数量的程序和规则。该程序和规则应当公平、公正,符合中国证监会的有关规定。)

四、特别提示

1. 凡决定参加本次认购的认购人须对本邀请书所附《申购报价单》签字确认并加盖公章,并将《申购报价单》于[*]年[*]月[*]日[*]时前传真至本公司。

2. 凡被确定为最终发行对象的认购人,必须在《缴款通知书》指定的时间将认购款足额汇入本公司指定的账户。为确保认购款能在规定时间内足额到达指定的银行账户,请在收到本邀请书的传真件后尽快准备汇款事宜。

3. 本邀请书所附《申购报价单》为无条件确认书，接受人一旦申报，即有法律效力。

4. 本邀请书的发出、《申购报价单》的接收、《缴款通知书》的发出、发行价格、发行对象及分配股数的确认等认购事宜，由[*]律师事务所进行法律见证。

《申购报价单》如由授权代表签署，须附上由法定代表签署的授权委托书。

5. 本次认购的联系人：[*]，电话：[*]，传真号：[*]

________股份有限公司保荐代表人（* *证券公司）：________

[*]年[*]月[*]日

本认购邀请书附件：申购报价单

致：[*]股份有限公司

我单位收到并已详细阅读了贵方于[*]年[*]月[*]日发出的《[*]股份有限公司非公开发行股票认购邀请书》和贵公司[*]年度第[*]次临时股东大会的相关公告。经研究，同意按贵方确定的条件参加此次认购，本人在此确认：

一、同意《[*]股份有限公司非公开发行股票认购邀请书》所确定的认购条件与规则。

二、同意：

1. 按每股[*]元的价格认购[*]万股（大写数字）

2. 按每股[*]元的价格认购[*]万股（大写数字）

3. 按每股[*]元的价格认购[*]万股（大写数字）

三、同意按贵方最终确认的认购数量和时间缴纳认购款。

四、我方联系人：____________________

电话：____________________

手机：____________________

传真：____________________

公司（公章）

法定代表人或其授权代表，或本人签署

年　　月　　日

机　构　类

证券公司和证券投资基金管理公司合规管理办法

（2017年6月6日　证监会令第133号）

第一章　总　　则

第 一 条　为了促进证券公司和证券投资基金管理公司加强内部合规管理，实现持续规范发展，根据《中华人民共和国公司法》《中华人民共和国证券法》《中华人民共和国证券投资基金法》和《证券公司监督管理条例》，制定本办法。

第 二 条　在中华人民共和国境内设立的证券公司和证券投资基金管理公司（以下统称证券基金经营机构）应当按照本办法实施合规管理。

本办法所称合规，是指证券基金经营机构及其工作人员的经营管理和执业行为符合法律、法规、规章及规范性文件、行业规范和自律规则、公司内部规章制度，以及行业普遍遵守的职业道德和行为准则（以下统称法律法规和准则）。

本办法所称合规管理，是指证券基金经营机构制定和执行合规管理制度，建立合规管理机制，防范合规风险的行为。

本办法所称合规风险，是指因证券基金经营机构或其工作人员的经营管理或执业行为违反法律法规和准则而使证券基金经营机构被依法追究法律责任、采取监管措施、给予纪律处分、出现财产损失或商业信誉损失的风险。

第 三 条　证券基金经营机构的合规管理应当覆盖所有业务，各部门、各分支机构、各层级子公司和全体工作人员，贯穿决策、执行、监督、反馈等各个环节。

第 四 条　证券基金经营机构应当树立全员合规、合规从管理层做起、合规创造价值、合规是公司生存基础的理念，倡导和推进合规文化建设，培育全体工作人员合规意识，提升合规管理人员职业荣誉感和专业化、职业化水平。

第五条 中国证券监督管理委员会（以下简称中国证监会）依法对证券基金经营机构合规管理工作实施监督管理。中国证监会派出机构按照授权履行监督管理职责。

中国证券业协会、中国证券投资基金业协会等自律组织（以下简称协会）依照本办法制定实施细则，对证券基金经营机构合规管理工作实施自律管理。

第二章 合规管理职责

第六条 证券基金经营机构开展各项业务，应当合规经营、勤勉尽责，坚持客户利益至上原则，并遵守下列基本要求：

（一）充分了解客户的基本信息、财务状况、投资经验、投资目标、风险偏好、诚信记录等信息并及时更新。

（二）合理划分客户类别和产品、服务风险等级，确保将适当的产品、服务提供给适合的客户，不得欺诈客户。

（三）持续督促客户规范证券发行行为，动态监控客户交易活动，及时报告、依法处置重大异常行为，不得为客户违规从事证券发行、交易活动提供便利。

（四）严格规范工作人员执业行为，督促工作人员勤勉尽责，防范其利用职务便利从事违法违规、超越权限或者其他损害客户合法权益的行为。

（五）有效管理内幕信息和未公开信息，防范公司及其工作人员利用该信息买卖证券、建议他人买卖证券，或者泄露该信息。

（六）及时识别、妥善处理公司与客户之间、不同客户之间、公司不同业务之间的利益冲突，切实维护客户利益，公平对待客户。

（七）依法履行关联交易审议程序和信息披露义务，保证关联交易的公允性，防止不正当关联交易和利益输送。

（八）审慎评估公司经营管理行为对证券市场的影响，采取有效措施，防止扰乱市场秩序。

第七条 证券基金经营机构董事会决定本公司的合规管理目标，对合规管理的有效性承担责任，履行下列合规管理职责：

（一）审议批准合规管理的基本制度；

（二）审议批准年度合规报告；

（三）决定解聘对发生重大合规风险负有主要责任或者领导责任的高级管理人员；

（四）决定聘任、解聘、考核合规负责人，决定其薪酬待遇；

（五）建立与合规负责人的直接沟通机制；

（六）评估合规管理有效性，督促解决合规管理中存在的问题；

（七）公司章程规定的其他合规管理职责。

第 八 条 证券基金经营机构的监事会或者监事履行下列合规管理职责：

（一）对董事、高级管理人员履行合规管理职责的情况进行监督；

（二）对发生重大合规风险负有主要责任或者领导责任的董事、高级管理人员提出罢免的建议；

（三）公司章程规定的其他合规管理职责。

第 九 条 证券基金经营机构的高级管理人员负责落实合规管理目标，对合规运营承担责任，履行下列合规管理职责：

（一）建立健全合规管理组织架构，遵守合规管理程序，配备充足、适当的合规管理人员，并为其履行职责提供充分的人力、物力、财力、技术支持和保障；

（二）发现违法违规行为及时报告、整改，落实责任追究；

（三）公司章程规定或者董事会确定的其他合规管理职责。

第 十 条 证券基金经营机构各部门、各分支机构和各层级子公司（以下统称下属各单位）负责人负责落实本单位的合规管理目标，对本单位合规运营承担责任。

证券基金经营机构全体工作人员应当遵守与其执业行为有关的法律、法规和准则，主动识别、控制其执业行为的合规风险，并对其执业行为的合规性承担责任。

下属各单位及工作人员发现违法违规行为或者合规风险隐患时，应当主动及时向合规负责人报告。

第十一条 证券基金经营机构设合规负责人。合规负责人是高级管理人员，直接向董事会负责，对本公司及其工作人员的经营管理和执业行为的合规性进行审查、监督和检查。

合规负责人不得兼任与合规管理职责相冲突的职务，不得负责管理与合规管理职责相冲突的部门。

证券基金经营机构的章程应当对合规负责人的职责、任免条件和程序等作出规定。

第十二条 证券基金经营机构合规负责人应当组织拟定合规管理的基本制度和其他合规管理制度，督导下属各单位实施。

合规管理的基本制度应当明确合规管理的目标、基本原则、机构设置及其职责，违法违规行为及合规风险隐患的报告、处理和责任追究等内容。

法律法规和准则发生变动的，合规负责人应当及时建议董事会或高级管理人员并督导有关部门，评估其对合规管理的影响，修改、完善有关制度和业务流程。

第十三条 合规负责人应当对证券基金经营机构内部规章制度、重大决策、新产品和新业务方案等进行合规审查，并出具书面合规审查意见。

中国证监会及其派出机构、自律组织要求对证券基金经营机构报送的申请材料或报告进行合规审查的，合规负责人应当审查，并在该申请材料或报告上签署合规审查意见。其他相关高级管理人员等人员应当对申请材料或报告中基本事实和业务数据的真实性、准确性及完整性负责。

证券基金经营机构不采纳合规负责人的合规审查意见的，应当将有关事项提交董事会决定。

第十四条 合规负责人应当按照中国证监会及其派出机构的要求和公司规定，对证券基金经营机构及其工作人员经营管理和执业行为的合规性进行监督检查。

合规负责人应当协助董事会和高级管理人员建立和执行信息隔离墙、利益冲突管理和反洗钱制度，按照公司规定为高级管理人员、下属各单位提供合规咨询、组织合规培训，指导和督促公司有关部门处理涉及公司和工作人员违法违规行为的投诉和举报。

第十五条 合规负责人应当按照公司规定，向董事会、经营管理主要负责人报告证券基金经营机构经营管理合法合规情况和合规管理工作开展情况。

合规负责人发现证券基金经营机构存在违法违规行为或合规风险隐患的，应当依照公司章程规定及时向董事会、经营管理主要负责人报告，提出处理意见，并督促整改。合规负责人应当同时督促公司及时向中国证监会相关派出机构报告；公司未及时报告的，应当直接向中国证监会相关派出机构报告；有关行为违反行业规范和自律规则的，还应当向有关自律组织报告。

第十六条 合规负责人应当及时处理中国证监会及其派出机构和自律组织要求调查的事项,配合中国证监会及其派出机构和自律组织对证券基金经营机构的检查和调查,跟踪和评估监管意见和监管要求的落实情况。

第十七条 合规负责人应当将出具的合规审查意见、提供的合规咨询意见、签署的公司文件、合规检查工作底稿等与履行职责有关的文件、资料存档备查,并对履行职责的情况作出记录。

第三章 合规管理保障

第十八条 合规负责人应当通晓相关法律法规和准则,诚实守信,熟悉证券、基金业务,具有胜任合规管理工作需要的专业知识和技能,并具备下列任职条件:

(一)从事证券、基金工作10年以上,并且通过中国证券业协会或中国证券投资基金业协会组织的合规管理人员胜任能力考试;或者从事证券、基金工作5年以上,并且通过法律职业资格考试;或者在证券监管机构、证券基金业自律组织任职5年以上;

(二)最近3年未被金融监管机构实施行政处罚或采取重大行政监管措施;

(三)中国证监会规定的其他条件。

第十九条 证券基金经营机构聘任合规负责人,应当向中国证监会相关派出机构报送人员简历及有关证明材料。证券公司合规负责人应当经中国证监会相关派出机构认可后方可任职。

合规负责人任期届满前,证券基金经营机构解聘的,应当有正当理由,并在有关董事会会议召开10个工作日前将解聘理由书面报告中国证监会相关派出机构。

前款所称正当理由,包括合规负责人本人申请,或被中国证监会及其派出机构责令更换,或确有证据证明其无法正常履职、未能勤勉尽责等情形。

第二十条 合规负责人不能履行职务或缺位时,应当由证券基金经营机构董事长或经营管理主要负责人代行其职务,并自决定之日起3个工作日内向中国证监会相关派出机构书面报告,代行职务的时间不得超过6个月。

合规负责人提出辞职的,应当提前1个月向公司董事会提出申请,并向中国证监会相关派出机构报告。在辞职申请获得批准之前,合规负责人不得自行停止履行职责。

合规负责人缺位的,公司应当在6个月内聘请符合本办法第十八条规定的人员担任合规负责人。

第二十一条　证券基金经营机构应当设立合规部门。合规部门对合规负责人负责,按照公司规定和合规负责人的安排履行合规管理职责。合规部门不得承担与合规管理相冲突的其他职责。

证券基金经营机构应当明确合规部门与其他内部控制部门之间的职责分工,建立内部控制部门协调互动的工作机制。

第二十二条　证券基金经营机构应当为合规部门配备足够的、具备与履行合规管理职责相适应的专业知识和技能的合规管理人员。合规部门中具备3年以上证券、金融、法律、会计、信息技术等有关领域工作经历的合规管理人员数量不得低于公司总部人数的一定比例,具体比例由协会规定。

第二十三条　证券基金经营机构各业务部门、各分支机构应当配备符合本办法第二十二条规定的合规管理人员。

合规管理人员可以兼任与合规管理职责不相冲突的职务。合规风险管控难度较大的部门和分支机构应当配备专职合规管理人员。

第二十四条　证券基金经营机构应当将各层级子公司的合规管理纳入统一体系,明确子公司向母公司报告的合规管理事项,对子公司的合规管理制度进行审查,对子公司经营管理行为的合规性进行监督和检查,确保子公司合规管理工作符合母公司的要求。

从事另类投资、私募基金管理、基金销售等活动的子公司,应当由证券基金经营机构选派人员作为子公司高级管理人员负责合规管理工作,并由合规负责人考核和管理。

第二十五条　证券基金经营机构应当保障合规负责人和合规管理人员充分履行职责所需的知情权和调查权。

证券基金经营机构召开董事会会议、经营决策会议等重要会议以及合规负责人要求参加或者列席的会议的,应当提前通知合规负责人。合规负责人有权根据履职需要参加或列席有关会议,查阅、复制有关文件、资料。

合规负责人根据履行职责需要,有权要求证券基金经营机构有关人员对相关事项作出说明,向为公司提供审计、法律等中介服务的机构了解情况。

合规负责人认为必要时，可以证券基金经营机构名义直接聘请外部专业机构或人员协助其工作，费用由公司承担。

第二十六条　证券基金经营机构应当保障合规负责人和合规管理人员的独立性。

证券基金经营机构的股东、董事和高级管理人员不得违反规定的职责和程序，直接向合规负责人下达指令或者干涉其工作。

证券基金经营机构的董事、监事、高级管理人员和下属各单位应当支持和配合合规负责人、合规部门及本单位合规管理人员的工作，不得以任何理由限制、阻挠合规负责人、合规部门和合规管理人员履行职责。

第二十七条　合规部门及专职合规管理人员由合规负责人考核。对兼职合规管理人员进行考核时，合规负责人所占权重应当超过50%。证券基金经营机构应当制定合规负责人、合规部门及专职合规管理人员的考核管理制度，不得采取其他部门评价、以业务部门的经营业绩为依据等不利于合规独立性的考核方式。

证券基金经营机构董事会对合规负责人进行年度考核时，应当就其履行职责情况及考核意见书面征求中国证监会相关派出机构的意见，中国证监会相关派出机构可以根据掌握的情况建议董事会调整考核结果。

证券基金经营机构对高级管理人员和下属各单位的考核应当包括合规负责人对其合规管理有效性、经营管理和执业行为合规性的专项考核内容。合规性专项考核占总考核结果的比例不得低于协会的规定。

第二十八条　证券基金经营机构应当制定合规负责人与合规管理人员的薪酬管理制度。合规负责人工作称职的，其年度薪酬收入总额在公司高级管理人员年度薪酬收入总额中的排名不得低于中位数；合规管理人员工作称职的，其年度薪酬收入总额不得低于公司同级别人员的平均水平。

第二十九条　中国证监会及其派出机构和自律组织支持证券基金经营机构合规负责人依法开展工作，组织行业合规培训和交流，并督促证券基金经营机构为合规负责人提供充足的履职保障。

第四章　监督管理与法律责任

第三十条　证券基金经营机构应当在报送年度报告的同时向中国证监会相关派出机构报送年度合规报告。年度合规报告包括下列内容：

（一）证券基金经营机构和各层级子公司合规管理的基本情况；

（二）合规负责人履行职责情况；

（三）违法违规行为、合规风险隐患的发现及整改情况；

（四）合规管理有效性的评估及整改情况；

（五）中国证监会及其派出机构要求或证券基金经营机构认为需要报告的其他内容。

证券基金经营机构的董事、高级管理人员应当对年度合规报告签署确认意见，保证报告的内容真实、准确、完整；对报告内容有异议的，应当注明意见和理由。

第三十一条 证券基金经营机构应当组织内部有关机构和部门或者委托具有专业资质的外部专业机构对公司合规管理的有效性进行评估，及时解决合规管理中存在的问题。对合规管理有效性的全面评估，每年不得少于1次。委托具有专业资质的外部专业机构进行的全面评估，每3年至少进行1次。

中国证监会及其派出机构发现证券基金经营机构存在违法违规行为或重大合规风险隐患的，可以要求证券基金经营机构委托指定的具有专业资质的外部专业机构对公司合规管理的有效性进行评估，并督促其整改。

第三十二条 证券基金经营机构违反本办法规定的，中国证监会可以采取出具警示函、责令定期报告、责令改正、监管谈话等行政监管措施；对直接负责的董事、监事、高级管理人员和其他责任人员，可以采取出具警示函、责令参加培训、责令改正、监管谈话、认定为不适当人选等行政监管措施。

证券基金经营机构违反本办法规定导致公司出现治理结构不健全、内部控制不完善等情形的，对证券基金经营机构及其直接负责的董事、监事、高级管理人员和其他直接责任人员，依照《中华人民共和国证券投资基金法》第二十四条、《证券公司监督管理条例》第七十条采取行政监管措施。

第三十三条 合规负责人违反本办法规定的，中国证监会可以采取出具警示函、责令参加培训、责令改正、监管谈话、认定为不适当人选等行政监管措施。

第三十四条 证券基金经营机构的董事、监事、高级管理人员未能勤勉尽责，致使公司存在重大违法违规行为或者重大合规风险的，依照《中华人民共和国证券法》第一百五十二条、《中华人民共和国证券投资基金法》第二十五条采取行政监管措施。

第三十五条 证券基金经营机构违反本办法第十八条、第十九条、第二十条、第二十一条、第二十二条、第二十三条、第二十四条、第二十五条、第二十六条、第二十七条、第二十八条规定，情节严重的，对证券基金经营机构及其直接负责的董事、监事、高级管理人员和其他直接责任人员，处以警告、3 万元以下罚款。

合规负责人未按照本办法第十五条第二款的规定及时向中国证监会相关派出机构报告重大违法违规行为的，处以警告、3 万元以下罚款。

第三十六条 证券基金经营机构通过有效的合规管理，主动发现违法违规行为或合规风险隐患，积极妥善处理，落实责任追究，完善内部控制制度和业务流程并及时向中国证监会或其派出机构报告的，依法从轻、减轻处理；情节轻微并及时纠正违法违规行为或避免合规风险，没有造成危害后果的，不予追究责任。

对于证券基金经营机构的违法违规行为，合规负责人已经按照本办法的规定尽职履行审查、监督、检查和报告职责的，不予追究责任。

第五章 附 则

第三十七条 本办法下列用语的含义：

（一）合规负责人，包括证券公司的合规总监和证券投资基金管理公司的督察长。

（二）中国证监会相关派出机构，包括证券公司住所地的中国证监会派出机构和证券投资基金管理公司住所地或者经营所在地的中国证监会派出机构。

第三十八条 中国证监会根据审慎监管的原则，可以提高对行业重要性证券基金经营机构的合规管理要求，并可以采取增加现场检查频率、强化合规负责人任职监管、委托外部专业机构协助开展工作等方式加强合规监管。

前款所称行业重要性证券基金经营机构，是指中国证监会认定的，公司内部经营活动可能导致证券基金行业、证券市场产生重大风险的证券基金经营机构。

第三十九条 开展公开募集证券投资基金管理业务的保险资产管理机构、私募资产管理机构等，参照本办法执行。

第四十条 本办法自 2017 年 10 月 1 日起施行。《证券投资基金管理公司督察长管理规定》（证监基金字〔2006〕85 号）、《证券公司合规管理试行规定》（证监会公告〔2008〕30 号）同时废止。

上市公司类

上市公司股东、董监高减持股份的若干规定

(2017年5月26日　证监会公告〔2017〕9号)

第一条　为了规范上市公司股东及董事、监事、高级管理人员(以下简称董监高)减持股份行为,促进证券市场长期稳定健康发展,根据《公司法》《证券法》的有关规定,制定本规定。

第二条　上市公司控股股东和持股5%以上股东(以下统称大股东)、董监高减持股份,以及股东减持其持有的公司首次公开发行前发行的股份、上市公司非公开发行的股份,适用本规定。

大股东减持其通过证券交易所集中竞价交易买入的上市公司股份,不适用本规定。

第三条　上市公司股东、董监高应当遵守《公司法》《证券法》和有关法律、法规,中国证监会规章、规范性文件,以及证券交易所规则中关于股份转让的限制性规定。

上市公司股东、董监高曾就限制股份转让作出承诺的,应当严格遵守。

第四条　上市公司股东、董监高可以通过证券交易所的证券交易卖出,也可以通过协议转让及法律、法规允许的其他方式减持股份。

因司法强制执行、执行股权质押协议、赠与、可交换债换股、股票权益互换等减持股份的,应当按照本规定办理。

第五条　上市公司股东、董监高减持股份,应当按照法律、法规和本规定,以及证券交易所规则,真实、准确、完整、及时履行信息披露义务。

第六条　具有下列情形之一的,上市公司大股东不得减持股份:

(一)上市公司或者大股东因涉嫌证券期货违法犯罪,在被中国证监会立案调查或者被司法机关立案侦查期间,以及在行政处罚决定、刑事判决作出之后未满6个月的。

（二）大股东因违反证券交易所规则，被证券交易所公开谴责未满3个月的。

（三）中国证监会规定的其他情形。

第七条 具有下列情形之一的，上市公司董监高不得减持股份：

（一）董监高因涉嫌证券期货违法犯罪，在被中国证监会立案调查或者被司法机关立案侦查期间，以及在行政处罚决定、刑事判决作出之后未满6个月的。

（二）董监高因违反证券交易所规则，被证券交易所公开谴责未满3个月的。

（三）中国证监会规定的其他情形。

第八条 上市公司大股东、董监高计划通过证券交易所集中竞价交易减持股份，应当在首次卖出的15个交易日前向证券交易所报告并预先披露减持计划，由证券交易所予以备案。

上市公司大股东、董监高减持计划的内容应当包括但不限于：拟减持股份的数量、来源、减持时间区间、方式、价格区间、减持原因。减持时间区间应当符合证券交易所的规定。

在预先披露的减持时间区间内，大股东、董监高应当按照证券交易所的规定披露减持进展情况。减持计划实施完毕后，大股东、董监高应当在两个交易日内向证券交易所报告，并予公告；在预先披露的减持时间区间内，未实施减持或者减持计划未实施完毕的，应当在减持时间区间届满后的两个交易日内向证券交易所报告，并予公告。

第九条 上市公司大股东在3个月内通过证券交易所集中竞价交易减持股份的总数，不得超过公司股份总数的1%。

股东通过证券交易所集中竞价交易减持其持有的公司首次公开发行前发行的股份、上市公司非公开发行的股份，应当符合前款规定的比例限制。

股东持有上市公司非公开发行的股份，在股份限售期届满后12个月内通过集中竞价交易减持的数量，还应当符合证券交易所规定的比例限制。

适用前三款规定时，上市公司大股东与其一致行动人所持有的股份应当合并计算。

第十条 通过协议转让方式减持股份并导致股份出让方不再具有上市公司大股东身份的，股份出让方、受让方应当在减持后6个月内继续遵守本规定第八条、第九条第一款的规定。

股东通过协议转让方式减持其持有的公司首次公开发行前发行的股份、上市公司非公开发行的股份,股份出让方、受让方应当在减持后6个月内继续遵守本规定第九条第二款的规定。

第十一条 上市公司大股东通过大宗交易方式减持股份,或者股东通过大宗交易方式减持其持有的公司首次公开发行前发行的股份、上市公司非公开发行的股份,股份出让方、受让方应当遵守证券交易所关于减持数量、持有时间等规定。

适用前款规定时,上市公司大股东与其一致行动人所持有的股份应当合并计算。

第十二条 上市公司大股东的股权被质押的,该股东应当在该事实发生之日起2日内通知上市公司,并予公告。

中国证券登记结算公司应当统一制定上市公司大股东场内场外股权质押登记要素标准,并负责采集相关信息。证券交易所应当明确上市公司大股东办理股权质押登记、发生平仓风险、解除股权质押等信息披露内容。

因执行股权质押协议导致上市公司大股东股份被出售的,应当执行本规定。

第十三条 上市公司股东、董监高未按照本规定和证券交易所规则减持股份的,证券交易所应当视情节采取书面警示等监管措施和通报批评、公开谴责等纪律处分措施;情节严重的,证券交易所应当通过限制交易的处置措施禁止相关证券账户6个月内或12个月内减持股份。

证券交易所为防止市场发生重大波动,影响市场交易秩序或者损害投资者利益,防范市场风险,有序引导减持,可以根据市场情况,依照法律和交易规则,对构成异常交易的行为采取限制交易等措施。

第十四条 上市公司股东、董监高未按照本规定和证券交易所规则减持股份的,中国证监会依照有关规定采取责令改正等监管措施。

第十五条 上市公司股东、董监高未按照本规定和证券交易所规则披露信息,或者所披露的信息存在虚假记载、误导性陈述或者重大遗漏的,中国证监会依照《证券法》第一百九十三条的规定给予行政处罚。

第十六条 上市公司股东、董监高减持股份超过法律、法规、中国证监会规章和规范性文件、证券交易所规则设定的比例的,依法予以查处。

第十七条 上市公司股东、董监高未按照本规定和证券交易所规则减持股份,构成欺诈、内幕交易和操纵市场的,依法予以查处。

第十八条 上市公司股东、董监高违反本规定和证券交易所规则减持股份，情节严重的，中国证监会可以依法采取证券市场禁入措施。

第十九条 本规定自公布之日起施行。《上市公司大股东、董监高减持股份的若干规定》（证监会公告〔2016〕1 号）同时废止。

基　　金

关于避险策略基金的指导意见

（2017年1月24日　证监会公告〔2017〕3号）

为推动避险策略基金的平稳健康发展，保护基金份额持有人合法权益，根据《证券投资基金法》《合同法》《公开募集证券投资基金运作管理办法》等相关规定，制定本指导意见。

一、本指导意见所称避险策略基金，是指通过一定的避险投资策略进行运作，同时引入相关保障机制，以在避险策略周期到期时，力求避免基金份额持有人投资本金出现亏损的公开募集证券投资基金。

前款所指相关保障机制包括：

（一）基金管理人与符合条件的保障义务人签订风险买断合同，约定由基金管理人向保障义务人支付费用，保障义务人在避险策略基金到期出现基金份额净值低于基金合同约定的投资本金情形时，负责向基金份额持有人补足差额。基金管理人不对基金份额持有人承担差额补足责任，保障义务人在向基金份额持有人补足差额后，无权利向基金管理人追偿。

（二）经中国证监会认可的其他保障机制。

二、避险策略基金应当在基金合同、招募说明书等法律文件中约定基金份额持有人投资本金的计算方法。

三、基金管理人应当在基金合同、招募说明书及宣传推介材料中充分揭示避险策略基金的风险，同时说明引入保障机制并不必然确保投资者投资本金的安全，基金份额持有人在极端情况下仍然存在本金损失的风险。

基金管理人应当在基金合同、招募说明书及宣传推介材料中清晰易懂地向基金份额持有人说明相关保障机制的具体安排，并采用举例方式说明可能存在本金损失的极端情形。

四、避险策略基金在避险策略期间不得开放申购、转换转入。基金管理人应当在基金合同、招募说明书以及募集宣传推介材料中明确投资者在避险策略期间赎回、转换转出的基金份额是否可以获得差额补足保障,并对可能发生的损失进行特别风险揭示。

五、避险策略基金的基金合同、招募说明书中应当采用举例或其他形式简明扼要、清晰易懂地向基金份额持有人说明该基金的投资策略安排。

六、基金管理人应当建立健全风险管理体系,采取有效的风险管理措施,确保避险策略基金管理规模与风险控制水平和投资管理能力相适应,确保避险策略基金的投资策略有效执行。申请募集避险策略基金时,应当在申报材料中对投资策略相关风险控制制度建立及执行情况进行详细说明。

七、基金管理人应每日监控避险策略基金单位累计净值变动。避险策略基金单位累计净值低于避险策略周期到期日基金合同约定的投资本金超过 2% ,或者连续 20 个交易日(建仓期除外)低于避险策略周期到期日基金合同约定的投资本金的,应当及时予以应对,审慎作出后续安排,并自发生之日起 3 日内向中国证监会及相关派出机构报告。

基金管理人应当每 3 个月开展避险策略基金压力测试,压力测试的相关指标和测试规则由中国证券投资基金业协会另行制定。

八、避险策略基金投资于各类金融工具的比例应当与该基金的投资目标、投资策略相匹配。

避险策略基金的投资策略应当符合以下审慎监管要求:

(一)避险策略基金投资于稳健资产不得低于基金资产净值的 80% ,以获取稳定收益,尽力避免到期时投资本金出现亏损。稳健资产应为现金,剩余期限不超过剩余避险策略周期 1 年的银行存款、同业存单、债券回购、国债、地方政府债券、政策性金融债、中央银行票据、信用等级在 AAA(含)以上的债券、信用等级在 AAA(含)以上的非金融企业债务融资工具以及中国证监会认可的其他金融工具。

(二)稳健资产投资组合的平均剩余期限不得超过剩余避险策略周期。

(三)避险策略基金投资于具有基金托管人资格的同一商业银行的银行存款、同业存单占基金资产净值的比例合计不得超过 20% ,投资于不具有基金托管人资格的同一商业银行的银行存款、同业存单占基金资产净值的比例合计不得超过 5% 。

(四)稳健资产以外的资产为风险资产,基金管理人应当建立客观研究方法,审慎建立风险资产投资对象备选库,并采取适度分散的投资策略。

（五）基金管理人应当审慎确定风险资产的投资比例。风险资产中，投资于权益类资产的，投资金额不得超过安全垫3倍，投资于可转换债券、可交换债券以及信用等级在AA+以下的固定收益类资产的，投资金额不得超过安全垫5倍，投资于信用等级AA+（含）以上的固定收益类资产的，投资金额不得超过安全垫10倍。各类风险资产的投资金额除以各自倍数上限，加上买入上市期权支付的权利金，合计金额不得超过安全垫。因市场波动、基金规模变动等基金管理人之外的因素致使稳健资产、风险资产投资比例不符合要求的，基金管理人应当在10个交易日内进行调整。

安全垫是指基金资产净值减去避险策略周期到期日基金合同约定的投资本金的现值后的差额。基金管理人应当参照与剩余避险策略周期同期限利率债的利率确定贴现率。

九、基金管理人为证券公司（含资产管理子公司）的，对于管理的避险策略基金，应当按照合同约定的由保障义务人承担差额补足责任的金额的12.5%计算特定风险资本准备；其他基金管理人已经管理的避险策略基金中，由保障义务人承担差额补足责任的总金额不得超过基金管理人最近一年经审计的净资产的8倍。

十、符合以下审慎监管要求的商业银行、保险公司，可以担任避险策略基金的保障义务人：

（一）注册资本不低于5亿元；

（二）最近1年经审计的净资产不低于20亿元；

（三）为避险策略基金承担差额补足责任的金额和对外提供的担保资产规模合计不超过最近一年经审计的净资产的10倍；

（四）最近3年未受过重大处罚；

（五）中国证监会规定的其他要求。

十一、基金管理人在选择保障义务人时，应当对保障义务人进行审慎调查，科学合理对保障义务人进行信用评价。

十二、基金管理人在与保障义务人签订风险买断合同后，不得通过任何直接或间接方式作出由基金管理人承担差额补足责任的安排。

十三、风险买断合同应当作为避险策略基金的基金合同、招募说明书的附件，并随基金合同、招募说明书一同公告。

避险策略基金的基金合同、招募说明书应当约定，投资者购买基金份额的行为视为同意风险买断合同的约定。

十四、基金管理人与保障义务人签订风险买断合同的,避险策略基金到期出现基金份额净值低于基金合同约定的投资本金情形时,基金管理人可以代表基金份额持有人要求保障义务人履行差额补足责任。

十五、避险策略基金应当在基金合同、招募说明书中约定下列情形的处理方法:

(一)避险策略期间内,更换保障义务人的;

(二)避险策略期间内,保障义务人出现足以影响其差额补足能力的情形的;

(三)避险策略周期内,保障义务人出现不符合第十条规定的审慎监管要求的。

十六、风险买断合同中应当明确保障义务人应在第十五条第(二)、(三)款所列情形发生之日起 3 个工作日内,通知基金管理人和基金托管人。

基金管理人应当在得知本条前款所指情形之日起 3 个工作日内,按照基金合同的约定提出处理办法,并履行信息披露义务和报告义务。

十七、风险买断合同包括但不限于以下内容:

(一)为避险策略基金承担差额补足责任的总金额;

(二)承担差额补足责任的期间;

(三)承担差额补足责任的范围;

(四)风险买断费用的费率及支付方式;

(五)基金份额持有人要求补足差额的程序和方式;

(六)保障义务人在向基金份额持有人补足差额后,无权利向基金管理人追偿。

十八、避险策略基金的基金合同、招募说明书应当用单独的章节说明避险策略基金保障机制的相关内容,包括但不限于:

(一)保障义务人的名称、住所、营业范围等基本情况;

(二)保障义务人符合第十条规定的审慎监管要求的情况;

(三)风险买断合同的主要内容;

(四)风险买断费用的费率和支付方式;

(五)适用差额补足的情形和不适用差额补足的情形;

(六)避险策略基金到期的处理方案;

(七)保障义务人免除差额补足责任的情形;

(八)更换保障义务人的程序。

风险买断合同中对基金份额持有人利益有重大影响而未在基金合

同、招募说明书中进行披露的条款,对基金份额持有人没有法律约束力;但是,基金份额持有人可以主张此类条款对基金管理人、保障义务人具有法律约束力。

十九、基金管理人应当在避险策略基金的基金合同中约定避险策略周期到期后的处理方案,转入下一个避险策略周期的,应当在基金合同中明确约定转入下一个避险策略周期的条件以及如何转入下一个避险策略周期。

避险策略基金到期后,符合合同约定的条件并转入下一个避险策略周期的,基金份额净值应当重新调整至1.00元。

避险策略周期到期后,转为其他类型基金的,应当在基金合同中明确约定拟转换的其他类型基金的名称、费率、投资目标、投资范围、投资策略等区别于原避险策略基金的要素。

二十、除避险策略基金外,其他基金不得在基金合同、招募说明书等法律文件以及宣传推介材料中明示或采取谐音、联想等方式暗示可以对本金进行差额补足。

二十一、基金管理人申请注册避险策略基金,应当符合本指导意见要求。

本指导意见施行前已经成立的保本基金,按以下要求执行:

(一)不符合本指导意见第一条有关规定的,仍按基金合同的约定进行运作。但在保本周期到期后,应当按照本指导意见的要求对基金合同、招募说明书等文件进行修订,并履行相应程序,变更注册为避险策略基金;不按照本指导意见的要求进行修订的,应当转为其他类型的基金或予以清算。

(二)不符合本指导意见第八条第二款第(一)项的,不得增持不符合规定的资产;不符合本指导意见第八条第二款第(二)项的,不得增加稳健资产投资组合剩余期限;不符合本指导意见第八条第二款第(三)项的,不得增持不符合规定的银行存款、同业存单;不符合本指导意见第八条第二款第(五)项的,不得调高安全垫放大倍数上限。不符合上述条款的,在保本周期到期后,应当按照本指导意见的要求对基金合同、招募说明书等文件进行修订,并履行相应程序,变更注册为避险策略基金;不按照本指导意见的要求进行修订的,应当转为其他类型的基金或予以清算。

(三)不符合本指导意见第九条的,仍按基金合同的约定进行运作。但在保本周期到期后,应当符合本指导意见要求;不符合本指导意见要求的,应当转为其他类型的基金或予以清算。

（四）不符合本指导意见第十条的，仍按基金合同的约定进行运作。但在保本周期到期后，应当按照本指导意见的要求对基金合同、招募说明书等文件进行修订，并履行相应程序；不按照本指导意见的要求进行修订的，应当转为其他类型的基金或予以清算。

（五）不符合本指导意见第六条、第七条要求的，应当自本指导意见施行之日起参照执行。

本指导意见施行前已注册但尚未募集的保本基金，原合同内容不符合本指导意见的，应当在募集前修改并履行相应程序变更注册。

二十二、本指导意见第八条关于信用等级、剩余期限的确定，应当参照《关于实施〈货币市场基金监督管理办法〉有关问题的规定》（证监会公告〔2015〕30号）。

二十三、本指导意见自公布之日起施行。《关于保本基金的指导意见》（证监会公告〔2010〕30号）同时废止。

期　　货

期货公司风险监管指标管理办法

（2017年4月18日　证监会令第131号）

第一章　总　　则

第 一 条　为了加强期货公司监督管理，促进期货公司加强内部控制、防范风险、稳健发展，根据《期货交易管理条例》，制定本办法。

第 二 条　期货公司应当按照中国证券监督管理委员会（以下简称中国证监会）的有关规定计算风险监管指标。

第 三 条　中国证监会可以根据审慎监管原则，结合期货市场与期货行业发展状况，在征求行业意见基础上对期货公司风险监管指标标准及计算要求进行动态调整，并为调整事项的实施作出过渡性安排。

第 四 条　期货公司应当建立与风险监管指标相适应的内部控制制度及风险管理制度，建立动态的风险监控和资本补充机制，确保净资本等风险监管指标持续符合标准。

第 五 条　期货公司应当及时根据监管要求、市场变化及业务发展情况对公司风险监管指标进行压力测试。

压力测试结果显示潜在风险超过期货公司承受能力的，期货公司应当采取有效措施，及时补充资本或控制业务规模，将风险控制在可承受范围内。

第 六 条　期货公司应当聘请具备证券、期货相关业务资格的会计师事务所对期货公司年度风险监管报表进行审计。

会计师事务所及其注册会计师应当勤勉尽责，对出具报告所依据的文件资料内容的真实性、准确性和完整性进行核查和验证，并对出具审计报告的合法性和真实性负责。

第 七 条　中国证监会及其派出机构按照法律、行政法规及本办法的规定，对期货公司风险监管指标是否符合标准，期货公司编制、报送风险监管报表相关活动实施监督管理。

第二章　风险监管指标标准及计算要求

第 八 条　期货公司应当持续符合以下风险监管指标标准：

（一）净资本不得低于人民币 3000 万元；

（二）净资本与公司风险资本准备的比例不得低于 100%；

（三）净资本与净资产的比例不得低于 20%；

（四）流动资产与流动负债的比例不得低于 100%；

（五）负债与净资产的比例不得高于 150%；

（六）规定的最低限额结算准备金要求。

第 九 条　中国证监会对风险监管指标设置预警标准。规定“不得低于”一定标准的风险监管指标，其预警标准是规定标准的 120%，规定“不得高于”一定标准的风险监管指标，其预警标准是规定标准的 80%。

最低限额结算准备金不设预警标准。

第 十 条　期货公司净资本是在净资产基础上，按照变现能力对资产负债项目及其他项目进行风险调整后得出的综合性风险监管指标。

净资本的计算公式为：净资本 = 净资产 − 资产调整值 + 负债调整值 −/+ 其他调整项。

第十一条　期货公司风险资本准备是指期货公司在开展各项业务过程中，为应对可能发生的风险损失所需要的资本。

第十二条　最低限额结算准备金是指期货公司按照交易所及登记结算机构的有关要求以自有资金缴存用于履约担保的最低金额。

第十三条　期货公司计算净资本时，应当按照企业会计准则的规定充分计提资产减值准备、确认预计负债。

中国证监会派出机构可以要求期货公司对资产减值准备计提的充足性和合理性、预计负债确认的完整性进行专项说明，并要求期货公司聘请具有证券、期货业务资格的会计师事务所出具鉴证意见；有证据表明期货公司未能充分计提资产减值准备或未能准确确认预计负债的，中国证监会派出机构应当要求期货公司相应核减净资本金额。

第十四条　期货公司应当根据期末未决诉讼、未决仲裁等或有事项的性质、涉及金额、形成原因、进展情况、可能发生的损失和预计损失进行会计处理，在计算净资本时按照一定比例扣减，并在风险监管报表附注中予以说明。

第十五条 期货公司借入次级债务、向股东或者其关联企业借入具有次级债务性质的长期借款以及其他清偿顺序在普通债之后的债务，可以按照规定计入净资本。

期货公司应当在相关事项完成后5个工作日内向住所地中国证监会派出机构报告。

期货公司不得互相持有次级债务。

第十六条 中国证监会及其派出机构认为期货公司开展某项业务存在未预期风险特征的，可以根据潜在风险状况确定所需资本规模，并要求期货公司补充计提风险资本准备。

第三章 编制和披露

第十七条 期货公司应当按照中国证监会规定的方式编制并报送风险监管报表。中国证监会可以根据监管需要及行业发展情况调整风险监管报表的编制及报送要求。

中国证监会派出机构可以根据审慎监管原则，要求期货公司不定期编制并报送风险监管报表，或要求期货公司在一段时期内提高风险监管报表的报送频率。

第十八条 期货公司法定代表人、经营管理主要负责人、首席风险官、财务负责人应当在风险监管报表上签字确认，并应当保证其真实、准确、完整。上述人员对风险监管报表内容持有异议的，应当书面说明意见和理由，向期货公司住所地中国证监会派出机构报告。

第十九条 期货公司应当保留书面月度及年度风险监管报表，法定代表人、经营管理主要负责人、首席风险官、财务负责人等责任人员应当在书面报表上签字，并加盖公司印章。风险监管报表的保存期限应当不少于5年。

第二十条 期货公司应当每半年向公司董事会提交书面报告，说明各项风险监管指标的具体情况，该报告应当经期货公司法定代表人签字确认。该报告经董事会审议通过后，应当向期货公司全体股东提交或进行信息披露。

第二十一条 净资本与风险资本准备的比例与上月相比向不利方向变动超过20%的，期货公司应当向公司住所地中国证监会派出机构提交书面报告，说明原因，并在5个工作日内向全体董事提交书面报告。

第二十二条 期货公司风险监管指标达到预警标准的，期货公司应当于当日向全体董事提交书面报告，详细说明原因、对期货公司的影响、解决问题的具体措施和期限，书面报告应当同时抄送期货公司住所地中国证监会派出机构。

期货公司风险监管指标不符合规定标准的，期货公司除履行上述程序外，还应当及时向全体股东报告或进行信息披露。

第四章　监 督 管 理

第二十三条　中国证监会派出机构应当对期货公司风险监管指标的计算过程及计算结果的真实性、准确性、完整性进行定期或者不定期检查。

中国证监会派出机构可以根据监管需要，要求期货公司聘请具有证券、期货相关业务资格的会计师事务所对其风险监管报表进行专项审计。

第二十四条　期货公司的风险监管报表被相关会计师事务所出具了保留意见、带强调事项段或其他事项段无保留意见的，期货公司应当自审计意见出具的5个工作日内就涉及事项对风险监管指标的影响进行专项说明，并向住所地中国证监会派出机构进行书面报告。中国证监会派出机构可以视情况要求期货公司限期改正并重新编制风险监管报表；期货公司未限期改正的，中国证监会派出机构可以认定其风险监管指标不符合规定标准。

期货公司的风险监管报表被相关会计师事务所出具了无法表示意见或者否定意见的，中国证监会派出机构可以认定其风险监管指标不符合规定标准。

第二十五条　期货公司未按期报送风险监管报表或者报送的风险监管报表存在虚假记载、误导性陈述、重大遗漏的，中国证监会派出机构应当要求期货公司限期报送或者补充更正。

期货公司未在限期内报送或者补充更正的，公司住所地中国证监会派出机构应当进行现场检查；发现期货公司违反企业会计准则和本办法有关规定的，可以认定其风险监管指标不符合规定标准。

第二十六条　期货公司报送的风险监管报表存在漏报、错报，影响中国证监会及其派出机构对期货公司风险状况判断的，中国证监会派出机构应当要求期货公司立即报送更正的风险监管报表，并可以视情况采取出具警示函、监管谈话等监管措施。

第二十七条　期货公司风险监管指标达到预警标准的，进入风险预

警期。风险预警期内,中国证监会派出机构可视情况采取以下措施:

(一)要求期货公司制定风险监管指标改善方案并定期对监管指标的改善情况进行书面报告;

(二)要求期货公司进行重大业务决策时,应当至少提前5个工作日向住所地中国证监会派出机构报送临时报告,说明有关业务对风险监管指标的影响;

(三)要求期货公司增加内部合规检查的频率,并提交合规检查报告。

期货公司未能有效履行相关要求的,中国证监会派出机构可以视情况采取出具警示函、监管谈话等监管措施。

第二十八条 期货公司风险监管指标优于预警标准并连续保持3个月的,风险预警期结束。

第二十九条 期货公司风险监管指标不符合规定标准的,中国证监会派出机构应当在知晓相关情况后2个工作日内对期货公司不符合规定标准的情况和原因进行核实,视情况对期货公司及其董事、监事和高级管理人员采取谈话、提示、记入信用记录等监管措施,并责令期货公司限期整改,整改期限不得超过20个工作日。

第三十条 经过整改,期货公司风险监管指标符合规定标准的,应当向住所地中国证监会派出机构报告,中国证监会派出机构应当进行验收。

期货公司风险监管指标符合规定标准的,中国证监会派出机构应当自验收合格之日起3个工作日内解除对期货公司采取的有关措施。

第三十一条 期货公司逾期未改正或者经过整改风险监管指标仍不符合规定标准的,中国证监会及其派出机构可以依据《期货交易管理条例》第五十五条采取监管措施。

第三十二条 期货公司违反本办法规定的,中国证监会及其派出机构可以依据《期货交易管理条例》第六十六条的规定处罚。

第五章 附 则

第三十三条 本办法相关用语含义如下:

(一)风险监管报表是期货公司编制的反映各项风险监管指标计算过程及计算结果的报表。

(二)资产、流动资产是指期货公司的自身资产,不含客户保证金。

(三)负债、流动负债是指期货公司的对外负债,不含客户权益。

（四）重大业务，是指可能导致期货公司风险监管指标发生10%以上变化的业务。

第三十四条 本办法自2017年10月1日起施行。《期货公司风险监管指标管理试行办法》（证监发〔2007〕55号公布、证监会公告〔2013〕12号修订）、《关于期货公司风险资本准备计算标准的规定》（证监会公告〔2013〕13号）同时废止。

关于取消期货公司设立、收购、参股境外期货类经营机构行政审批事项的决定

（2017 年 4 月 17 日　证监会公告〔2017〕7 号）

为贯彻落实《国务院关于修改部分行政法规的决定》（国务院令第 666 号）要求，做好期货公司设立、收购、参股境外期货类经营机构行政审批事项取消后续衔接和管理工作，现将有关事项公告如下：

一、“期货公司设立、收购、参股境外期货类经营机构审批”取消后，由中国证监会统一实施备案管理。

期货公司变更境外期货类经营机构注册资本或股权，适用本公告。

二、期货公司应当按照国家外汇管理局相关规定，办理外汇资金进出相关手续。

三、期货公司设立、收购、参股境外期货类经营机构以及变更境外期货类经营机构注册资本或股权的，应当自获得境外有关监管机构核准文件之日起 5 个工作日内，向中国证监会备案。

四、为统一备案标准，提高备案效率，中国证监会制定了相关备案文件目录（见附件），请期货公司据此执行。

五、期货公司应当按照规定，及时向中国证监会及公司住所地中国证监会派出机构报送境外期货类经营机构有关信息和重大事项。

六、中国证监会及其派出机构将根据审慎监管原则，进一步加强对期货公司有关业务的监督管理，并加大违法违规行为惩处力度。

附件：备案文件目录

附件

备案文件目录

一、期货公司设立、收购、参股境外期货类经营机构，应当提交下列材料：

（一）备案报告，内容至少包括：关于设立、收购、参股或终止境外期货类经营机构的决议文件；合法外汇资金来源的说明；设立、收购或者参股境外期货类经营机构对申请人财务状况影响的说明；境外期货类经营机构的名称、组织形式、管理架构、股权结构图、业务范围和业务发展规划；外派人员情况；申请人与境外期货类经营机构之间防范风险传递和利益冲突的说明。

（二）境外期货类经营机构的章程。

（三）境外有关监管部门核准文件。

（四）拟设立、收购、参股境外机构所在国家或者地区的监管机构已与中国证监会签署监管合作谅解备忘录。

（五）中国证监会要求的其他材料。

二、期货公司拟变更境外期货类经营机构注册资本或股权，应当提交下列材料：

（一）备案报告，内容应至少包括：同意变更的股东会决议或者董事会决议；变更境外期货类经营机构注册资本的原因；变更境外期货类经营机构注册资本的具体方案；出资行为对期货公司风险监管指标的影响；变更后股东结构图；境外期货类经营机构当前财务情况及业务开展情况等。

（二）最近一年经审计的财务报告。

（三）中国证监会要求的其他材料。

期货公司风险监管报表编制与报送指引

（2017年4月18日　证监会公告〔2017〕8号）

一、期货公司风险监管报表包括期货公司净资本计算表、期货公司风险资本准备计算表、期货公司风险监管指标汇总表。

二、期货公司应当以母公司报表数据为基础编制风险监管报表。风险监管报表的数据应当与财务报表和业务报表的相关数据构成严格勾稽关系。

三、期货公司应当严格按照净资本计算表所列项目的含义填列期初、期末金额，各项金融资产期末金额应当与财务报表附表明细数据一致，资产调整项目调整前金额之和应当与财务报表的资产总计相等。

四、期货公司在“其他股票”“其他公募基金”“其他金融资产投资”三项填列数额的，应当在净资本计算表最后一行备注说明投资项目的具体内容。

五、剩余到期期限在5年、3年、2年、1年以上的长期次级债务原则上分别按100%、90%、70%、50%的比例计入净资本。剩余到期期限在1年以内的短期次级债务不得计入净资本。次级债务计入净资本的数额不得超过净资本（不含次级债务累计计入净资本的数额）的30%。

六、期货公司提前偿还长期次级债务后1年之内再次借入新的长期次级债务的，新借入的次级债务应先按照提前偿还的长期次级债务剩余到期期限对应的比例计入净资本；在提前偿还的次级债务合同期限届满后，再按规定比例计入净资本。新借入的长期次级债务数额超出提前偿还的长期次级债务数额的，超出部分的次级债务可按规定比例计入净资本。

七、次级债务附带投资者回售选择权的，期货公司应当以投资者可执行选择权的时间视为次级债务到期期限确定计入净资本的比例。投资者放弃回售选择权对应的次级债务金额，期货公司可继续按照规定比例计入净资本。

八、客户保证金未足额追加的，期货公司应当相应调减净资本和结算准备金。客户保证金在报表报送日之前已足额追加的，期货公司可在报表附注中说明，但不得对报表日净资本和结算准备金的金额进行调增。未足额追加的客户保证金应当按期货交易所规定的保证金标准计算，不包括已经记入“应收风险损失款”科目的客户因穿仓形成的对期货公司的债务。

九、期货公司从事期货期权经纪业务的，应当按客户权益总额的一定比例计算风险资本准备，基准比例为4%；其中从事全面结算业务的期货公司，按其客户权益总额与其代理结算的非结算会员权益或者非结算会员客户权益之和计算风险资本准备。

十、期货公司及子公司按照规定从事资产管理业务，应当按照业务收入一定比例计算操作风险资本准备，并按照定向资产管理业务、非结构化资产管理业务及结构化资产管理业务规模的一定比例计算特定风险资本准备，两者相加计算资产管理业务风险资本准备。资产管理业务收入包括期货公司及子公司向客户收取的管理费及提取的业绩报酬，收入金额以近三个年度平均值为基础计算，业务开展不足三年的以开展至报告期年度平均值为基础计算，业务开展不足一年的以截至报告期累计收入为基础计算。资产管理产品规模按照受托资金余额与净值孰高计算。

十一、资产管理子公司净资本可以抵扣期货公司风险资本准备，但抵扣金额不得超过以子公司资产管理业务数据为基础计算的风险资本准备。期货公司以资产管理子公司的净资本抵扣风险资本准备的，应当向期货公司住所地派出机构提交资产管理子公司财务报表及净资本计算表（参照期货公司）。

十二、不同类别期货公司应当按照最近一期分类评价结果对应的分类计算系数乘以基准比例计算各项业务风险资本准备。系数为：连续三年A类0.7，最近一期分类评价结果为A、B、C、D类分别为0.8、0.9、1、2。最近一期分类评价结果在我会或行业协会网站公布的当月启用新评价结果计算。

十三、期货公司应当于月度终了后的7个工作日内、年度终了后的4个月内通过期货公司监管综合信息系统（FISS）报送月度风险监管报表及经具备证券、期货相关业务资格的会计师事务所审计的年度风险监管报表。

附表：1. 期货公司净资本计算表

2. 期货公司风险资本准备计算表

3. 期货公司风险监管指标汇总表

附件 1

期货公司净资本计算表

编制单位　　　　　　　　　年　　月　　日　　　　　　　　单位:元

项目	行次	期初金额	期末余额	调整比例	调整后金额	
					期初金额	期末金额
净资产	1					
减:金融资产调整合计[1]	2					
1. 股票	3					
上证 180、深证 100、沪深 300 成分股	4			15%		
沪深交易所一般上市股票	5			30%		
全国股份转让系统挂牌的做市转让股票	6			50%		
流通受限的股票[2]	7			80%		
持有股票市值超过股票总市值 5% 的部分	8			80%		
其他股票(在备注中说明)	9			80%		
2. 固定收益证券	10					
国债、中央银行票据、国开债	11			0%		
政策性银行金融债[3]、政府支持机构债券[4]	12			2%		
地方政府债[5]	13			5%		
信用评级 AAA 级的信用债券[6]	14			10%		
信用评级 AAA 级以下、AA 级(含)以上的信用债券	15			15%		
信用评级 AA 级以下、BBB 级(含)以上的信用债券	16			50%		
信用评级 BBB 以下的信用债券	17			80%		
出现违约风险的信用债券	18			100%		
流通受限的信用债券[7]	19			80%		
3. 公开募集证券投资基金	20					

续表

项目	行次	期初金额	期末余额	调整比例	调整后金额	
					期初金额	期末金额
货币基金	21			5%		
债券基金	22			10%		
股票基金、混合基金、权益类 ETF 及分级基金中优先级基金	23			15%		
商品基金(包括黄金 ETF)	24			15%		
分级基金中的非优先级基金	25			30%		
处于封闭期或暂停赎回的开放式基金	26			30%		
其他公募基金(在备注中说明)	27			30%		
4. 定向、集合及信托等资产管理产品[8]	28					
剩余存续期在 7 天以内(含)的封闭型集	29			15%		
合产品或距离最近一次产品开放日 7 天以内(含)的定期开放型集合产品						
剩余存续期在 7 天以上 30 天以内(含)的封闭型集合产品或距离最近一次产品开放日 7 天以上 30 天以内(含)的定期开放型集合产品	30			30%		
剩余存续期在 30 天以上的封闭型集合产品或距离最近一次产品开放日 30 天以上的定期开放型集合产品	31			50%		
集合产品的劣后级份额[9]	32			100%		
定向产品	33			100%		
5. 其他金融资产投资[10](在备注中说明)	34			100%		
减:长期股权投资调整合计	35			100%		
减:应收款项调整合计[11]	36					
1. 应收非关联方款项	37					
账龄一年以内(含一年)	38			10%		
账龄一年以上	39			100%		
2. 应收关联方款项	40			100%		

续表

项目	行次	期初金额	期末余额	调整比例	调整后金额	
					期初金额	期末金额
减:其他资产调整合计	41					
1. 货币资金、应收货币保证金、应收质押担保金、应收结算担保金	42			0%		
2. 沪深交易所或银行间市场债券逆回购	43			2%		
3. 存出保证金	44			10%		
4. 应收利息、股利、佣金	45			10%		
5. 其他[12]	46			100%		
加:负债调整合计	47					
1. 次级债务	48					
剩余到期期限 1 年至 2 年(含 2 年)	49			50%		
剩余到期期限 2 年至 3 年(含 3 年)	50			70%		
剩余到期期限 3 年至 5 年(含 5 年)	51			90%		
剩余到期期限 5 年以上	52			100%		
2. 期货风险准备金	53			100%		
加:经中国证监会认可的其他可调增项目	54					
减:其他调减项	55					
1. 或有负债	56			100%		
2. 所有权受限等无法变现的资产[13]	57			100%		
3. 客户和代理非结算会员未足额追加的保证金	58			100%		
4. 其他调减项目	59					
净资本金额	60					
附:备注说明事项						

注释:

1. 金融资产分类项目中,若投资标的同时符合两个或两个以上标准,应采用最高的比例进行扣减。

2. 流通受限情形包括新股发行但暂未上市流通、股票处于禁售期或被锁定、股票停牌且剩余停牌期超过 1 个月、股票在股转系统协议转让及其他限制股票流动性的情形。

3. 政策性银行金融债指进出口银行、农业发展银行等政策性银行发行的金融债券。

4. 政府支持机构债券指由中央政府支持的公司或金融机构发行并由中央政府提供担保的债券，如中央汇金投资有限公司发行的“汇金债”和中国铁路总公司（原铁道部）发行的“铁道债”。

5. 地方政府债指地方政府作为发行主体发行的债券。

6. 本表所称“信用债券”指在沪深交易所或银行间市场公开交易的公司信用债、资产支持证券、可转换债券、可交换债券等。信用评级以长期信用评级为基准，短期信用评级 A－1 归入 AAA 级信用债券中，短期信用评级 A－2 归入 AAA 级以下、AA 级（含）以上的信用债券，短期信用评级 A－3 归入 AA 级以下、BBB 级（含）以上的信用债券，短期信用评级 B 级（含）以下归入信用评级 BBB 级以下的信用债券。未评级的信用债券参照债券发行主体评级，发行主体无评级的归入 BBB 级以下信用债券。债券信用评级信息以中央国债登记结算有限责任公司公布的信息为准。

7. 流通受限是指信用债券因发行人、交易场所等原因导致债券不能公开交易或转让的情形。

8. 资产管理产品包括：证券公司、期货公司、基金公司及其子公司发行的资产管理计划，信托产品，商业银行理财产品等。

9. 劣后级份额的认定标准为，该类份额的风险收益水平高于产品整体风险收益水平，或在合同中约定承担超过所持份额比例的亏损并获得相应比例的收益。

10. 不能明确归类为上述金融资产明细项目的，按照审慎监管原则，暂按 100% 比例进行调整，且需在备注中说明。

11. 此处所称应收款项，是指与期货经纪业务无关的，一般计入其他应收款科目进行会计核算的各类应收款与预付款。

12. 包括未在表格中提及的其他类资产，包括但不限于应收风险损失款、期货会员资格投资、投资性房地产、固定资产、无形资产、商誉、递延所得税资产及其他资产。

13. 所有权受限的情形，如资产被冻结、资产用于抵债等。

法定代表人	办公电话	移动电话
经营管理主要负责人	办公电话	移动电话
首席风险官	办公电话	移动电话
财务负责人	办公电话	移动电话

附件 2

期货公司风险资本准备计算表

编制单位　　　　　　　　　　年　　月　　日　　　　　　　　单位:元

项目	行次	规模		分类计算系数					计算基准	风险资本准备	
		期初余额	期末余额	连续三年评 A	A	B	C	D		期初余额	期末余额
1. 期货期权经纪业务风险资本准备	1										
期货期权经纪业务客户保证金总额	2			0.7	0.8	0.9	1	2	4%		
2. 资产管理业务风险资本准备	3										
资产管理业务收入	4			0.7	0.8	0.9	1	2	15%		
定向资产管理业务规模	5			0.7	0.8	0.9	1	2	1%		
非结构化集合资产管理业务规模	6			0.7	0.8	0.9	1	2	1%		
结构化集合资产管理业务规模	7			0.7	0.8	0.9	1	2	2%		
3. 其他风险资本准备	8										
减:资产管理子公司净资本可抵扣部分	9										
公司风险资本准备	10										
附:备注说明事项											

法定代表人　　　　　　办公电话　　　　　　移动电话
经营管理主要负责人　　办公电话　　　　　　移动电话
首席风险官　　　　　　办公电话　　　　　　移动电话
财务负责人　　　　　　办公电话　　　　　　移动电话

附件3

期货公司风险监管指标汇总表

编制单位　　　　　　　　　　　年　　月　　日　　　　　　　　单位:元

指标序号	指标名称	行次	上期数	本期数	变动比例	监管标准	预警标准	备注
1	净资本	1				30,000,000	36,000,000	
	风险资本准备总额	2						
2	净资本与风险资本准备总额的比例(净资本/风险资本准备总额)	3				100%	120%	
	净资产	4						
3	净资本与净资产的比例	5				20%	24%	
	扣除客户保证金的流动资产	6						
	扣除客户权益的流动负债	7						
4	流动资产与流动负债的比例	8				100%	120%	
	负债(扣除客户权益)	9						
5	负债与净资产的比例	10				150%	120%	
	拥有结算会员资格的交易所家数	11						
	代为本公司结算的结算会员家数	12						
6	结算准备金额	13						

法定代表人　　　　　　　　　　办公电话　　　　　　　　移动电话
经营管理主要负责人　　　　　　办公电话　　　　　　　　移动电话
首席风险官　　　　　　　　　　办公电话　　　　　　　　移动电话
财务负责人　　　　　　　　　　办公电话　　　　　　　　移动电话

附　　录

附录一

2017年上半年中国证监会明令废止或停止执行的文件、条款

1. 根据《区域性股权市场监督管理试行办法》(2017年5月3日　证监会令第132号),原《关于规范证券公司参与区域性股权交易市场的指导意见(试行)》(证监会公告〔2012〕20号)予以废止。

2. 根据《关于加强发行审核工作人员履职回避管理的规定(2017年修订)》和《关于加强发审委委员履职回避管理的规定(2017年修订)》(2017年1月14日　证监会公告〔2017〕1号),原《关于加强发行审核工作人员履职回避管理的规定》和《关于加强发审委委员履职回避管理的规定》(证监会公告〔2015〕28号)同时废止。

3. 根据《关于避险策略基金的指导意见》(2017年1月24日　证监会公告〔2017〕3号),原《关于保本基金的指导意见》(证监会公告〔2010〕30号)同时废止。

4. 根据《上市公司股东、董监高减持股份的若干规定》(2017年5月26日　证监会公告〔2017〕9号),原《上市公司大股东、董监高减持股份的若干规定》(证监会公告〔2016〕1号)同时废止。

附录二　司法解释

最高人民法院关于国家赔偿监督程序若干问题的规定

（2017年2月27日　法释〔2017〕9号）

为了保障赔偿请求人和赔偿义务机关的申诉权，规范国家赔偿监督程序，根据《中华人民共和国国家赔偿法》及有关法律规定，结合国家赔偿工作实际，制定本规定。

第一条　依照国家赔偿法第三十条的规定，有下列情形之一的，适用本规定予以处理：

（一）赔偿请求人或者赔偿义务机关认为赔偿委员会生效决定确有错误，向上一级人民法院赔偿委员会提出申诉的；

（二）赔偿委员会生效决定违反国家赔偿法规定，经本院院长决定或者上级人民法院指令重新审理，以及上级人民法院决定直接审理的；

（三）最高人民检察院对各级人民法院赔偿委员会生效决定，上级人民检察院对下级人民法院赔偿委员会生效决定，发现违反国家赔偿法规定，向同级人民法院赔偿委员会提出重新审查意见的。

行政赔偿案件的审判监督依照行政诉讼法的相关规定执行。

第二条　赔偿请求人或者赔偿义务机关对赔偿委员会生效决定，认为确有错误的，可以向上一级人民法院赔偿委员会提出申诉。申诉审查期间，不停止生效决定的执行。

第三条　赔偿委员会决定生效后，赔偿请求人死亡或者其主体资格终止的，其权利义务承继者可以依法提出申诉。

赔偿请求人死亡，依法享有继承权的同一顺序继承人有数人时，其中一人或者部分人申诉的，申诉效力及于全体；但是申请撤回申诉或者放弃赔偿请求的，效力不及于未明确表示撤回申诉或者放弃赔偿请求的其他继承人。

赔偿义务机关被撤销或者职权变更的，继续行使其职权的机关可以依法提出申诉。

第 四 条 赔偿请求人、法定代理人可以委托一至二人作为代理人代为申诉。申诉代理人的范围包括：

（一）律师、基层法律服务工作者；

（二）赔偿请求人的近亲属或者工作人员；

（三）赔偿请求人所在社区、单位以及有关社会团体推荐的公民。

赔偿义务机关可以委托本机关工作人员、法律顾问、律师一至二人代为申诉。

第 五 条 赔偿请求人或者赔偿义务机关申诉，应当提交以下材料：

（一）申诉状。申诉状应当写明申诉人和被申诉人的基本信息，申诉的法定事由，以及具体的请求、事实和理由；书写申诉状确有困难的，可以口头申诉，由人民法院记入笔录。

（二）身份证明及授权文书。赔偿请求人申诉的，自然人应当提交身份证明，法人或者其他组织应当提交营业执照、组织机构代码证书、法定代表人或者主要负责人身份证明；赔偿义务机关申诉的，应当提交法定代表人或者主要负责人身份证明；委托他人申诉的，应当提交授权委托书和代理人身份证明。

（三）法律文书。即赔偿义务机关、复议机关及赔偿委员会作出的决定书等法律文书。

（四）其他相关材料。以有新的证据证明原决定认定的事实确有错误为由提出申诉的，应当同时提交相关证据材料。

申诉材料不符合前款规定的，人民法院应当一次性告知申诉人需要补正的全部内容及补正期限。补正期限一般为十五日，最长不超过一个月。申诉人对必要材料拒绝补正或者未能在规定期限内补正的，不予审查。收到申诉材料的时间自人民法院收到补正后的材料之日起计算。

第 六 条 申诉符合下列条件的，人民法院应当在收到申诉材料之日起七日内予以立案：

（一）申诉人具备本规定的主体资格；

（二）受理申诉的人民法院是作出生效决定的人民法院的上一级人民法院；

（三）提交的材料符合本规定第五条的要求。

申诉不符合上述规定的，人民法院不予受理并应当及时告知申诉人。

第 七 条 赔偿请求人或者赔偿义务机关申诉，有下列情形之一的，人民法院不予受理：

（一）赔偿委员会驳回申诉后，申诉人再次提出申诉的；

（二）赔偿请求人对作为赔偿义务机关的人民法院作出的决定不服，未在法定期限内向其上一级人民法院赔偿委员会申请作出赔偿决定，在赔偿义务机关的决定发生法律效力后直接向人民法院赔偿委员会提出申诉的；

（三）赔偿请求人、赔偿义务机关对最高人民法院赔偿委员会作出的决定不服提出申诉的；

（四）赔偿请求人对行使侦查、检察职权的机关以及看守所主管机关、监狱管理机关作出的决定，未在法定期限内向其上一级机关申请复议，或者申请复议后复议机关逾期未作出决定或者复议机关已作出复议决定，但赔偿请求人未在法定期限内向复议机关所在地的同级人民法院赔偿委员会申请作出赔偿决定，在赔偿义务机关、复议机关的相关决定生效后直接向人民法院赔偿委员会申诉的。

第 八 条 赔偿委员会对于立案受理的申诉案件，应当着重围绕申诉人的申诉事由进行审查。必要时，应当对原决定认定的事实、证据和适用法律进行全面审查。

第 九 条 赔偿委员会审查申诉案件采取书面审查的方式，根据需要可以听取申诉人和被申诉人的陈述和申辩。

第 十 条 赔偿委员会审查申诉案件，一般应当在三个月内作出处理，至迟不得超过六个月。有特殊情况需要延长的，由本院院长批准。

第十一条 有下列情形之一的，应当决定重新审理：

（一）有新的证据，足以推翻原决定的；

（二）原决定认定的基本事实缺乏证据证明的；

（三）原决定认定事实的主要证据是伪造的；

（四）原决定适用法律确有错误的；

（五）原决定遗漏赔偿请求，且确实违反国家赔偿法规定的；

（六）据以作出原决定的法律文书被撤销或者变更的；

（七）审判人员在审理该案时有贪污受贿、徇私舞弊、枉法裁判行为的；

（八）原审理程序违反法律规定，可能影响公正审理的。

第十二条 申诉人在申诉阶段提供新的证据，应当说明逾期提供的理由。

申诉人提供的新的证据，能够证明原决定认定的基本事实或者处理结果错误的，应当认定为本规定第十一条第一项规定的情形。

第十三条 赔偿委员会经审查，对申诉人的申诉按照下列情形分别处理：

（一）申诉人主张的重新审理事由成立，且符合国家赔偿法和本规定的申诉条件的，决定重新审理。重新审理包括上级人民法院赔偿委员会直接审理或者指令原审人民法院赔偿委员会重新审理。

（二）申诉人主张的重新审理事由不成立，或者不符合国家赔偿法和本规定的申诉条件的，书面驳回申诉。

（三）原决定不予受理或者驳回赔偿申请错误的，撤销原决定，指令原审人民法院赔偿委员会依法审理。

第十四条　人民法院院长发现本院赔偿委员会生效决定违反国家赔偿法规定，认为需要重新审理的，应当提交审判委员会讨论决定。

最高人民法院对各级人民法院赔偿委员会生效决定，上级人民法院对下级人民法院赔偿委员会生效决定，发现违反国家赔偿法规定的，有权决定直接审理或者指令下级人民法院赔偿委员会重新审理。

第十五条　最高人民检察院对各级人民法院赔偿委员会生效决定，上级人民检察院对下级人民法院赔偿委员会生效决定，向同级人民法院赔偿委员会提出重新审查意见的，同级人民法院赔偿委员会应当决定直接审理，并将决定书送达提出意见的人民检察院。

第十六条　赔偿委员会重新审理案件，适用国家赔偿法和相关司法解释关于赔偿委员会审理程序的规定；本规定依据国家赔偿法和相关法律对重新审理程序有特别规定的，适用本规定。

原审人民法院赔偿委员会重新审理案件，应当另行指定审判人员。

第十七条　决定重新审理的案件，可以根据案件情形中止原决定的执行。

第十八条　赔偿委员会重新审理案件，采取书面审理的方式，必要时可以向有关单位和人员调查情况、收集证据，听取申诉人、被申诉人或者赔偿请求人、赔偿义务机关的陈述和申辩。有本规定第十一条第一项、第三项情形，或者赔偿委员会认为确有必要的，可以组织申诉人、被申诉人或者赔偿请求人、赔偿义务机关公开质证。

对于人民检察院提出意见的案件，赔偿委员会组织质证时应当通知提出意见的人民检察院派员出席。

第十九条　赔偿委员会重新审理案件，应当对原决定认定的事实、证据和适用法律进行全面审理。

第二十条　赔偿委员会重新审理的案件，应当在两个月内依法作出决定。

第二十一条 案件经重新审理后,应当根据下列情形分别处理:

(一)原决定认定事实清楚、适用法律正确的,应当维持原决定;

(二)原决定认定事实、适用法律虽有瑕疵,但决定结果正确的,应当在决定中纠正瑕疵后予以维持;

(三)原决定认定事实、适用法律错误,导致决定结果错误的,应当撤销、变更、重新作出决定;

(四)原决定违反国家赔偿法规定,对不符合案件受理条件的赔偿申请进行实体处理的,应当撤销原决定,驳回赔偿申请;

(五)申诉人、被申诉人或者赔偿请求人、赔偿义务机关经协商达成协议的,赔偿委员会依法审查并确认后,应当撤销原决定,根据协议作出新决定。

第二十二条 赔偿委员会重新审理后作出的决定,应当及时送达申诉人、被申诉人或者赔偿请求人、赔偿义务机关和提出意见的人民检察院。

第二十三条 在申诉审查或者重新审理期间,有下列情形之一的,赔偿委员会应当决定中止审查或者审理:

(一)申诉人、被申诉人或者原赔偿请求人、原赔偿义务机关死亡或者终止,尚未确定权利义务承继者的;

(二)申诉人、被申诉人或者赔偿请求人丧失行为能力,尚未确定法定代理人的;

(三)宣告无罪的案件,人民法院决定再审或者人民检察院按照审判监督程序提出抗诉的;

(四)申诉人、被申诉人或者赔偿请求人、赔偿义务机关因不可抗拒的事由,在法定审限内不能参加案件处理的;

(五)其他应当中止的情形。

中止的原因消除后,赔偿委员会应当及时恢复审查或者审理,并通知申诉人、被申诉人或者赔偿请求人、赔偿义务机关和提出意见的人民检察院。

第二十四条 在申诉审查期间,有下列情形之一的,赔偿委员会应当决定终结审查:

(一)申诉人死亡或者终止,无权利义务承继者或者权利义务承继者声明放弃申诉的;

(二)据以申请赔偿的撤销案件决定、不起诉决定或者无罪判决被撤销的;

（三）其他应当终结的情形。

在重新审理期间，有上述情形或者人民检察院撤回意见的，赔偿委员会应当决定终结审理。

第二十五条　申诉人在申诉审查或者重新审理期间申请撤回申诉的，赔偿委员会应当依法审查并作出是否准许的决定。

赔偿委员会准许撤回申诉后，申诉人又重复申诉的，不予受理，但有本规定第十一条第一项、第三项、第六项、第七项规定情形，自知道或者应当知道该情形之日起六个月内提出的除外。

第二十六条　赔偿请求人在重新审理期间申请撤回赔偿申请的，赔偿委员会应当依法审查并作出是否准许的决定。准许撤回赔偿申请的，应当一并撤销原决定。

赔偿委员会准许撤回赔偿申请的决定送达后，赔偿请求人又重复申请国家赔偿的，不予受理。

第二十七条　本规定自2017年5月1日起施行。最高人民法院以前发布的司法解释和规范性文件，与本规定不一致的，以本规定为准。

最高人民法院关于修改《最高人民法院关于公布失信被执行人名单信息的若干规定》的决定

（2017 年 2 月 28 日　法释〔2017〕7 号）

根据最高人民法院审判委员会第 1707 次会议决定，对《最高人民法院关于公布失信被执行人名单信息的若干规定》作如下修改：

一、将第一条修改为："被执行人未履行生效法律文书确定的义务，并具有下列情形之一的，人民法院应当将其纳入失信被执行人名单，依法对其进行信用惩戒：

（一）有履行能力而拒不履行生效法律文书确定义务的；

（二）以伪造证据、暴力、威胁等方法妨碍、抗拒执行的；

（三）以虚假诉讼、虚假仲裁或者以隐匿、转移财产等方法规避执行的；

（四）违反财产报告制度的；

（五）违反限制消费令的；

（六）无正当理由拒不履行执行和解协议的。"

二、增加一条，作为第二条："被执行人具有本规定第一条第二项至第六项规定情形的，纳入失信被执行人名单的期限为二年。被执行人以暴力、威胁方法妨碍、抗拒执行情节严重或具有多项失信行为的，可以延长一至三年。

失信被执行人积极履行生效法律文书确定义务或主动纠正失信行为的，人民法院可以决定提前删除失信信息。"

三、增加一条，作为第三条："具有下列情形之一的，人民法院不得依据本规定第一条第一项的规定将被执行人纳入失信被执行人名单：

（一）提供了充分有效担保的；

（二）已被采取查封、扣押、冻结等措施的财产足以清偿生效法律文书确定债务的；

（三）被执行人履行顺序在后，对其依法不应强制执行的；

（四）其他不属于有履行能力而拒不履行生效法律文书确定义务的情形。”

四、增加一条，作为第四条：“被执行人为未成年人的，人民法院不得将其纳入失信被执行人名单。”

五、将第二条改为第五条，修改为：“人民法院向被执行人发出的执行通知中，应当载明有关纳入失信被执行人名单的风险提示等内容。

申请执行人认为被执行人具有本规定第一条规定情形之一的，可以向人民法院申请将其纳入失信被执行人名单。人民法院应当自收到申请之日起十五日内审查并作出决定。人民法院认为被执行人具有本规定第一条规定情形之一的，也可以依职权决定将其纳入失信被执行人名单。

人民法院决定将被执行人纳入失信被执行人名单的，应当制作决定书，决定书应当写明纳入失信被执行人名单的理由，有纳入期限的，应当写明纳入期限。决定书由院长签发，自作出之日起生效。决定书应当按照民事诉讼法规定的法律文书送达方式送达当事人。”

六、将第三条改为第十一条，修改为：“被纳入失信被执行人名单的公民、法人或其他组织认为有下列情形之一的，可以向执行法院申请纠正：

（一）不应将其纳入失信被执行人名单的；

（二）记载和公布的失信信息不准确的；

（三）失信信息应予删除的。”

七、将第四条改为第六条，第（一）项修改为：“作为被执行人的法人或者其他组织的名称、统一社会信用代码（或组织机构代码）、法定代表人或者负责人姓名；”

八、将第六条改为第八条，将第三款改为：“国家工作人员、人大代表、政协委员等被纳入失信被执行人名单的，人民法院应当将失信情况通报其所在单位和相关部门。”

将第四款改为：“国家机关、事业单位、国有企业等被纳入失信被执行人名单的，人民法院应当将失信情况通报其上级单位、主管部门或者履行出资人职责的机构。”

九、增加一条，作为第九条：“不应纳入失信被执行人名单的公民、法人或其他组织被纳入失信被执行人名单的，人民法院应当在三个工作日内撤销失信信息。

记载和公布的失信信息不准确的，人民法院应当在三个工作日内更正失信信息。”

十、将第七条改为第十条，修改为：“具有下列情形之一的，人民法院应当在三个工作日内删除失信信息：

（一）被执行人已履行生效法律文书确定的义务或人民法院已执行完毕的；

（二）当事人达成执行和解协议且已履行完毕的；

（三）申请执行人书面申请删除失信信息，人民法院审查同意的；

（四）终结本次执行程序后，通过网络执行查控系统查询被执行人财产两次以上，未发现有可供执行财产，且申请执行人或者其他人未提供有效财产线索的；

（五）因审判监督或破产程序，人民法院依法裁定对失信被执行人中止执行的；

（六）人民法院依法裁定不予执行的；

（七）人民法院依法裁定终结执行的。

有纳入期限的，不适用前款规定。纳入期限届满后三个工作日内，人民法院应当删除失信信息。

依照本条第一款规定删除失信信息后，被执行人具有本规定第一条规定情形之一的，人民法院可以重新将其纳入失信被执行人名单。

依照本条第一款第三项规定删除失信信息后六个月内，申请执行人申请将该被执行人纳入失信被执行人名单的，人民法院不予支持。”

十一、增加一条，作为第十二条：“公民、法人或其他组织对被纳入失信被执行人名单申请纠正的，执行法院应当自收到书面纠正申请之日起十五日内审查，理由成立的，应当在三个工作日内纠正；理由不成立的，决定驳回。公民、法人或其他组织对驳回决定不服的，可以自决定书送达之日起十日内向上一级人民法院申请复议。上一级人民法院应当自收到复议申请之日起十五日内作出决定。复议期间，不停止原决定的执行。”

十二、增加一条，作为第十三条：“人民法院工作人员违反本规定公布、撤销、更正、删除失信信息的，参照有关规定追究责任。”

根据本决定，将《最高人民法院关于公布失信被执行人名单信息的若干规定》作相应修改，重新公布。

最高人民法院关于公布失信被执行人名单信息的若干规定

（2013 年 7 月 1 日最高人民法院审判委员会第 1582 次会议通过
根据 2017 年 1 月 16 日最高人民法院审判委员会第 1707 次会议通过的
《最高人民法院关于修改〈最高人民法院关于公布失信
被执行人名单信息的若干规定〉的决定》修正）

为促使被执行人自觉履行生效法律文书确定的义务，推进社会信用体系建设，根据《中华人民共和国民事诉讼法》的规定，结合人民法院工作实际，制定本规定。

第 一 条 被执行人未履行生效法律文书确定的义务，并具有下列情形之一的，人民法院应当将其纳入失信被执行人名单，依法对其进行信用惩戒：

（一）有履行能力而拒不履行生效法律文书确定义务的；

（二）以伪造证据、暴力、威胁等方法妨碍、抗拒执行的；

（三）以虚假诉讼、虚假仲裁或者以隐匿、转移财产等方法规避执行的；

（四）违反财产报告制度的；

（五）违反限制消费令的；

（六）无正当理由拒不履行执行和解协议的。

第 二 条 被执行人具有本规定第一条第二项至第六项规定情形的，纳入失信被执行人名单的期限为二年。被执行人以暴力、威胁方法妨碍、抗拒执行情节严重或具有多项失信行为的，可以延长一至三年。

失信被执行人积极履行生效法律文书确定义务或主动纠正失信行为的，人民法院可以决定提前删除失信信息。

第 三 条 具有下列情形之一的，人民法院不得依据本规定第一条第一项的规定将被执行人纳入失信被执行人名单：

（一）提供了充分有效担保的；

（二）已被采取查封、扣押、冻结等措施的财产足以清偿生效法律文书确定债务的；

(三)被执行人履行顺序在后,对其依法不应强制执行的;

(四)其他不属于有履行能力而拒不履行生效法律文书确定义务的情形。

第四条 被执行人为未成年人的,人民法院不得将其纳入失信被执行人名单。

第五条 人民法院向被执行人发出的执行通知中,应当载明有关纳入失信被执行人名单的风险提示等内容。

申请执行人认为被执行人具有本规定第一条规定情形之一的,可以向人民法院申请将其纳入失信被执行人名单。人民法院应当自收到申请之日起十五日内审查并作出决定。人民法院认为被执行人具有本规定第一条规定情形之一的,也可以依职权决定将其纳入失信被执行人名单。

人民法院决定将被执行人纳入失信被执行人名单的,应当制作决定书,决定书应当写明纳入失信被执行人名单的理由,有纳入期限的,应当写明纳入期限。决定书由院长签发,自作出之日起生效。决定书应当按照民事诉讼法规定的法律文书送达方式送达当事人。

第六条 记载和公布的失信被执行人名单信息应当包括:

(一)作为被执行人的法人或者其他组织的名称、统一社会信用代码(或组织机构代码)、法定代表人或者负责人姓名;

(二)作为被执行人的自然人的姓名、性别、年龄、身份证号码;

(三)生效法律文书确定的义务和被执行人的履行情况;

(四)被执行人失信行为的具体情形;

(五)执行依据的制作单位和文号、执行案号、立案时间、执行法院;

(六)人民法院认为应当记载和公布的不涉及国家秘密、商业秘密、个人隐私的其他事项。

第七条 各级人民法院应当将失信被执行人名单信息录入最高人民法院失信被执行人名单库,并通过该名单库统一向社会公布。

各级人民法院可以根据各地实际情况,将失信被执行人名单通过报纸、广播、电视、网络、法院公告栏等其他方式予以公布,并可以采取新闻发布会或者其他方式对本院及辖区法院实施失信被执行人名单制度的情况定期向社会公布。

第八条 人民法院应当将失信被执行人名单信息,向政府相关部门、金融监管机构、金融机构、承担行政职能的事业单位及行业协会等通报,供相关单位依照法律、法规和有关规定,在政府采购、招标投标、行政审批、政府扶持、融资信贷、市场准入、资质认定等方面,对失信被执行人予以信用惩戒。

人民法院应当将失信被执行人名单信息向征信机构通报,并由征信机构在其征信系统中记录。

国家工作人员、人大代表、政协委员等被纳入失信被执行人名单的,人民法院应当将失信情况通报其所在单位和相关部门。

国家机关、事业单位、国有企业等被纳入失信被执行人名单的,人民法院应当将失信情况通报其上级单位、主管部门或者履行出资人职责的机构。

第 九 条 不应纳入失信被执行人名单的公民、法人或其他组织被纳入失信被执行人名单的,人民法院应当在三个工作日内撤销失信信息。

记载和公布的失信信息不准确的,人民法院应当在三个工作日内更正失信信息。

第 十 条 具有下列情形之一的,人民法院应当在三个工作日内删除失信信息:

(一)被执行人已履行生效法律文书确定的义务或人民法院已执行完毕的;

(二)当事人达成执行和解协议且已履行完毕的;

(三)申请执行人书面申请删除失信信息,人民法院审查同意的;

(四)终结本次执行程序后,通过网络执行查控系统查询被执行人财产两次以上,未发现有可供执行财产,且申请执行人或者其他人未提供有效财产线索的;

(五)因审判监督或破产程序,人民法院依法裁定对失信被执行人中止执行的;

(六)人民法院依法裁定不予执行的;

(七)人民法院依法裁定终结执行的。

有纳入期限的,不适用前款规定。纳入期限届满后三个工作日内,人民法院应当删除失信信息。

依照本条第一款规定删除失信信息后,被执行人具有本规定第一条规定情形之一的,人民法院可以重新将其纳入失信被执行人名单。

依照本条第一款第三项规定删除失信信息后六个月内,申请执行人申请将该被执行人纳入失信被执行人名单的,人民法院不予支持。

第十一条 被纳入失信被执行人名单的公民、法人或其他组织认为有下列情形之一的,可以向执行法院申请纠正:

(一)不应将其纳入失信被执行人名单的;

（二）记载和公布的失信信息不准确的；

（三）失信信息应予删除的。

第十二条 公民、法人或其他组织对被纳入失信被执行人名单申请纠正的，执行法院应当自收到书面纠正申请之日起十五日内审查，理由成立的，应当在三个工作日内纠正；理由不成立的，决定驳回。公民、法人或其他组织对驳回决定不服的，可以自决定书送达之日起十日内向上一级人民法院申请复议。上一级人民法院应当自收到复议申请之日起十五日内作出决定。

复议期间，不停止原决定的执行。

第十三条 人民法院工作人员违反本规定公布、撤销、更正、删除失信信息的，参照有关规定追究责任。

最高人民法院关于民事执行中财产调查若干问题的规定

（2017 年 2 月 28 日　法释〔2017〕8 号）

为规范民事执行财产调查，维护当事人及利害关系人的合法权益，根据《中华人民共和国民事诉讼法》等法律的规定，结合执行实践，制定本规定。

第 一 条　执行过程中，申请执行人应当提供被执行人的财产线索；被执行人应当如实报告财产；人民法院应当通过网络执行查控系统进行调查，根据案件需要应当通过其他方式进行调查的，同时采取其他调查方式。

第 二 条　申请执行人提供被执行人财产线索，应当填写财产调查表。财产线索明确、具体的，人民法院应当在七日内调查核实；情况紧急的，应当在三日内调查核实。财产线索确实的，人民法院应当及时采取相应的执行措施。

申请执行人确因客观原因无法自行查明财产的，可以申请人民法院调查。

第 三 条　人民法院依申请执行人的申请或依职权责令被执行人报告财产情况的，应当向其发出报告财产令。金钱债权执行中，报告财产令应当与执行通知同时发出。

人民法院根据案件需要再次责令被执行人报告财产情况的，应当重新向其发出报告财产令。

第 四 条　报告财产令应当载明下列事项：

（一）提交财产报告的期限；

（二）报告财产的范围、期间；

（三）补充报告财产的条件及期间；

（四）违反报告财产义务应承担的法律责任；

（五）人民法院认为有必要载明的其他事项。

报告财产令应附财产调查表，被执行人必须按照要求逐项填写。

第五条 被执行人应当在报告财产令载明的期限内向人民法院书面报告下列财产情况：

（一）收入、银行存款、现金、理财产品、有价证券；

（二）土地使用权、房屋等不动产；

（三）交通运输工具、机器设备、产品、原材料等动产；

（四）债权、股权、投资权益、基金份额、信托受益权、知识产权等财产性权利；

（五）其他应当报告的财产。

被执行人的财产已出租、已设立担保物权等权利负担，或者存在共有、权属争议等情形的，应当一并报告；被执行人的动产由第三人占有，被执行人的不动产、特定动产、其他财产权等登记在第三人名下的，也应当一并报告。

被执行人在报告财产令载明的期限内提交书面报告确有困难的，可以向人民法院书面申请延长期限；申请有正当理由的，人民法院可以适当延长。

第六条 被执行人自收到执行通知之日前一年至提交书面财产报告之日，其财产情况发生下列变动的，应当将变动情况一并报告：

（一）转让、出租财产的；

（二）在财产上设立担保物权等权利负担的；

（三）放弃债权或延长债权清偿期的；

（四）支出大额资金的；

（五）其他影响生效法律文书确定债权实现的财产变动。

第七条 被执行人报告财产后，其财产情况发生变动，影响申请执行人债权实现的，应当自财产变动之日起十日内向人民法院补充报告。

第八条 对被执行人报告的财产情况，人民法院应当及时调查核实，必要时可以组织当事人进行听证。

申请执行人申请查询被执行人报告的财产情况的，人民法院应当准许。申请执行人及其代理人对查询过程中知悉的信息应当保密。

第九条 被执行人拒绝报告、虚假报告或者无正当理由逾期报告财产情况的，人民法院可以根据情节轻重对被执行人或者其法定代理人予以罚款、拘留；构成犯罪的，依法追究刑事责任。

人民法院对有前款规定行为之一的单位，可以对其主要负责人或者直接责任人员予以罚款、拘留；构成犯罪的，依法追究刑事责任。

第十条 被执行人拒绝报告、虚假报告或者无正当理由逾期报告财产情况的，人民法院应当依照相关规定将其纳入失信被执行人名单。

第十一条 有下列情形之一的，财产报告程序终结：

（一）被执行人履行完毕生效法律文书确定义务的；

（二）人民法院裁定终结执行的；

（三）人民法院裁定不予执行的；

（四）人民法院认为财产报告程序应当终结的其他情形。

发出报告财产令后，人民法院裁定终结本次执行程序的，被执行人仍应依照本规定第七条的规定履行补充报告义务。

第十二条 被执行人未按执行通知履行生效法律文书确定的义务，人民法院有权通过网络执行查控系统、现场调查等方式向被执行人、有关单位或个人调查被执行人的身份信息和财产信息，有关单位和个人应当依法协助办理。

人民法院对调查所需资料可以复制、打印、抄录、拍照或以其他方式进行提取、留存。

申请执行人申请查询人民法院调查的财产信息的，人民法院可以根据案件需要决定是否准许。申请执行人及其代理人对查询过程中知悉的信息应当保密。

第十三条 人民法院通过网络执行查控系统进行调查，与现场调查具有同等法律效力。

人民法院调查过程中作出的电子法律文书与纸质法律文书具有同等法律效力；协助执行单位反馈的电子查询结果与纸质反馈结果具有同等法律效力。

第十四条 被执行人隐匿财产、会计账簿等资料拒不交出的，人民法院可以依法采取搜查措施。

人民法院依法搜查时，对被执行人可能隐匿财产或者资料的处所、箱柜等，经责令被执行人开启而拒不配合的，可以强制开启。

第十五条 为查明被执行人的财产情况和履行义务的能力，可以传唤被执行人或被执行人的法定代表人、负责人、实际控制人、直接责任人员到人民法院接受调查询问。

对必须接受调查询问的被执行人、被执行人的法定代表人、负责人或者实际控制人，经依法传唤无正当理由拒不到场的，人民法院可以拘传其到场；上述人员下落不明的，人民法院可以依照相关规定通知有关单位协助查找。

第十六条 人民法院对已经办理查封登记手续的被执行人机动车、

船舶、航空器等特定动产未能实际扣押的，可以依照相关规定通知有关单位协助查找。

第十七条 作为被执行人的法人或其他组织不履行生效法律文书确定的义务，申请执行人认为其有拒绝报告、虚假报告财产情况，隐匿、转移财产等逃避债务情形或者其股东、出资人有出资不实、抽逃出资等情形的，可以书面申请人民法院委托审计机构对该被执行人进行审计。人民法院应当自收到书面申请之日起十日内决定是否准许。

第十八条 人民法院决定审计的，应当随机确定具备资格的审计机构，并责令被执行人提交会计凭证、会计账簿、财务会计报告等与审计事项有关的资料。

被执行人隐匿审计资料的，人民法院可以依法采取搜查措施。

第十九条 被执行人拒不提供、转移、隐匿、伪造、篡改、毁弃审计资料，阻挠审计人员查看业务现场或者有其他妨碍审计调查行为的，人民法院可以根据情节轻重对被执行人或其主要负责人、直接责任人员予以罚款、拘留；构成犯罪的，依法追究刑事责任。

第二十条 审计费用由提出审计申请的申请执行人预交。被执行人存在拒绝报告或虚假报告财产情况，隐匿、转移财产或者其他逃避债务情形的，审计费用由被执行人承担；未发现被执行人存在上述情形的，审计费用由申请执行人承担。

第二十一条 被执行人不履行生效法律文书确定的义务，申请执行人可以向人民法院书面申请发布悬赏公告查找可供执行的财产。申请书应当载明下列事项：

（一）悬赏金的数额或计算方法；

（二）有关人员提供人民法院尚未掌握的财产线索，使该申请执行人的债权得以全部或部分实现时，自愿支付悬赏金的承诺；

（三）悬赏公告的发布方式；

（四）其他需要载明的事项。

人民法院应当自收到书面申请之日起十日内决定是否准许。

第二十二条 人民法院决定悬赏查找财产的，应当制作悬赏公告。悬赏公告应当载明悬赏金的数额或计算方法、领取条件等内容。

悬赏公告应当在全国法院执行悬赏公告平台、法院微博或微信等媒体平台发布，也可以在执行法院公告栏或被执行人住所地、经常居住地等处张贴。申请执行人申请在其他媒体平台发布，并自愿承担发布费用的，人民法院应当准许。

第二十三条 悬赏公告发布后,有关人员向人民法院提供财产线索的,人民法院应当对有关人员的身份信息和财产线索进行登记;两人以上提供相同财产线索的,应当按照提供线索的先后顺序登记。

人民法院对有关人员的身份信息和财产线索应当保密,但为发放悬赏金需要告知申请执行人的除外。

第二十四条 有关人员提供人民法院尚未掌握的财产线索,使申请发布悬赏公告的申请执行人的债权得以全部或部分实现的,人民法院应当按照悬赏公告发放悬赏金。

悬赏金从前款规定的申请执行人应得的执行款中予以扣减。特定物交付执行或者存在其他无法扣减情形的,悬赏金由该申请执行人另行支付。

有关人员为申请执行人的代理人、有义务向人民法院提供财产线索的人员或者存在其他不应发放悬赏金情形的,不予发放。

第二十五条 执行人员不得调查与执行案件无关的信息,对调查过程中知悉的国家秘密、商业秘密和个人隐私应当保密。

第二十六条 本规定自 2017 年 5 月 1 日起施行。

本规定施行后,本院以前公布的司法解释与本规定不一致的,以本规定为准。

附录三　其他部委发布的相关部门规章及规范性文件

财政部、国家税务总局关于资管产品增值税政策有关问题的补充通知

（2017年1月6日　财税〔2017〕2号）

各省、自治区、直辖市、计划单列市财政厅（局）、国家税务局，地方税务局，新疆生产建设兵团财务局：

现就《财政部　国家税务总局关于明确金融　房地产开发　教育辅助服务等增值税政策的通知》（财税〔2016〕140号）第四条规定的"资管产品运营过程中发生的增值税应税行为，以资管产品管理人为增值税纳税人"问题补充通知如下：

2017年7月1日（含）以后，资管产品运营过程中发生的增值税应税行为，以资管产品管理人为增值税纳税人，按照现行规定缴纳增值税。

对资管产品在2017年7月1日前运营过程中发生的增值税应税行为，未缴纳增值税的，不再缴纳；已缴纳增值税的，已纳税额从资管产品管理人以后月份的增值税应纳税额中抵减。

资管产品运营过程中发生增值税应税行为的具体征收管理办法，由国家税务总局另行制定。

中国保监会关于进一步加强保险资金股票投资监管有关事项的通知

（2017 年 1 月 24 日　保监发〔2017〕9 号）

各保险集团（控股）公司、保险公司、保险资产管理公司：

为进一步明确保险机构股票投资监管政策，规范股票投资行为，防范保险资金运用风险，根据《保险法》《保险资金运用管理暂行办法》及相关规定，现就有关事项通知如下：

一、保险机构或保险机构与非保险一致行动人投资上市公司股票，分为一般股票投资、重大股票投资和上市公司收购三种情形，中国保监会根据不同情形实施差别监管。保险机构应当遵循财务投资为主的原则，开展上市公司股票投资。

本通知所称一般股票投资，是指保险机构或保险机构与非保险一致行动人投资上市公司股票比例低于上市公司总股本 20%，且未拥有上市公司控制权的股票投资行为。

本通知所称重大股票投资，是指保险机构或保险机构与非保险一致行动人持有上市公司股票比例达到或超过上市公司总股本 20%，且未拥有上市公司控制权的股票投资行为。

本通知所称上市公司收购，包括通过取得股份的方式成为上市公司的控股股东，或者通过投资关系、协议、其他安排的途径成为上市公司的实际控制人，或者同时采取上述方式和途径拥有上市公司控制权。

本通知所称拥有上市公司控制权的标准、一致行动人和一致行动关系，执行国务院证券监管机构的规定。本通知所称保险机构，包括保险公司、保险集团（控股）公司和保险资产管理机构等保险业内机构。本通知所称非保险一致行动人，是指在上市公司股票投资中与保险机构构成一致行动关系的保险机构以外的投资者。

二、保险机构开展一般股票投资的，上季末综合偿付能力充足率应当不低于 100%；开展重大股票投资和上市公司收购的，上季末综合偿付能力充足率应当不低于 150%，且已完成股票投资管理能力备案，符合有关保险资金运用内部控制的监管要求。

保险机构可以使用保险资金投资上市公司股票，自主选择上市公司所属行业范围，但应当根据资金来源、成本和期限，合理选择投资标的，加强资产负债匹配管理，服务保险主营业务发展。

三、保险机构收购上市公司，应当使用自有资金。保险机构不得与非保险一致行动人共同收购上市公司，不得以投资的股票资产抵押融资用于上市公司股票投资。

保险机构与非保险一致行动人共同开展重大股票投资，经备案后继续投资该上市公司股票的，新增投资部分应当使用自有资金。

国务院银行业监管机构对保险机构投资银行业金融机构另有规定的，从其规定。

四、保险机构开展一般股票投资发生举牌行为的，应当按照证券监管法规要求及时披露相关信息，并在信息披露义务人发布公告后5个工作日内，向中国保监会提交包括投资研究、内部决策、后续投资计划、风险管理措施等要素的报告。

五、保险机构应当在达到重大股票投资标准且按照证券监管法规要求，信息披露义务人公告后5个工作日内，向中国保监会报送包括本通知第四条规定材料及以下内容的备案材料：

（一）投资资金来源、后续投资方案、持有期限、合规报告、后续管理方案等；

（二）符合保险资金运用内部控制监管要求的自查报告，涉及本次投资的董事会或投资决策委员会决议纪要等材料；

（三）按照《保险公司资金运用信息披露准则第3号：举牌上市公司股票》进行信息披露的基本情况；

（四）中国保监会基于审慎监管原则要求提交的其他材料。

六、中国保监会严格限制保险机构收购上市公司行为。保险机构收购上市公司的，应当在事前向中国保监会申请核准。申请报告除包括本通知第五条所列文件外，还应包括以下材料：

（一）股东（大）会或者董事会投资决议；

（二）主营业务规划及业务相关度说明；

（三）专业机构提供的财务顾问报告、尽职调查报告及法律意见书；

（四）业务整合方案；

（五）投资团队及管理经验说明；

（六）资产负债匹配压力测试报告；

（七）附有经监管机构或者部门核准生效条件的投资协议。

七、保险机构收购上市公司的行业限于保险类企业、非保险金融企业和与保险业务相关、符合国家产业政策、具备稳定现金流回报预期的行业，不得开展高污染、高能耗、未达到国家节能和环保标准、技术附加值较低的上市公司收购。

八、保险机构应当按照相关监管规定，严格控制接触重大股票投资信息的人员范围，避免因信息泄露导致内幕交易或引发上市公司股票价格异常波动。

九、保险机构应当加强资产负债管理和风险限额管理，防范股票投资集中度风险和市场风险。保险机构投资权益类资产的账面余额，合计不高于本公司上季末总资产的30%。除上市公司收购及投资上市商业银行股票另有规定情形外，保险机构投资单一股票的账面余额，不得高于本公司上季末总资产的5%。对于已经运用相关政策增持蓝筹股票的保险机构，应在2年内或相关监管机构规定的期限内调整投资比例，直至满足监管规定的比例要求。

十、中国保监会对保险机构提交的事后备案材料进行审查，并在要件齐备后15个工作日内反馈备案意见；属于事前核准事项的，按照规定时间出具核准意见。保险机构在获得备案意见或书面核准文件前，不得继续增持该上市公司股票。

中国保监会认定保险机构不符合重大股票投资备案要求或者不予核准的，有权责令保险机构在规定期限内，按照中国保监会及有关监管机构的规定进行整改。

中国保监会对违反保险资金运用监管政策开展股票投资的保险机构，可以采取限制股票投资比例、暂停或取消股票投资能力备案等监管措施。

十一、保险机构与非保险一致行动人共同开展股票投资发生举牌行为的，中国保监会除要求保险机构按本通知第四条规定及时披露信息并提交报告外，还可以根据偿付能力充足率、分类监管评价结果、压力测试结果等指标采取以下一项或多项监管措施：

（一）要求保险机构报告与非保险一致行动人之间其他涉及保险资金往来的活动；

（二）要求保险机构报告非保险一致行动人以保险机构股权或股票向银行或其他机构质押融资情况，以及融资方符合保险机构合格股东资质的情况；

（三）暂停保险机构资金最终流向非保险一致行动人的股权、不动产等直接投资，以及开展上述资金流向的债权计划、股权计划、资产管理计划或其他金融产品投资；

（四）中国保监会基于审慎监管原则采取的其他措施。

十二、保险机构与非保险一致行动人共同开展重大股票投资的，应当由保险机构提交包含本公司及非保险一致行动人相关信息的备案报告。

十三、保险机构开展重大股票投资或上市公司收购的，应当根据投资计划和战略安排，加强与上市公司股东和经营层沟通，维护上市公司经营稳定。

十四、保险机构投资境外上市公司股票，应当按照投资所在地的市场规则，参照本通知执行差别监管和一致行动人的规定。

十五、中国保监会将依据监管职责，对保险机构股票投资行为开展动态持续监管，并加强与有关监管部门沟通，及时通报保险机构重大股票投资和上市公司收购的相关情况。

十六、本通知自发布之日起施行，《中国保监会关于加强和改进保险资金运用比例监管的通知》（保监发〔2014〕13 号）第三部分第（一）条第二款的规定同时废止。其他有关监管规定与本通知不一致的，以本通知为准。本通知发布后，保险机构股票投资已存在不符合本通知规定情形的，应当及时报告并进行整改。

中国人民银行、工业和信息化部、中国银监会、中国证监会、中国保监会关于金融支持制造强国建设的指导意见

（2017年3月29日　银发〔2017〕58号）

为贯彻落实党的十八大和十八届三中、四中、五中、六中全会精神，按照《中国制造2025》、《国务院关于深化制造业与互联网融合发展的指导意见》等要求，进一步建立健全多元化金融服务体系，大力推动金融产品和服务创新，加强和改进对制造强国建设的金融支持和服务，现提出如下意见：

一、高度重视和持续改进对制造强国建设的金融支持和服务

（一）坚持问题导向，着力加强对制造业科技创新、转型升级和科技型中小制造企业的金融支持。制造业是实体经济的主体，是科技创新的主战场，是供给侧结构性改革的主攻领域。当前，我国制造业仍存在大而不强，创新能力弱，关键核心技术与高端装备对外依存度高等问题。金融部门应聚焦制造业发展的难点痛点，坚持区别对待、有扶有控原则，不断优化金融支持方向和结构，着力加强对制造业科技创新和技术改造升级的中长期金融支持，积极拓宽技术密集型和中小型制造业企业的多元化融资渠道，促进制造业结构调整、转型升级、提质增效和由大变强。

（二）突出支持重点，改进和完善制造业重点领域和关键任务的金融服务。金融部门要紧紧围绕《中国制造2025》重点任务和“1+X”规划体系，改进和完善金融服务水平。探索为制造业创新中心等公共服务平台提供创新型、多元化融资服务，支持关键共性技术研发和科技成果转化应用。着力加强对核心基础零部件等“四基”企业的融资支持，促进提升工业基础水平。切实加强对企业技术改造中长期贷款支持，合理安排授信期限和还款方式，支持制造业两化融合发展和智能化升级。大力发展绿色金融业务，促进制造业绿色发展。积极运用信贷、租赁、保险等多种金融手段，支持高端装备领域突破发展和扩大应用。加强对工业互联网重

点项目的金融支持力度，支持制造业个性化定制和服务型制造。

二、积极发展和完善支持制造强国建设的多元化金融组织体系

（三）发挥各类银行机构的差异化优势，形成金融服务协同效应。开发性、政策性金融机构要在重点领域和薄弱环节切实发挥引领作用，在业务范围内以财务可持续为前提，加大对重大项目、重大技术推广和重大装备应用的融资支持。全国性商业银行要积极发挥网络渠道、业务功能协同等优势，为制造业企业提供综合性金融服务，不断改进和提升对中小型制造业企业金融服务的质量效率。地方法人金融机构要注重发挥管理半径短、经营机制灵活等优势，立足当地，服务中小，积极开发针对中小型制造业企业的特色化、专业化金融产品和服务。

（四）完善银行机构组织架构，提升金融服务专业化水平。鼓励有条件的金融机构探索建立先进制造业融资事业部制，加强对信息技术、高端装备、新材料、生物医药等战略重点行业的专业化支持。鼓励符合条件的银行业金融机构在新型工业化产业示范基地等先进制造业聚集地区设立科技金融专营机构，在客户准入、信贷审批、风险偏好、业绩考核等方面实施差异化管理。积极推动小微企业专营机构建设，围绕制造业中量大面广的小微企业、民营企业，提供批量化、规模化、标准化的金融服务。要完善小微企业授信工作尽职免责管理制度，激励基层机构和信贷人员支持中小微制造业企业发展。

（五）规范发展制造业企业集团财务公司。支持符合条件的制造业企业集团设立企业集团财务公司，充分发挥财务公司作为集团“资金归集平台、资金结算平台、资金监控平台、融资营运平台、金融服务平台”的功能，有效提高企业集团内部资金运作效率和精细化管理水平。鼓励具备条件的制造业企业集团财务公司在有效防控风险的前提下，通过开展成员单位产品的买方信贷、消费信贷和融资租赁服务，促进集团产品销售。稳步推进企业集团财务公司开展延伸产业链金融服务试点工作，通过“一头在外”的票据贴现业务和应收账款保理业务，促进降低产业链整体融资成本，更好的支持集团主业发展。

（六）加快制造业领域融资租赁业务发展。积极支持符合条件的金融机构和制造业企业在制造业集聚地区，通过控股、参股等方式发起设立金融租赁公司，支持大型飞机、民用航天、先进轨道交通、海洋工程装备和高技术船舶、智能电网成套设备等高端装备重点领域扩大市场应用和提高国际竞争力。大力发展直接租赁、售后回租等业务，充分发挥融资租赁业务支持企业融资与融物的双重功能，通过“以租代购”、分期偿还等方式，支持制造业企业实施设备更新改造和智能升级。积极发挥融资租赁“以租代售”功能，支持制造业企业扩大销售和出口。

三、创新发展符合制造业特点的信贷管理体制和金融产品体系

（七）优化信贷管理体制。鼓励金融机构围绕制造业新型产业链和创新链，积极改进授信评价机制，创新金融产品和服务。合理考量制造业企业技术、人才、市场前景等“软信息”，将相关因素纳入银行客户信用评级体系，挖掘企业潜在价值。鼓励有条件的金融机构在风险可控、商业可持续的前提下，结合企业“三表”、“三单”、“两品”等非财务信息，运用信用贷款、知识产权质押贷款、股权质押贷款、应收账款质押贷款和以品牌为基础的商标专利权质押贷款等方式，积极满足创新型制造业企业和生产性服务业的资金需求。

（八）大力发展产业链金融产品和服务。鼓励金融机构依托制造业产业链核心企业，积极开展仓单质押贷款、应收账款质押贷款、票据贴现、保理、国际国内信用证等各种形式的产业链金融业务，有效满足产业链上下游企业的融资需求。充分发挥人民银行应收账款融资服务平台的公共服务功能，降低银企对接成本。鼓励制造业核心企业、金融机构与人民银行应收账款融资服务平台进行对接，开发全流程、高效率的线上应收账款融资模式。研究推动制造业核心企业在银行间市场注册发行供应链融资票据。

（九）推动投贷联动金融服务模式创新。稳妥有序推进投贷联动业务试点，鼓励和指导试点银行业金融机构以投贷联动方式，为科创型制造业企业提供持续资金支持，促进企业融资结构合理化，有效降低融资成本。建立银行及其投资功能子公司、政府贷款风险补偿基金、融资担保公司、保险公司间的风险分担和补偿机制，有效降低银行信贷风险。鼓励银行业金融机构与外部投资公司、各类基金开展合作，积极整合各自的资金、信息和管理优势，探索多样化的投贷联动业务，促进银企信息交流共享，实现合作共赢。

（十）完善制造业兼并重组的融资服务。推动金融机构对兼并重组企业实行综合授信。鼓励金融机构完善并购贷款业务，在综合考虑并购方的资信状况、经营管理能力、财务稳健性、自筹资本金充足情况，以及并购标的的市场前景、未来盈利、并购协同效应等因素的基础上，合理确定贷款期限和利率，支持企业通过兼并重组实现行业整合。允许符合条件的制造业企业通过发行优先股、可转换债券、并购债券等方式筹集兼并重组资金。鼓励证券公司、资产管理公司、股权投资基金以及产业投资基金等参与企业兼并重组，扩大企业兼并重组资金来源。

（十一）切实择优助强，有效防控风险。银行业金融机构要坚持独立审贷、自主决策、自担风险原则，择优支持有核心竞争力的产业聚集区和企业，注重从源头把控风险。要发挥银行业同业沟通、协调、自律作用，通过联合授信、银团贷款等方式，形成融资协同效应，切实防止多头授信、过度授信，避免一哄而上、重复建设形成新的过剩产能。支持制造业企业按照市场化、法制化原则实施债转股，合理加大股权融资力度，加强企业自身债务杠杆约束，降低企业杠杆率。要稳妥有序退出过剩产能领域，对冶金、建材、石化化工、船舶等行业中有市场、有效益、有技术、经营规范的企业和技改项目，要支持其合理信贷需求。

四、大力发展多层次资本市场，加强对制造强国建设的资金支持

（十二）充分发挥股权融资作用。积极支持符合条件的优质、成熟制造业企业在主板市场上市融资，促进重点领域制造业企业做优做强。加快推进高技术制造业企业、先进制造业企业在中小企业板、创业板、全国中小企业股份转让系统和区域性股权交易市场上市或挂牌融资，充实中长期资本实力。在上市融资企业储备库里，对创新能力强、成长性好的制造业企业重点扶持。支持制造业企业在境外上市融资，提升中国制造业企业的国际竞争力。鼓励制造业企业通过资本市场并购重组，实现行业整合和布局调整优化，支持中西部地区承接产业转移。

（十三）促进创业投资持续健康发展。进一步完善扶持创业投资发展的政策体系，促进创业投资发展，有效弥补创新型、成长型制造业企业的融资缺口。鼓励种子基金等各类创业投资基金、天使投资人等创业投资主体加大对种子期、初创期创新型制造业企业的支持力度，通过提供企业管理、商业咨询、财务顾问等多元化服务，支持技术创新完成从科技研发到商业推广的成长历程。鼓励创业投资基金、产业投资基金投向“四基”领域重点项目。发挥先进制造业产业投资基金、国家新兴产业投资引导基金等作用，鼓励建立按市场化方式运作的各类高端装备创新发展基金。

（十四）支持制造业企业发行债券融资。充分发挥公司信用类债券部际协调机制作用，支持符合条件的制造业企业发行公司债、企业债、短期融资券、中期票据、永续票据、定向工具等直接融资工具，拓宽融资渠道，降低融资成本，调整债务结构。设计开发符合先进制造业和战略新兴产业特点的创新债券品种。支持高新技术产业开发区的园区运营机构发行双创专项债务融资工具，用于建设和改造园区基础设施，以及为入园入区制造业企业提供信用增信等服务。支持符合条件的优质制造业企业在注册发行分层分类管理体系下统一注册、自主发行多品种债务融资工具，提升储架发行便利。

（十五）支持制造业领域资产证券化。鼓励金融机构将符合国家产业政策、兼顾收益性和导向性的制造业领域信贷资产作为证券化基础资产，发行信贷资产证券化产品。鼓励制造业企业通过银行间市场发行资产支持票据，以及通过交易所市场开展企业资产证券化，改善企业流动性状况。大力推进高端技术装备、智能制造装备、节能及新能源装备等制造业融资租赁债权资产证券化，拓宽制造业融资租赁机构资金来源，更好服务企业技术升级改造。在依法合规、风险可控的前提下，鼓励符合条件的银行业金融机构稳妥开展不良资产证券化试点，主动化解制造业过剩产能领域信贷风险。

五、发挥保险市场作用，助推制造业转型升级

（十六）积极开发促进制造业发展的保险产品。进一步鼓励保险公司发展企业财产保险、科技保险、专利保险、安全生产责任保险等保险业务，为制造业提供多方面的风险保障。鼓励发展制造业贷款保证保险，支持轻资产科创型高技术企业发展壮大。大力发展产品质量责任保险，提高中国制造品牌信任度。深入推进首台（套）重大技术装备保险补偿机制试点工作，推动重大技术装备和关键零部件市场化应用。研究启动重点新材料首批次保险补偿机制试点工作。鼓励地方政府结合本地实际，建立符合本地制造业发展导向的保费补贴和风险补偿机制。

（十七）扩大保险资金对制造业领域投资。积极发挥保险长期资金优势，在符合保险资金运用安全性和收益性的前提下，通过债权、股权、基金、资产支持计划等多种形式，为制造业转型升级提供低成本稳定资金来源。支持保险机构投资制造业企业发行的优先股、并购债券等新型金融工具。鼓励保险机构与银行业金融机构共享信息、优势互补，合作开展制造业领域股债结合、投贷联动等业务。鼓励有条件的保险机构投资设立制造业保险资产管理机构。允许保险资金投资制造业创业投资基金等私募基金。扩大中国保险投资基金对制造业转型升级项目的投入。

六、拓宽融资渠道，积极支持制造业企业“走出去”

（十八）拓宽制造业“走出去”的融资渠道。金融机构要根据企业“走出去”需要，进一步优化完善海外机构布局，提高全球化金融服务能力。要积极运用银团贷款、并购贷款、项目融资、出口信贷等多种方式，为制造业企业在境外开展业务活动提供多元化和个性化的金融服务。支持“走出去”企业以境外资产和股权等权益为抵押获得贷款，提高企业融资能力。支持制造业企业开展外汇资金池、跨境双向人民币资金池业务，支持制造业企业在全口径跨境融资宏观审慎管理政策框架下进行跨境融资。支持符合条件的境内制造业企业利用境外市场发行股票、债券和资产证券化产品。

（十九）完善对制造业企业“走出去”的支持政策。不断优化外汇管理，满足制造业企业“走出去”过程中真实、合理的购汇需求。支持制造业企业在对外经济活动中使用人民币计价结算，优化对外人民币贷款项目管理，鼓励企业使用人民币对外贷款和投资。推动设立人民币海外合作基金，为制造业企业“走出去”项目提供成本适当的人民币贷款或投资。鼓励进一步扩大短期出口信用保险规模，加大对中小微企业和新兴市场开拓的保障力度。发挥好中长期出口信用保险的风险保障作用，实现大型成套设备出口融资应保尽保。

七、加强政策协调和组织保障

（二十）深入推动产业和金融合作。建立和完善工业和信息化部、人民银行、银监会信息共享和工作联动机制，加强产业政策与金融政策的沟通协调。建立产融信息对接合作平台，促进产业政策信息、企业生产经营信息、金融产品信息交流共享。探索对制造业部分重点行业建立企业“白名单”制度，为金融机构落实差别化的信贷政策提供参考依据。开展产融合作城市试点，促进试点城市聚合产业资源、金融资源、政策资源，支持制造强国建设，鼓励和引导产融合作试点城市探索产业与金融良性互动、实现互利共赢。

（二十一）加大货币信贷政策的支持力度。保持货币政策稳健中性，综合运用多种流动性管理工具，加强预调微调，保持流动性水平合理适度，引导货币信贷平稳增长，营造良好的货币金融环境，为制造业企业加强技术创新、实现转型升级创造有利的外部条件。充分发挥再贷款、再贴现等货币政策工具的正向激励作用，对支持制造业转型升级工作成绩突出的金融机构要优先予以支持。进一步引导银行业金融机构完善存贷款利率定价机制，增强自主理性定价能力，合理确定对制造业企业的贷款利率水平。

（二十二）优化政策配套和协调配合。鼓励地方政府通过设立产业引导基金、股权投资引导基金，按照政府引导、市场化运作、专业化管理的原则，加大对先进制造业的投资力度，撬动各类社会资本支持制造业转型升级。积极探索多样化的信贷风险分担机制，通过设立风险补偿基金、政府性担保基金、应急转贷基金等方式，支持金融机构加大制造业领域的信贷投入。进一步完善银行与融资担保机构的合作机制，建立合理的企业贷款风险分担和利率协商机制。进一步加强社会信用体系建设，对恶意逃废债行为要给予严厉打击，维护金融机构合法权益。

（二十三）加强监督引导和统计监测。建立金融支持制造强国建设工作的部际协调机制，加强信息沟通和监督引导。人民银行分支机构、银监会、证监会、保监会派出机构要根据当地产业发展实际情况，适时研究制定配套金融政策措施，切实加强对金融机构的指导。要依托行业主管部门支持，研究建立支持制造强国建设的金融统计制度，进一步加强对高技术制造业、先进制造业融资情况的统计监测分析。

请人民银行上海总部，各分行、营业管理部、省会（首府）城市中心支行、副省级城市中心支行会同所在省（区、市）工业和信息化主管部门、银监局、证监局、保监局等部门，将本意见联合转发至辖区内相关机构，并协调做好本意见的贯彻实施工作。

资产评估行业财政监督管理办法

（2017 年 4 月 21 日　财政部令第 86 号）

第一章　总　　则

第 一 条　为了加强资产评估行业财政监督管理，促进资产评估行业健康发展，根据《中华人民共和国资产评估法》（以下简称资产评估法）等法律、行政法规和国务院的有关规定，制定本办法。

第 二 条　资产评估机构及其资产评估专业人员根据委托对单项资产、资产组合、企业价值、金融权益、资产损失或者其他经济权益进行评定、估算，并出具资产评估报告的专业服务行为和财政部门对资产评估行业实施监督管理，适用本办法。

资产评估机构及其资产评估专业人员从事前款规定业务，涉及法律、行政法规和国务院规定由其他评估行政管理部门管理的，按照其他有关规定执行。

第 三 条　涉及国有资产或者公共利益等事项，属于本办法第二条规定范围有法律、行政法规规定需要评估的法定资产评估业务（以下简称"法定资产评估业务"），委托人应当按照资产评估法和有关法律、行政法规的规定，委托资产评估机构进行评估。

第 四 条　财政部门对资产评估行业的监督管理，实行行政监管、行业自律与机构自主管理相结合的原则。

第 五 条　财政部负责统筹财政部门对全国资产评估行业的监督管理，制定有关监督管理办法和资产评估基本准则，指导和督促地方财政部门实施监督管理。

财政部门对资产评估机构从事证券期货相关资产评估业务实施的监督管理，由财政部负责。

第 六 条　各省、自治区、直辖市、计划单列市财政厅（局）（以下简称省级财政部门）负责对本行政区域内资产评估行业实施监督管理。

第 七 条　中国资产评估协会依照法律、行政法规、本办法和其协会章程的规定，负责全国资产评估行业的自律管理。

地方资产评估协会依照法律、法规、本办法和其协会章程的规定，负责本地区资产评估行业的自律管理。

第八条 资产评估机构从事资产评估业务，除本办法第十六条规定外，依法不受行政区域、行业限制，任何组织或者个人不得非法干预。

第二章 资产评估专业人员

第九条 资产评估专业人员包括资产评估师（含珠宝评估专业，下同）和具有资产评估专业知识及实践经验的其他资产评估从业人员。

资产评估师是指通过中国资产评估协会组织实施的资产评估师资格全国统一考试的资产评估专业人员。

其他资产评估从业人员从事本办法第二条规定的资产评估业务，应当接受财政部门的监管。除从事法定资产评估业务外，其所需的资产评估专业知识及实践经验，由资产评估机构自主评价认定。

由其他评估行政管理部门管理的其他专业领域评估师从事本办法第二条规定的资产评估业务，按照本条第三款规定执行。

第十条 资产评估专业人员从事资产评估业务，应当加入资产评估机构，并且只能在一个资产评估机构从事业务。

资产评估专业人员应当与资产评估机构签订劳动合同，建立社会保险缴纳关系，按照国家有关规定办理人事档案存放手续。

第十一条 资产评估专业人员从事资产评估业务，应当遵守法律、行政法规和本办法的规定，执行资产评估准则及资产评估机构的各项规章制度，依法签署资产评估报告，不得签署本人未承办业务的资产评估报告或者有重大遗漏的资产评估报告。

未取得资产评估师资格的人员，不得签署法定资产评估业务资产评估报告，其签署的法定资产评估业务资产评估报告无效。

第十二条 资产评估专业人员应当接受资产评估协会的自律管理和所在资产评估机构的自主管理，不得从事损害资产评估机构合法利益的活动。

加入资产评估协会的资产评估专业人员，平等享有章程规定的权利，履行章程规定的义务。

第三章　资产评估机构

第一节　机构自主管理

第十三条　资产评估机构应当依法采用合伙或者公司形式，并符合资产评估法第十五条规定的条件。

不符合资产评估法第十五条规定条件的资产评估机构不得承接资产评估业务。

第十四条　资产评估机构从事资产评估业务，应当遵守资产评估准则，履行资产评估程序，加强内部审核，严格控制执业风险。

资产评估机构开展法定资产评估业务，应当指定至少两名资产评估师承办。不具备两名以上资产评估师条件的资产评估机构，不得开展法定资产评估业务。

第十五条　法定资产评估业务资产评估报告应当由两名以上承办业务的资产评估师签署，并履行内部程序后加盖资产评估机构印章，资产评估机构及签字资产评估师依法承担责任。

第十六条　资产评估机构应当遵守独立性原则和资产评估准则规定的资产评估业务回避要求，不得受理与其合伙人或者股东存在利害关系的业务。

第十七条　资产评估机构应当建立健全质量控制制度和内部管理制度。其中，内部管理制度包括资产评估业务管理制度、业务档案管理制度、人事管理制度、继续教育制度、财务管理制度等。

第十八条　资产评估机构应当指定一名取得资产评估师资格的本机构合伙人或者股东专门负责执业质量控制。

第十九条　资产评估机构根据业务需要建立职业风险基金管理制度，或者自愿购买职业责任保险，完善职业风险防范机制。

资产评估机构建立职业风险基金管理制度的，按照财政部的具体规定提取、管理和使用职业风险基金。

第二十条　实行集团化发展的资产评估机构，应当在质量控制、内部管理、客户服务、企业形象、信息化等方面，对设立的分支机构实行统一管理，或者对集团成员实行统一政策。

分支机构应当在资产评估机构授权范围内，依法从事资产评估业务，并以资产评估机构的名义出具资产评估报告。

第二十一条　资产评估机构和分支机构加入资产评估协会，平等享有章程规定的权利，履行章程规定的义务。

第二十二条 资产评估机构和分支机构应当在每年3月31日之前，分别向所加入的资产评估协会报送下列材料：

（一）资产评估机构或分支机构基本情况；

（二）上年度资产评估项目重要信息；

（三）资产评估机构建立职业风险基金或者购买职业责任保险情况。购买职业责任保险的，应当提供职业责任保险保单复印件。

第二节 机构备案管理

第二十三条 省级财政部门负责本地区资产评估机构和分支机构的备案管理。

第二十四条 资产评估机构应当自领取营业执照之日起30日内，通过备案信息管理系统向所在地省级财政部门备案，同时提交下列纸质材料：

（一）资产评估机构备案表；

（二）营业执照复印件；

（三）经工商行政管理机关登记的合伙协议或公司章程；

（四）资产评估机构合伙人或者股东以及执行合伙事务的合伙人或者法定代表人三年以上从业经历、最近三年接受处罚信息等基本情况；

（五）在该机构从业的资产评估师、其他专业领域的评估师和其他资产评估从业人员情况；

（六）资产评估机构质量控制制度和内部管理制度。

第二十五条 资产评估机构的备案信息不齐全或者备案材料不符合要求的，省级财政部门应当在接到备案材料5个工作日内一次性告知需要补正的全部内容，并给予指导。资产评估机构应当根据要求，在15个工作日内补正。逾期不补正的，视同未备案。

第二十六条 备案材料完备且符合要求的，省级财政部门收齐备案材料即完成备案，并在20个工作日内将下列信息以公函编号向社会公开：

（一）资产评估机构名称及组织形式；

（二）资产评估机构的合伙人或者股东的基本情况；

（三）资产评估机构执行合伙事务的合伙人或者法定代表人；

（四）申报的资产评估专业人员基本情况。

对于资产评估机构申报的资产评估师信息，省级财政部门应当在公开前向有关资产评估协会核实。

第二十七条　资产评估机构设立分支机构的，应当比照本办法第二十四条至第二十六条的规定，由资产评估机构向其分支机构所在地省级财政部门备案，同时提交下列纸质材料：

（一）资产评估机构设立分支机构备案表；

（二）分支机构营业执照复印件；

（三）资产评估机构授权分支机构的业务范围；

（四）分支机构负责人三年以上从业经历、最近三年接受处罚信息等基本情况；

（五）在该分支机构从业的资产评估师、其他专业领域评估师和其他资产评估从业人员情况。

完成分支机构备案的省级财政部门应当将分支机构备案情况向社会公开，同时告知资产评估机构所在地省级财政部门。

第二十八条　资产评估机构的名称、执行合伙事务的合伙人或者法定代表人、合伙人或者股东、分支机构的名称或者负责人发生变更，以及发生机构分立、合并、转制、撤销等重大事项，应当自变更之日起 15 个工作日内，比照本办法第二十四条至第二十六条的规定，向有关省级财政部门办理变更手续。需要变更工商登记的，自工商变更登记完成之日起 15 个工作日内向有关省级财政部门办理变更手续。

第二十九条　资产评估机构办理合并或者分立变更手续的，应当提供合并或者分立协议。合并或者分立协议应当包括以下事项：

（一）合并或者分立前资产评估机构评估业务档案保管方案；

（二）合并或者分立前资产评估机构职业风险基金或者执业责任保险的处理方案；

（三）合并或者分立前资产评估机构资产评估业务、执业责任的承继关系。

第三十条　合伙制资产评估机构转为公司制资产评估机构，或者公司制资产评估机构转为合伙制资产评估机构，办理变更手续应当提供合伙人会议或股东（大）会审议通过的转制决议。

转制决议应当载明转制后机构与转制前机构的债权债务、档案保管、资产评估业务、执业责任等承继关系。

第三十一条　资产评估机构跨省级行政区划迁移经营场所，应当书面告知迁出地省级财政部门。

资产评估机构在办理完迁入地工商登记手续后 15 个工作日内，比照本办法第二十四条至第二十六条的规定，向迁入地省级财政部门办理迁入备案手续。

迁入地省级财政部门办理迁入备案手续后通知迁出地的省级财政部门，迁出地的省级财政部门应同时予以公告。

第三十二条 已完成备案的资产评估机构或者分支机构有下列行为之一的，省级财政部门予以注销备案，并向社会公开：

（一）注销工商登记的；

（二）被工商行政管理机关吊销营业执照的；

（三）主动要求注销备案的。

第三十三条 注销备案的资产评估机构及其分支机构的资产评估业务档案，应当按照《中华人民共和国档案法》和资产评估档案管理的有关规定予以妥善保存。

第三十四条 财政部建立统一的备案信息管理系统。备案信息管理系统实行全国联网，并与其他相关行政管理部门实行信息共享。

第三十五条 资产评估机构未按本办法规定备案的，依法承担法律责任。

第四章 资产评估协会

第三十六条 资产评估协会是资产评估机构和资产评估专业人员的自律性组织，接受有关财政部门的监督，不得损害国家利益和社会公共利益，不得损害会员的合法权益。

第三十七条 资产评估协会通过制定章程规范协会内部管理和活动。协会章程应当由会员代表大会制定，经登记管理机关核准后，报有关财政部门备案。

第三十八条 资产评估协会应当依法履行职责，向有关财政部门提供资产评估师信息，及时向有关财政部门报告会员信用档案、会员自律检查情况及奖惩情况。

第三十九条 资产评估协会对资产评估机构及其资产评估专业人员进行自律检查。资产评估机构及其资产评估专业人员应当配合资产评估协会组织实施的自律检查。

资产评估协会应当重点检查资产评估机构及其资产评估专业人员的执业质量和职业风险防范机制。

第四十条 资产评估协会应当结合自律检查工作，对资产评估机构及其分支机构按照本办法第二十二条规定报送的材料进行分析，发现不符合法律、行政法规和本办法规定的情况，及时向有关财政部门报告。

第四十一条 资产评估协会应当与其他评估专业领域行业协会加强沟通协作，建立会员、执业、惩戒等相关信息的共享机制。

中国资产评估协会应当会同其他评估专业领域行业协会根据需要制定共同的行为规范，促进评估行业健康有序发展。

第五章 监督检查

第四十二条 财政部统一部署对资产评估行业的监督检查，主要负责以下工作：

（一）制定资产评估专业人员、资产评估机构、资产评估协会和相关资产评估业务监督检查的具体办法；

（二）组织开展资产评估执业质量专项检查；

（三）监督检查资产评估机构从事证券期货相关资产评估业务情况；

（四）检查中国资产评估协会履行资产评估法第三十六条规定的职责情况，并根据工作需要，对地方资产评估协会履行职责情况进行抽查；

（五）指导和督促地方财政部门对资产评估行业的监督检查，并对其检查情况予以抽查。

对本条第一款第三项进行监督检查，必要时，财政部可以会同其他有关部门进行。

第四十三条 省级财政部门开展监督检查，包括年度检查和必要的专项检查，对本行政区域内资产评估机构包括分支机构下列内容进行重点检查，并将检查结果予以公开，同时向财政部报告：

（一）资产评估机构持续符合资产评估法第十五条规定条件的情况；

（二）办理备案情况；

（三）资产评估执业质量情况。

对本条第一款第一项进行检查，必要时，有关财政部门可以会同其他相关评估行政管理部门进行。

第四十四条 省级财政部门对地方资产评估协会实施监督检查，并将检查情况向财政部汇报，重点检查资产评估协会履行以下职责情况：

（一）地方资产评估协会章程的制定、修改情况；

（二）指导会员落实准则情况；

（三）检查会员执业质量情况；

（四）开展会员继续教育、信用档案、风险防范等情况；

（五）机构会员年度信息管理情况。

第四十五条 财政部门开展资产评估行业监督检查，应当由本部门两名以上执法人员组成检查组。具体按照财政检查工作的有关规定执行。

第四十六条 检查时，财政部门认定虚假资产评估报告和重大遗漏资产评估报告，应当以资产评估准则为依据，组织相关专家进行专业技术论证，也可以委托资产评估协会组织专家提供专业技术支持。

第四十七条 检查过程中，财政部和省级财政部门发现资产评估专业人员、资产评估机构和资产评估协会存在违法情形的，应当依照资产评估法等法律、行政法规和本办法的规定处理、处罚。涉嫌犯罪的，移送司法机关处理。

当事人对行政处理、行政处罚决定不服的，可以依法申请行政复议或者提起行政诉讼。

第六章　调 查 处 理

第四十八条 资产评估委托人或资产评估报告使用人对资产评估机构或资产评估专业人员的下列行为，可以向对该资产评估机构备案的省级财政部门进行投诉、举报，其他公民、法人或其他组织可以向对该资产评估机构备案的省级财政部门举报：

（一）违法开展法定资产评估业务的；

（二）资产评估专业人员违反资产评估法第十四条规定的；

（三）资产评估机构未按照本办法规定备案或备案后未持续符合资产评估法第十五条规定条件的；

（四）资产评估机构违反资产评估法第二十条规定的；

（五）资产评估机构违反本办法第十六条规定的；

（六）资产评估机构违反本办法第二十条第二款规定的。

资产评估委托人或资产评估报告使用人投诉、举报资产评估机构出具虚假资产评估报告或者重大遗漏的资产评估报告的，可以先与资产评估机构进行沟通。

第四十九条 在法定资产评估业务中，委托人或被评估单位有资产评估法第五十二条规定行为的，资产评估的相关当事人可以向委托人或被评估单位所在地省级财政部门进行投诉、举报,其他公民、法人或其他组织可以向委托人或被评估单位所在地省级财政部门举报。

由于委托人或被评估单位的行政管理层级不匹配或存在其他原因超出省级财政部门处理权限的,省级财政部门可以申请由财政部受理。

向财政部门投诉、举报事项涉及资产评估机构从事证券期货相关资产评估业务的,由财政部受理。

第五十条 投诉、举报应当通过书面形式实名进行,并如实反映情况,提供相关证明材料。

第五十一条 财政部门接到投诉、举报的事项,应当在15个工作日内作出是否受理的书面决定。投诉、举报事项属于财政部门职责的,财政部门应当予以受理。不予受理的,应当说明理由,及时告知实名投诉人、举报人。

第五十二条 投诉、举报事项属于下列情形的,财政部门不予受理:

(一)投诉、举报事项不属于财政部门职责的;

(二)已由公安机关、检察机关立案调查或者进入司法程序的;

(三)属于资产评估协会自律管理的。

投诉人、举报人就同一事项向财政部门和资产评估协会投诉、举报的,财政部门按照本办法第五十一条和本条第一款的规定处理。

第五十三条 财政部门受理投诉、举报,应当采用书面审查的方式及时进行处理,必要时可以成立由本部门两名以上执法人员和聘用的专家组成的调查组,进行调查取证。有关当事人应当如实反映情况,提供相关材料。

调查组成员与当事人有直接利害关系的,应当回避;对调查工作中知悉的国家秘密和商业秘密,应当保密。

受理的投诉、举报事项同时涉及其他行政管理部门职责的,应当会同其他行政管理部门进行处理。

第五十四条 对投诉、举报的调查,调查组有权进入被投诉举报单位现场调查,查阅、复印有关凭证、文件等资料,询问被投诉举报单位有关人员,必要时按照资产评估业务延伸调查,并将调查内容与事项予以记录和摘录,编制调查工作底稿。

调查组在调查中取得的证据、材料以及工作底稿,应当有提供者或者被调查人的签名或者盖章。未取得提供者或者被调查人签名或者盖章的材料,调查组应当注明原因。

第五十五条 在有关证据可能灭失或者以后难以取得的情况下,经财政部门负责人批准,调查组可以先行登记保存,并应当在 7 个工作日内及时作出处理决定。被调查人或者有关人员不得销毁或者转移证据。

第五十六条 针对资产评估协会的投诉、举报,财政部和省级财政部门应当及时调查处理。

第五十七条 调查时,财政部门认定虚假资产评估报告和重大遗漏资产评估报告,按照本办法第四十六条规定执行。

第五十八条 经调查发现资产评估专业人员、资产评估机构和资产评估协会存在违法情形的,财政部和省级财政部门按照本办法第四十七条规定予以处理。

第五十九条 财政部门根据调查处理具体情况,应当采取书面形式答复实名投诉人、举报人。

第六十条 对其他有关部门移送的资产评估违法线索或案件,或者资产评估协会按照本办法第四十条规定报告的情况,有关财政部门应当比照本办法第五十二条至第五十八条的规定依法调查处理,并将处理结果告知移送部门或者资产评估协会。

第七章 法 律 责 任

第六十一条 资产评估专业人员有下列行为之一的,由有关省级财政部门予以警告,可以责令停止从业六个月以上一年以下;有违法所得的,没收违法所得;情节严重的,责令停止从业一年以上五年以下;构成犯罪的,移送司法机关处理:

(一)违反本办法第十条第一款的规定,同时在两个以上资产评估机构从事业务的;

(二)违反本办法第十一条第一款的规定,签署本人未承办业务的资产评估报告或者有重大遗漏的资产评估报告的。

资产评估专业人员违反本办法第十二条第一款、第三十九条第一款规定,不接受行业自律管理的,由资产评估协会予以惩戒,记入信用档案;情节严重的,由资产评估协会按照规定取消会员资格,并予以公告。

第六十二条 有下列行为之一的,由对其备案的省级财政部门对资产评估机构予以警告,可以责令停业一个月以上六个月以下;有违法所得的,没收违法所得,并处违法所得一倍以上五倍以下罚款;情节严重的,通知工商行政管理部门依法处理;构成犯罪的,移送司法机关处理:

(一)违反本办法第十一条第二款规定,未取得资产评估师资格的人员签署法定资产评估业务资产评估报告的；

（二）违反本办法第十五条规定，承办并出具法定资产评估业务资产评估报告的资产评估师人数不符合法律规定的；

（三）违反本办法第十六条规定，受理与其合伙人或者股东存在利害关系业务的。

第六十三条 资产评估机构违反本办法第十七条、第十八条、第十九条、第二十条第一款、第二十八条、第三十一条第一款和第二款规定的，由资产评估机构所在地省级财政部门责令改正，并予以警告。

第六十四条 资产评估机构违反本办法第二十条第二款规定造成不良后果的，由其分支机构所在地的省级财政部门责令改正，对资产评估机构及其法定代表人或执行合伙事务的合伙人分别予以警告；没有违法所得的，可以并处资产评估机构一万元以下罚款；有违法所得的，可以并处资产评估机构违法所得一倍以上三倍以下、最高不超过三万元的罚款；同时通知资产评估机构所在地省级财政部门。

第六十五条 资产评估机构未按照本办法第二十四条规定备案或者备案后不符合资产评估法第十五条规定条件的，由资产评估机构所在地省级财政部门责令改正；拒不改正的，责令停业，可以并处一万元以上五万元以下罚款，并通报工商行政管理部门。

资产评估机构未按照本办法第二十七条第一款规定办理分支机构备案的，由其分支机构所在地的省级财政部门责令改正，并对资产评估机构及其法定代表人或者执行合伙事务的合伙人分别予以警告，同时通知资产评估机构所在地的省级财政部门。

第六十六条 资产评估协会有下列行为之一的，由有关财政部门予以警告，责令改正；拒不改正的，可以通报登记管理机关依法处理：

（一）章程不符合资产评估法和本办法规定的；

（二）资产评估协会未依照资产评估法、本办法和其章程的规定履行职责的。

第六十七条 有关财政部门对资产评估机构、资产评估专业人员和资产评估协会的财政处理、处罚情况，应当在15个工作日内向社会公开。

第六十八条 财政部门工作人员在资产评估行业监督管理工作中滥用职权、玩忽职守、徇私舞弊的，按照《中华人民共和国公务员法》、《中华人民共和国行政监察法》等国家有关规定追究相应责任；涉嫌犯罪的，移送司法机关处理。

第八章　附　　则

第六十九条　本办法所称资产评估行业、资产评估专业人员、资产评估机构和资产评估协会是指根据资产评估法和国务院规定，按照职责分工由财政部门监管的资产评估行业、资产评估专业人员、资产评估机构和资产评估协会。

第七十条　外商投资者在中华人民共和国境内设立、参股、入伙资产评估机构或者开展法定资产评估业务，应当依法履行国家安全审查程序。

第七十一条　省级财政部门可结合实际制定具体的实施办法。设区的市级财政部门可以对本行政区域内资产评估行业实施监督管理，具体由省级财政部门根据当地资产评估行业发展状况和设区的市级财政部门具备的监管条件确定。

第七十二条　本办法自 2017 年 6 月 1 日起施行。财政部 2011 年 8 月 11 日发布的《资产评估机构审批和监督管理办法》（财政部令第 64 号）同时废止。

财政部、国家发展改革委、司法部、中国人民银行、中国银监会、中国证监会关于进一步规范地方政府举债融资行为的通知

（2017 年 4 月 26 日　财预〔2017〕50 号）

各省、自治区、直辖市、计划单列市财政厅（局）、发展改革委、司法厅（局），中国人民银行上海总部、各分行、营业管理部、省会（首府）城市中心支行、副省级城市中心支行，各银监局、证监局：

2014 年修订的预算法和《国务院关于加强地方政府性债务管理的意见》（国发〔2014〕43 号）实施以来，地方各级政府加快建立规范的举债融资机制，积极发挥政府规范举债对经济社会发展的支持作用，防范化解财政金融风险，取得了阶段性成效。但个别地区违法违规举债担保时有发生，局部风险不容忽视。为贯彻落实党中央、国务院决策部署，牢牢守住不发生区域性系统性风险的底线，现就进一步规范地方政府举债融资行为有关事项通知如下：

一、全面组织开展地方政府融资担保清理整改工作

各省级政府要认真落实国务院办公厅印发的《地方政府性债务风险应急处置预案》（国办函〔2016〕88 号）要求，抓紧设立政府性债务管理领导小组，指导督促本级各部门和市县政府进一步完善风险防范机制，结合 2016 年开展的融资平台公司债务等统计情况，尽快组织一次地方政府及其部门融资担保行为摸底排查，督促相关部门、市县政府加强与社会资本方的平等协商，依法完善合同条款，分类妥善处置，全面改正地方政府不规范的融资担保行为。上述工作应当于 2017 年 7 月 31 日前清理整改到位，对逾期不改正或改正不到位的相关部门、市县政府，省级政府性债务管理领导小组应当提请省级政府依法依规追究相关责任人的责任。财政部驻各地财政监察专员办事处要密切跟踪地方工作进展，发现问题及时报告。

二、切实加强融资平台公司融资管理

加快政府职能转变，处理好政府和市场的关系，进一步规范融资平台公司融资行为管理，推动融资平台公司尽快转型为市场化运营的国有企业、依法合规开展市场化融资，地方政府及其所属部门不得干预融资平台公司日常运营和市场化融资。地方政府不得将公益性资产、储备土地注入融资平台公司，不得承诺将储备土地预期出让收入作为融资平台公司偿债资金来源，不得利用政府性资源干预金融机构正常经营行为。金融机构应当依法合规支持融资平台公司市场化融资，服务实体经济发展。进一步健全信息披露机制，融资平台公司在境内外举债融资时，应当向债权人主动书面声明不承担政府融资职能，并明确自2015年1月1日起其新增债务依法不属于地方政府债务。金融机构应当严格规范融资管理，切实加强风险识别和防范，落实企业举债准入条件，按商业化原则履行相关程序，审慎评估举债人财务能力和还款来源。金融机构为融资平台公司等企业提供融资时，不得要求或接受地方政府及其所属部门以担保函、承诺函、安慰函等任何形式提供担保。对地方政府违法违规举债担保形成的债务，按照《国务院办公厅关于印发地方政府性债务风险应急处置预案的通知》（国办函〔2016〕88号）、《财政部关于印发〈地方政府性债务风险分类处置指南〉的通知》（财预〔2016〕152号）依法妥善处理。

三、规范政府与社会资本方的合作行为

地方政府应当规范政府和社会资本合作（PPP）。允许地方政府以单独出资或与社会资本共同出资方式设立各类投资基金，依法实行规范的市场化运作，按照利益共享、风险共担的原则，引导社会资本投资经济社会发展的重点领域和薄弱环节，政府可适当让利。地方政府不得以借贷资金出资设立各类投资基金，严禁地方政府利用PPP、政府出资的各类投资基金等方式违法违规变相举债，除国务院另有规定外，地方政府及其所属部门参与PPP项目、设立政府出资的各类投资基金时，不得以任何方式承诺回购社会资本方的投资本金，不得以任何方式承担社会资本方的投资本金损失，不得以任何方式向社会资本方承诺最低收益，不得对有限合伙制基金等任何股权投资方式额外附加条款变相举债。

四、进一步健全规范的地方政府举债融资机制

全面贯彻落实依法治国战略，严格执行预算法和国发〔2014〕43号文件规定，健全规范的地方政府举债融资机制，地方政府举债一律采取在国务院批准的限额内发行地方政府债券方式，除此以外地方政府及其所属部门不得以任何方式举借债务。地方政府及其所属部门不得以文件、会议纪要、领导批示等任何形式，要求或决定企业为政府举债或变相为政府举债。允许地方政府结合财力可能设立或参股担保公司（含各类融资担保基金公司），构建市场化运作的融资担保体系，鼓励政府出资的担保公司依法依规提供融资担保服务，地方政府依法在出资范围内对担保公司承担责任。除外国政府和国际经济组织贷款转贷外，地方政府及其所属部门不得为任何单位和个人的债务以任何方式提供担保，不得承诺为其他任何单位和个人的融资承担偿债责任。地方政府应当科学制定债券发行计划，根据实际需求合理控制节奏和规模，提高债券透明度和资金使用效益，建立信息共享机制。

五、建立跨部门联合监测和防控机制

完善统计监测机制，由财政部门会同发展改革、人民银行、银监、证监等部门建设大数据监测平台，统计监测政府中长期支出事项以及融资平台公司举借或发行的银行贷款、资产管理产品、企业债券、公司债券、非金融企业债务融资工具等情况，加强部门信息共享和数据校验，定期通报监测结果。开展跨部门联合监管，建立财政、发展改革、司法行政机关、人民银行、银监、证监等部门以及注册会计师协会、资产评估协会、律师协会等行业自律组织参加的监管机制，对地方政府及其所属部门、融资平台公司、金融机构、中介机构、法律服务机构等的违法违规行为加强跨部门联合惩戒，形成监管合力。对地方政府及其所属部门违法违规举债或担保的，依法依规追究负有直接责任的主管人员和其他直接责任人员的责任；对融资平台公司从事或参与违法违规融资活动的，依法依规追究企业及其相关负责人责任；对金融机构违法违规向地方政府提供融资、要求或接受地方政府提供担保承诺的，依法依规追究金融机构及其相关负责人和授信审批人员责任；对中介机构、法律服务机构违法违规为融资平台公司出具审计报告、资产评估报告、信用评级报告、法律意见书等的，依法依规追究中介机构、法律服务机构及相关从业人员的责任。

六、大力推进信息公开

地方各级政府要贯彻落实中共中央办公厅、国务院办公厅《关于全面推进政务公开工作的意见》等规定和要求，全面推进地方政府及其所属部门举债融资行为的决策、执行、管理、结果等公开，严格公开责任追究，回应社会关切，主动接受社会监督。继续完善地方政府债务信息公开制度，县级以上地方各级政府应当重点公开本地区政府债务限额和余额，以及本级政府债务的规模、种类、利率、期限、还本付息、用途等内容。省级财政部门应当参考国债发行做法，提前公布地方政府债务发行计划。

推进政府购买服务公开，地方政府及其所属部门应当重点公开政府购买服务决策主体、购买主体、承接主体、服务内容、合同资金规模、分年财政资金安排、合同期限、绩效评价等内容。推进政府和社会资本合作（PPP）项目信息公开，地方政府及其所属部门应当重点公开政府和社会资本合作（PPP）项目决策主体、政府方和社会资本方信息、合作项目内容和财政承受能力论证、社会资本方采购信息、项目回报机制、合同期限、绩效评价等内容。推进融资平台公司名录公开。

各地区要充分认识规范地方政府举债融资行为的重要性，把防范风险放在更加重要的位置，省级政府性债务管理领导小组要切实担负起地方政府债务管理责任，进一步健全制度和机制，自觉维护总体国家安全，牢牢守住不发生区域性系统性风险的底线。各省（自治区、直辖市、计划单列市）政府性债务管理领导小组办公室应当汇总本地区举债融资行为清理整改工作情况，报省级政府同意后，于2017年8月31日前反馈财政部，抄送发展改革委、人民银行、银监会、证监会。

特此通知。

财政部、税务总局关于创业投资企业和天使投资个人有关税收试点政策的通知

（2017 年 4 月 28 日　财税〔2017〕38 号）

各省、自治区、直辖市、计划单列市财政厅（局）、国家税务局、地方税务局，新疆生产建设兵团财务局：

为进一步落实创新驱动发展战略，促进创业投资持续健康发展，现就创业投资企业和天使投资个人有关税收试点政策通知如下：

一、税收试点政策

（一）公司制创业投资企业采取股权投资方式直接投资于种子期、初创期科技型企业（以下简称初创科技型企业）满 2 年（24 个月，下同）的，可以按照投资额的 70% 在股权持有满 2 年的当年抵扣该公司制创业投资企业的应纳税所得额；当年不足抵扣的，可以在以后纳税年度结转抵扣。

（二）有限合伙制创业投资企业（以下简称合伙创投企业）采取股权投资方式直接投资于初创科技型企业满 2 年的，该合伙创投企业的合伙人分别按以下方式处理：

1. 法人合伙人可以按照对初创科技型企业投资额的 70% 抵扣法人合伙人从合伙创投企业分得的所得；当年不足抵扣的，可以在以后纳税年度结转抵扣。

2. 个人合伙人可以按照对初创科技型企业投资额的 70% 抵扣个人合伙人从合伙创投企业分得的经营所得；当年不足抵扣的，可以在以后纳税年度结转抵扣。

（三）天使投资个人采取股权投资方式直接投资于初创科技型企业满 2 年的，可以按照投资额的 70% 抵扣转让该初创科技型企业股权取得的应纳税所得额；当期不足抵扣的，可以在以后取得转让该初创科技型企业股权的应纳税所得额时结转抵扣。

天使投资个人在试点地区投资多个初创科技型企业的，对其中办理

注销清算的初创科技型企业,天使投资个人对其投资额的 70% 尚未抵扣完的,可自注销清算之日起 36 个月内抵扣天使投资个人转让其他初创科技型企业股权取得的应纳税所得额。

二、相关政策条件

(一)本通知所称初创科技型企业,应同时符合以下条件:

1. 在中国境内(不包括港、澳、台地区)注册成立、实行查账征收的居民企业;

2. 接受投资时,从业人数不超过 200 人,其中具有大学本科以上学历的从业人数不低于 30%;资产总额和年销售收入均不超过 3000 万元;

3. 接受投资时设立时间不超过 5 年(60 个月,下同);

4. 接受投资时以及接受投资后 2 年内未在境内外证券交易所上市;

5. 接受投资当年及下一纳税年度,研发费用总额占成本费用支出的比例不低于 20%。

(二)享受本通知规定税收试点政策的创业投资企业,应同时符合以下条件:

1. 在中国境内(不含港、澳、台地区)注册成立、实行查账征收的居民企业或合伙创投企业,且不属于被投资初创科技型企业的发起人;

2. 符合《创业投资企业管理暂行办法》(发展改革委等 10 部门令第 39 号)规定或者《私募投资基金监督管理暂行办法》(证监会令第 105 号)关于创业投资基金的特别规定,按照上述规定完成备案且规范运作;

3. 投资后 2 年内,创业投资企业及其关联方持有被投资初创科技型企业的股权比例合计应低于 50%;

4. 创业投资企业注册地须位于本通知规定的试点地区。

(三)享受本通知规定的税收试点政策的天使投资个人,应同时符合以下条件:

1. 不属于被投资初创科技型企业的发起人、雇员或其亲属(包括配偶、父母、子女、祖父母、外祖父母、孙子女、外孙子女、兄弟姐妹,下同),且与被投资初创科技型企业不存在劳务派遣等关系;

2. 投资后 2 年内,本人及其亲属持有被投资初创科技型企业股权比例合计应低于 50%;

3. 享受税收试点政策的天使投资个人投资的初创科技型企业,其注册地须位于本通知规定的试点地区。

(四)享受本通知规定的税收试点政策的投资,仅限于通过向被投资初创科技型企业直接支付现金方式取得的股权投资,不包括受让其他股东的存量股权。

三、管理事项及管理要求

（一）本通知所称研发费用口径，按照《财政部 国家税务总局 科技部关于完善研究开发费用税前加计扣除政策的通知》（财税〔2015〕119 号）的规定执行。

（二）本通知所称从业人数，包括与企业建立劳动关系的职工人员及企业接受的劳务派遣人员。从业人数和资产总额指标，按照企业接受投资前连续 12 个月的平均数计算，不足 12 个月的，按实际月数平均计算。

本通知所称销售收入，包括主营业务收入与其他业务收入；年销售收入指标，按照企业接受投资前连续 12 个月的累计数计算，不足 12 个月的，按实际月数累计计算。

本通知所称成本费用，包括主营业务成本、其他业务成本、销售费用、管理费用、财务费用。

（三）本通知所称投资额，按照创业投资企业或天使投资个人对初创科技型企业的实缴投资额确定。

合伙创投企业的合伙人对初创科技型企业的投资额，按照合伙创投企业对初创科技型企业的实缴投资额和合伙协议约定的合伙人占合伙创投企业的出资比例计算确定。合伙人从合伙创投企业分得的所得，按照《财政部 国家税务总局关于合伙企业合伙人所得税问题的通知》（财税〔2008〕159 号）规定计算。

（四）天使投资个人、创业投资企业、合伙创投企业法人合伙人、被投资初创科技型企业应按规定向税务机关履行备案手续。

（五）初创科技型企业接受天使投资个人投资满 2 年，在上海证券交易所、深圳证券交易所上市的，天使投资个人转让该企业股票时，按照现行限售股有关规定执行，其尚未抵扣的投资额，在税款清算时一并计算抵扣。

（六）享受本通知规定的税收试点政策的纳税人，其主管税务机关对被投资企业是否符合初创科技型企业条件有异议的，可以转请被投资企业主管税务机关提供相关材料。对纳税人提供虚假资料，违规享受税收试点政策的，应按税收征管法相关规定处理，并将其列入失信纳税人名单，按规定实施联合惩戒措施。

四、执行时间及试点地区

本通知规定的企业所得税政策自 2017 年 1 月 1 日起试点执行，个人所得税政策自 2017 年 7 月 1 日起试点执行。执行日期前 2 年内发生的投资，在执行日期后投资满 2 年，且符合本通知规定的其他条件的，可以适用本通知规定的税收试点政策。

本通知所称试点地区包括京津冀、上海、广东、安徽、四川、武汉、西安、沈阳 8 个全面创新改革试验区域和苏州工业园区。

国家发展改革委、中国人民银行、工业和信息化部等印发《关于在电子认证服务行业实施守信联合激励和失信联合惩戒的合作备忘录》的通知

（2017 年 5 月 4 日　发改财金〔2017〕844 号）

各省、自治区、直辖市和新疆生产建设兵团有关部门、机构：

为全面贯彻党的十八大和十八届三中、四中、五中、六中全会精神，落实《国务院关于建立完善守信联合激励和失信联合惩戒制度加快推进社会诚信建设的指导意见》（国发〔2016〕33 号）和《国务院关于印发社会信用体系建设规划纲要（2014－2020 年）的通知》（国发〔2014〕21 号）等文件精神，加快推进电子认证服务领域信用体系建设，建立健全守信联合激励和失信联合惩戒机制，促进形成“褒扬诚信、惩戒失信”的良好社会环境，国家发展改革委、人民银行、工业和信息化部、中央文明办、科技部、财政部、人力资源社会保障部、国土资源部、税务总局、工商总局、质检总局、银监会、证监会、保监会、全国总工会、共青团中央、全国妇联等部门联合签署了《关于在电子认证服务行业实施守信联合激励和失信联合惩戒的合作备忘录》。现印发给你们，请认真贯彻执行。

附件：关于在电子认证服务行业实施守信联合激励和失信联合惩戒的合作备忘录

附件

关于在电子认证服务行业实施守信联合激励和失信联合惩戒的合作备忘录

为全面贯彻党的十八大和十八届三中、四中、五中、六中全会精神，落

实《国务院关于建立完善守信联合激励和失信联合惩戒制度 加快推进社会诚信建设的指导意见》(国发〔2016〕33号)和《国务院关于印发社会信用体系建设规划纲要(2014－2020年)的通知》(国发〔2014〕21号)等文件精神,加快推进电子认证服务领域信用体系建设,建立健全守信联合激励和失信联合惩戒机制,促进形成"褒扬诚信、惩戒失信"的良好社会环境,国家发展改革委、人民银行、工业和信息化部、中央文明办、科技部、财政部、人力资源社会保障部、国土资源部、税务总局、工商总局、质检总局、银监会、证监会、保监会、全国总工会、共青团中央、全国妇联等部门就电子认证服务行业实施守信联合激励和失信联合惩戒达成如下意见。

一、守信联合激励的对象和措施

(一)守信联合激励的对象

守信联合激励的对象为工业和信息化部认定并公布的严格遵守《电子签名法》等法律法规、遵从认证业务规则、拥有良好的认证服务记录、具有较高信用评价等级,且在全国信用信息共享平台及国家企业信用信息公示系统无失信记录的电子认证服务机构。工业和信息化部推动建立电子认证服务机构信用评价机制及评价指南,组织第三方机构开展电子认证服务机构信用等级评价。

(二)工业和信息化部采取的激励措施

1. 在电子认证服务许可证延续审查中,根据情况实施"容缺受理"、缩减审查事项等便利措施;在年度电子认证服务监督检查中可以免检一次。

2. 在工业和信息化部负责推进实施的两化融合、工控系统安全、网络安全、食品安全追溯等需要电子认证服务的重大项目中,同等条件下优先考虑。

3. 在工业和信息化部网站、"信用中国"网站等公布联合激励对象名单,将其纳入工业和信息化部主管的行业信用信息数据库,树立为诚信典型,向社会推介。

4. 工业和信息化部、地方工业和信息化主管部门在相关行政审批、项目申请、评选表彰等方面给予一定的便利和支持。

5. 支持地方工业和信息化主管部门在法律法规和自身职权范围内,采取更多的激励措施。

(三)其他有关部门采取的激励措施

6. 政府建设运营的电子招标投标平台在委托认证服务机构时,同等条件下优先选择联合激励对象。(实施单位:国家发展改革委、各级人民

政府及其组成部门）

7. 在实施政府性资金项目安排时，将认定守信激励情况作为重要参考，同等条件下优先考虑。（实施单位：财政部、国家发展改革委）

8. 引导银行等金融机构将认定守信激励情况作为授信融资贷款的重要参考。（实施单位：人民银行、银监会）

9. 在高新技术企业认定、检验机构认可等工作中，将认定守信激励情况作为重要参考。（实施单位：科技部、质检总局等有关单位，各级人民政府）

10. 由税务机关提供“绿色通道”或专门人员帮助办理涉税事项。（实施单位：税务总局）

11. 在办理社会保险业务时享受企业“绿色通道”，实施快捷服务。（实施单位：人力资源社会保障部）

12. 在政府招投标供应土地时，同等条件下予以优先考虑。（实施单位：国土资源部）

13. 将认定守信激励情况作为企业参加全国奖励评估的重要参考，作为机构负责人参加评优表彰的重要参考。（实施单位：中央文明办、全国总工会、全国妇联）

二、失信联合惩戒的对象和措施

（一）失信联合惩戒的对象

失信联合惩戒的对象为工业和信息化部认定并公布的存在严重失信行为的电子认证服务机构，未经许可从事电子认证服务的企事业单位或其他组织（以下简称“失信机构”）及其法定代表人、主要负责人和负有直接责任的有关人员（以下简称“失信人员”）。“严重失信行为”是指不遵守法律法规、未严格按照认证业务规则操作，并对消费者权益造成严重损害的行为。

（二）工业和信息化部依法依规采取的惩戒措施

1. 责令限期改正或停止失信行为，列为重点监管对象，加强日常监督检查频次，向社会公布检查结果。

2. 在工业和信息化部网站公示联合惩戒对象名单及有关信息；对失信机构在一定期限内限制从事电子认证服务，对失信人员在一定期限内实施行业禁入。

3. 在增值电信业务经营许可等行政审批中，对失信机构从严审核。

（三）其他有关部门依法依规采取的惩戒措施

4. 对吊销电子认证服务许可的机构，责令限期变更营业执照经营范

围或者办理注销登记。（实施单位:工商总局）

5. 禁止作为供应商参加政府采购活动。（实施单位:各级人民政府财政部门）

6. 在申请政府性资金支持时,采取从严审核或降低支持力度或不予支持等限制措施。（实施单位:各级人民政府、财政部、国家发展改革委）

7. 限制取得政府供应土地。（实施单位:国土资源部）

8. 从严审核发行企业债券,依法限制发行公司债券,限制注册非金融企业债务融资工具,在股票发行审核及在全国中小企业股份转让系统挂牌公开转让审核中,将其严重失信信息作为重要参考。（实施单位:国家发展改革委、证监会、人民银行）

9. 引导金融机构按照风险定价原则,将失信机构相关信息作为银行授信决策和信贷管理的重要参考,对失信机构提高财产保险费率或者限制向其提供保险等服务。（实施单位:人民银行、银监会、保监会）

10. 在上市公司或者非上市公众公司收购的事中事后监管中予以重点关注。（实施单位:证监会）

11. 限制新的科技扶持项目,将其严重失信行为计入科研信用记录,并依据有关规定暂停审批其新的科技项目扶持资金申报等。（实施单位:科技部）

12. 通过“信用中国”网站和国家企业信用信息公示系统向社会公布。（实施单位:国家发展改革委、工商总局）

13. 作为重点监管对象,加大日常监管力度,提高抽查比例和频次。（实施单位:各市场监管、行业主管部门）

14. 在高新技术企业认定、检验机构认可等工作中,将其严重失信信息作为重要参考。（实施单位:科技部、质检总局等有关单位,各级人民政府）

15. 限制获得荣誉称号,已经获得的按程序及时撤销,取消参加评先评优资格。（实施单位:中央文明办、全国总工会、共青团中央、全国妇联）

16. 限制失信主体取得认证机构资质,限制获得认证证书。（实施单位:质检总局）

三、联合激励和惩戒的实施方式

工业和信息化部通过全国信用信息共享平台定期向参与守信联合激励和失信联合惩戒的部门提供守信联合激励和失信联合惩戒名单。同时,有关名单在工业和信息化部网站、“信用中国”网站、国家企业信用信息公示系统等公布。各有关部门获取有关名单后，根据本备忘录约定的内容实施激励或惩戒措施，并及时或定期将联合奖惩措施的实施情况通过全国信用信息共享平台联合奖惩子系统反馈至国家发展改革委及工业和信息化部。

四、联合激励和惩戒的动态管理

工业和信息化部组织开展电子认证服务机构信用评级工作，对电子认证服务行业信用等级较高电子认证服务机构名单和失信机构名单进行动态管理，及时更新相关信息，并及时推送给各有关部门。对于从名单中撤销的电子认证服务机构，相关部门应依据相关规则和程序，停止实施激励或惩戒措施。

五、其他事宜

各部门应积极落实本备忘录，实施过程中具体操作问题，由各部门另行协商明确。

本备忘录签署后，各项激励或惩戒措施依据的法律法规及配套制度修改或调整，与本备忘录不一致的，以修改或调整后的法律法规及配套制度为准。

附录

一、激励措施及其实施依据、实施单位		
激励措施	法律及政策依据	实施单位
1. 在电子认证服务许可证延续审查中，根据情况实施“容缺受理”、缩减审查事项等便利措施；在年度电子认证服务监督检查中可以免检一次。	**《国务院关于建立完善守信联合激励和失信联合惩戒制度加快推进社会诚信建设的指导意见》**（国发〔2016〕33 号） （四）探索建立行政审批“绿色通道”。在办理行政许可过程中，对诚信典型和连续三年无不良信用记录的行政相对人，可根据实际情况实施“绿色通道”和“容缺受理”等便利服务措施。对符合条件的行政相对人，除法律法规要求提供的材料外，部分申报材料不齐备的，如其书面承诺在规定期限内提供，应先行受理，加快办理进度。	工业和信息化部
2. 在工业和信息化部负责推进实施的两化融合、工控系统安全、网络安全、食品安全追溯等需要电子认证服务的重大项目中，同等条件下优先考虑。	**《国务院办公厅关于运用大数据加强对市场主体服务和监管的若干意见》**（国办发〔2015〕51 号） （六）建立健全守信激励机制。在市场监管和公共服务过程中，同等条件下，对诚实守信者实行优先办理、简化程序等“绿色通道”支持激励政策。在财政资金补助、政府采购、政府购买服务、政府投资工程建设招投标过程中，应查询市场主体信用记录或要求其提供由具备资质的信用服务机构出具的信用报告，优先选择信用状况较好的市场主体。	工业和信息化部
3. 在工业和信息化部网站、“信用中国”网站等公布联合激励对象名单，将其纳入工业和信息化部主管的行业信用信息数据库，树立为诚信典型，向社会推介。	**《国务院关于建立完善守信联合激励和失信联合惩戒制度加快推进社会诚信建设的指导意见》**（国发〔2016〕33 号） （三）多渠道选树诚信典型。将有关部门和社会组织实施信用分类监管确定的信用状况良好的行政相对人、诚信道德模范、优秀青年志愿者，行业协会商会推荐的诚信会员，新闻媒体挖掘的诚信主体等树立为诚信典型。鼓励有关部门和社会组织在监管和服务中建立各类主体信用记录，向社会推介无不良信用记录者和有关诚信典型，联合其他部门和社会组织实施守信激励。	工业和信息化部

续表

激励措施	法律及政策依据	实施单位
4. 工业和信息化部、地方工业和信息化主管部门在相关行政审批、项目申请、评选表彰等方面给予一定的便利和支持。	**《国务院办公厅关于运用大数据加强对市场主体服务和监管的若干意见》（国办发〔2015〕51 号）** （六）建立健全守信激励机制。在市场监管和公共服务过程中，同等条件下，对诚实守信者实行优先办理、简化程序等“绿色通道”支持激励政策。在财政资金补助、政府采购、政府购买服务、政府投资工程建设招投标过程中，应查询市场主体信用记录或要求其提供由具备资质的信用服务机构出具的信用报告，优先选择信用状况较好的市场主体。	工业和信息化部、地方工业和信息化主管部门
5. 支持地方工业和信息化主管部门在法律法规和自身职权范围内，采取更多的激励措施。	**《国务院关于建立完善守信联合激励和失信联合惩戒制度加快推进社会诚信建设的指导意见》（国发〔2016〕33 号）** 基本原则。——褒扬诚信，惩戒失信。充分运用信用激励和约束手段，加大对诚信主体激励和对严重失信主体惩戒力度，让守信者受益、失信者受限，形成褒扬诚信、惩戒失信的制度机制。	工业和信息化部
6. 政府建设运营的电子招标投标平台在委托认证服务机构时，同等条件下优先选择联合激励对象。	**《国务院关于印发社会信用体系建设规划纲要（2014－2020 年）的通知》（国发〔2014〕21 号）** 招标投标领域信用建设。扩大招标投标信用信息公开和共享范围，建立涵盖招标投标情况的信用评价指标和评价标准体系，健全招标投标信用信息公开和共享制度。进一步贯彻落实招标投标违法行为记录公告制度，推动完善奖惩联动机制。依托电子招标投标系统及其公共服务平台，实现招标投标和合同履行等信用信息的互联互通、实时交换和整合共享。鼓励市场主体运用基本信用信息和第三方信用评价结果，并将其作为投标人资格审查、评标、定标和合同签订的重要依据。	国家发展改革委、各级人民政府及其组成部门

续表

激励措施	法律及政策依据	实施单位
	《国务院办公厅关于运用大数据加强对市场主体服务和监管的若干意见》（国办发〔2015〕51 号） （六）建立健全守信激励机制。在市场监管和公共服务过程中，同等条件下，对诚实守信者实行优先办理、简化程序等“绿色通道”支持激励政策。在财政资金补助、政府采购、政府购买服务、政府投资工程建设招投标过程中，应查询市场主体信用记录或要求其提供由具备资质的信用服务机构出具的信用报告，优先选择信用状况较好的市场主体。	
7. 在实施政府性资金项目安排时，将认定守信激励情况作为重要参考，同等条件下优先考虑。	**《国务院关于建立完善守信联合激励和失信联合惩戒制度加快推进社会诚信建设的指导意见》**（国发〔2016〕33 号） （五）优先提供公共服务便利。在实施财政性资金项目安排、招商引资配套优惠政策等各类政府优惠政策中，优先考虑诚信市场主体，加大扶持力度。 **《国务院办公厅关于运用大数据加强对市场主体服务和监管的若干意见》**（国办发〔2015〕51 号） （六）建立健全守信激励机制。在市场监管和公共服务过程中，同等条件下，对诚实守信者实行优先办理、简化程序等“绿色通道”支持激励政策。在财政资金补助、政府采购、政府购买服务、政府投资工程建设招投标过程中，应查询市场主体信用记录或要求其提供由具备资质的信用服务机构出具的信用报告，优先选择信用状况较好的市场主体。	财政部、国家发展改革委
8. 引导银行等金融机构将认定守信激励情况作为授信融资贷款的重要参考。	**《国务院关于印发社会信用体系建设规划纲要（2014－2020 年）的通知》**（国发〔2014〕21 号） 金融领域信用建设。创新金融信用产品，改善金融服务，维护金融消费者个人信息安全，保护金融消费者合法权益。加大对金融欺诈、恶意逃废银行债务、内幕交易、制售假保单、骗保骗赔、披露虚假信息、非法集资、逃套骗汇等金	人民银行、银监会

续表

激励措施	法律及政策依据	实施单位
	融失信行为的惩戒力度,规范金融市场秩序。加强金融信用信息基础设施建设,进一步扩大信用记录的覆盖面,强化金融业对守信者的激励作用和对失信者的约束作用。 **《国务院关于建立完善守信联合激励和失信联合惩戒制度加快推进社会诚信建设的指导意见》(国发〔2016〕33号)** (七)降低市场交易成本。鼓励有关部门和单位开发"税易贷"、"信易贷"、"信易债"等守信激励产品,引导金融机构和商业销售机构等市场服务机构参考使用市场主体信用信息、信用积分和信用评价结果,对诚信市场主体给予优惠和便利,使守信者在市场中获得更多机会和实惠。	
9. 在高新技术企业认定、检验机构认可等工作中,将认定守信激励情况作为重要参考。	**《国务院关于印发社会信用体系建设规划纲要(2014－2020年)的通知》(国发〔2014〕21号)** 发挥政府诚信建设示范作用。在行政许可、政府采购、招标投标、劳动就业、社会保障、科研管理、干部选拔任用和管理监督、申请政府资金支持等领域,率先使用信用信息和信用产品,培育信用服务市场发展。	科技部、质检总局等有关单位,各级人民政府
10. 由税务机关提供"绿色通道"或专门人员帮助办理涉税事项。	**《国务院关于印发社会信用体系建设规划纲要(2014－2020年)的通知》(国发〔2014〕21号)** 加强对守信主体的奖励和激励。加大对守信行为的表彰和宣传力度。按规定对诚信企业和模范个人给予表彰,通过新闻媒体广泛宣传,营造守信光荣的舆论氛围。发展改革、财政、金融、环境保护、住房城乡建设、交通运输、商务、工商、税务、质检、安全监管、海关、知识产权等部门,在市场监管和公共服务过程中,要深化信用信息和信用产品的应用,对诚实守信者实行优先办理、简化程序等"绿色通道"支持激励政策。	税务总局

续表

激励措施	法律及政策依据	实施单位
11. 在办理社会保险业务时享受企业“绿色通道”，实施快捷服务。	**《国务院关于印发社会信用体系建设规划纲要(2014－2020年)的通知》(国发〔2014〕21号)** 加强对守信主体的奖励和激励。加大对守信行为的表彰和宣传力度。按规定对诚信企业和模范个人给予表彰，通过新闻媒体广泛宣传，营造守信光荣的舆论氛围。发展改革、财政、金融、环境保护、住房城乡建设、交通运输、商务、工商、税务、质检、安全监管、海关、知识产权等部门，在市场监管和公共服务过程中，要深化信用信息和信用产品的应用，对诚实守信者实行优先办理、简化程序等“绿色通道”支持激励政策。	人力资源社会保障部
12. 在政府招投标供应土地时，同等条件下予以优先考虑。	**《国务院关于促进市场公平竞争维护市场正常秩序的若干意见》(国发〔2014〕20号)** (十五)建立健全守信激励和失信惩戒机制。将市场主体的信用信息作为实施行政管理的重要参考。对守信主体予以支持和激励，对失信主体在经营、投融资、取得政府供应土地、进出口、出入境、注册新公司、工程招投标、政府采购、获得荣誉、安全许可、生产许可、从业任职资格、资质审核等方面依法予以限制或禁止，对严重违法失信主体实行市场禁入制度。 **《国务院办公厅关于运用大数据加强对市场主体服务和监管的若干意见》(国办发〔2015〕51号)** (六)建立健全守信激励机制。在市场监管和公共服务过程中，同等条件下，对诚实守信者实行优先办理、简化程序等“绿色通道”支持激励政策。在财政资金补助、政府采购、政府购买服务、政府投资工程建设招投标过程中，应查询市场主体信用记录或要求其提供由具备资质的信用服务机构出具的信用报告，优先选择信用状况较好的市场主体。	国土资源部

续表

激励措施	法律及政策依据	实施单位
13. 将认定守信激励情况作为企业参加全国奖励评估的重要参考,作为机构负责人参加评优表彰的重要参考。	**《国务院关于建立完善守信联合激励和失信联合惩戒制度加快推进社会诚信建设的指导意见》**(国发〔2016〕33 号) (八)大力推介诚信市场主体。各级人民政府有关部门应将诚信市场主体优良信用信息及时在政府网站和“信用中国”网站进行公示,在会展、银企对接等活动中重点推介诚信企业,让信用成为市场配置资源的重要考量因素。引导征信机构加强对市场主体正面信息的采集,在诚信问题反映较为集中的行业领域,对守信者加大激励性评分比重。推动行业协会商会加强诚信建设和行业自律,表彰诚信会员,讲好行业“诚信故事”。	中央文明办、全国总工会、全国妇联
二、惩戒措施及其实施依据、实施单位		
惩戒措施	法律及政策依据	实施单位
1. 责令限期改正或停止失信行为,列为重点监管对象,加强日常监督检查频次,向社会公布检查结果。	**《中华人民共和国电子签名法》** 第二十九条　未经许可提供电子认证服务的,由国务院信息产业主管部门责令停止违法行为; 第三十一条　电子认证服务提供者不遵守认证业务规则、未妥善保存与认证相关的信息,或者有其他违法行为的,由国务院信息产业主管部门责令限期改正;逾期未改正的,吊销电子认证许可证书,其直接负责的主管人员和其他直接责任人员十年内不得从事电子认证服务。 **《电子认证服务管理办法》**(工业和信息化部令第 29 号) 第三十二条　工业和信息化部对电子认证服务机构进行定期、不定期的监督检查,监督检查的内容主要包括法律法规符合性、安全运营管理、风险管理等。	工业和信息化部

续表

惩戒措施	法律及政策依据	实施单位
	工业和信息化部对电子认证服务机构实行监督检查时，应当记录监督检查的情况和处理结果，由监督检查人员签字后归档。公众有权查阅监督检查记录。 第四十条　电子认证服务机构违反本办法第十三条、第十五条、第二十七条的规定的，由工业和信息化部依据职权责令限期改正，处以警告，可以并处1万元以下的罚款。	
2. 在工业和信息化部网站公示联合惩戒对象名单及有关信息；对失信机构在一定期限内限制从事电子认证服务，对失信人员在一定期限内实施行业禁入。	**《中华人民共和国电子签名法》** 第三十一条　电子认证服务提供者不遵守认证业务规则、未妥善保存与认证相关的信息，或者有其他违法行为的，由国务院信息产业主管部门责令限期改正；逾期未改正的，吊销电子认证许可证书，其直接负责的主管人员和其他直接责任人员十年内不得从事电子认证服务。 **《国务院关于促进市场公平竞争维护市场正常秩序的若干意见》**（国发〔2014〕20号） （十五）建立健全守信激励和失信惩戒机制。将市场主体的信用信息作为实施行政管理的重要参考。对守信主体予以支持和激励，对失信主体在经营、投融资、取得政府供应土地、进出口、出入境、注册新公司、工程招投标、政府采购、获得荣誉、安全许可、生产许可、从业任职资格、资质审核等方面依法予以限制或禁止，对严重违法失信主体实行市场禁入制度。	工业和信息化部
3. 在增值电信业务经营许可等行政审批中，对失信机构从严审核。	**《国务院关于促进市场公平竞争维护市场正常秩序的若干意见》**（国发〔2014〕20号） （十五）建立健全守信激励和失信惩戒机制。将市场主体的信用信息作为实施行政管理的重要参考。对守信主体予以支持和激励，对失信主体在经营、投融资、取得政府供应土地、进出口、出入境、注册新公司、工程招投标、政府采	工业和信息化部

续表

惩戒措施	法律及政策依据	实施单位
	购、获得荣誉、安全许可、生产许可、从业任职资格、资质审核等方面依法予以限制或禁止,对严重违法失信主体实行市场禁入制度。 **《国务院关于建立完善守信联合激励和失信联合惩戒制度加快推进社会诚信建设的指导意见》**(国发〔2016〕33 号) (十)依法依规加强对失信行为的行政性约束和惩戒。对严重失信主体,各地区、各有关部门应将其列为重点监管对象,依法依规采取行政性约束和惩戒措施。从严审核行政许可审批项目,从严控制生产许可证发放……	
4. 对吊销电子认证服务许可的机构,责令限期变更营业执照经营范围或者办理注销登记。	**《中华人民共和国公司登记管理条例》** 第三十二条　公司的经营范围中属于法律、行政法规或者国务院决定规定须经批准的项目被吊销、撤销许可证或者其他批准文件,或者许可证、其他批准文件有效期届满的,应当自吊销、撤销许可证、其他批准文件或者许可证、其他批准文件有效期届满之日起 30 日内申请变更登记或者依照本条例第六章的规定办理注销登记。 **《中华人民共和国企业法人登记管理条例》** 第十七条　企业法人改变名称、住所、经营场所、法定代表人、经济性质、经营范围、经营方式、注册资金、经营期限,以及增设或者撤销分支机构,应当申请办理变更登记。 第二十一条　企业法人办理注销登记,应当提交法定代表人签署的申请注销登记报告、主管部门或者审批机关的批准文件、清理债务完结的证明或者清算组织负责清理债权债务的文件。经登记主管机关核准后,收缴《企业法人营业执照》、《企业法人营业执照》副本,收缴公章,并将注销登记情况告知其开户银行。	工商总局

续表

惩戒措施	法律及政策依据	实施单位
5. 禁止作为供应商参加政府采购活动。	**《中华人民共和国政府采购法》** 第二十二条　供应商参加政府采购活动应当具备下列条件： （一）具有独立承担民事责任的能力； （二）具有良好的商业信誉和健全的财务会计制度； （三）具有履行合同所必需的设备和专业技术能力； （四）有依法缴纳税收和社会保障资金的良好记录； （五）参加政府采购活动前三年内，在经营活动中没有重大违法记录； （六）法律、行政法规规定的其他条件。 **《国务院关于印发社会信用体系建设规划纲要（2014－2020年）的通知》（国发〔2014〕21号）** 政府采购领域信用建设。加强政府采购信用管理，强化联动惩戒，保护政府采购当事人的合法权益。制定供应商、评审专家、政府采购代理机构以及相关从业人员的信用记录标准。依法建立政府采购供应商不良行为记录名单，对列入不良行为记录名单的供应商，在一定期限内禁止参加政府采购活动。完善政府采购市场的准入和退出机制，充分利用工商、税务、金融、检察等其他部门提供的信用信息，加强对政府采购当事人和相关人员的信用管理。 **《国务院关于促进市场公平竞争维护市场正常秩序的若干意见》（国发〔2014〕20号）** （十五）建立健全守信激励和失信惩戒机制。将市场主体的信用信息作为实施行政管理的重要参考。对守信主体予以支持和激励，对失信主体在经营、投融资、取得政府供应土地、进出口、出入境、注册新公司、工程招投标、政府采购、获得荣誉、安全许可、生产许可、从业任职资格、资质审核等方面依法予以限制或禁止，对严重违法失信主体实行市场禁入制度。	各级人民政府财政部门

续表

惩戒措施	法律及政策依据	实施单位
6. 在申请政府性资金支持时，采取从严审核或降低支持力度或不予支持等限制措施。	**《国务院关于印发社会信用体系建设规划纲要（2014－2020 年）的通知》**（国发〔2014〕21 号） 发挥政府诚信建设示范作用。各级人民政府首先要加强自身诚信建设，以政府的诚信施政，带动全社会诚信意识的树立和诚信水平的提高。在行政许可、政府采购、招标投标、劳动就业、社会保障、科研管理、干部选拔任用和管理监督、申请政府资金支持等领域，率先使用信用信息和信用产品，培育信用服务市场发展。 加强对失信主体的约束和惩戒。强化行政监管性约束和惩戒。在现有行政处罚措施的基础上，健全失信惩戒制度，建立各行业黑名单制度和市场退出机制。推动各级人民政府在市场监管和公共服务的市场准入、资质认定、行政审批、政策扶持等方面实施信用分类监管，结合监管对象的失信类别和程度，使失信者受到惩戒。 **《国务院办公厅关于运用大数据加强对市场主体服务和监管的若干意见》**（国办发〔2015〕51 号） （十三）建立健全失信联合惩戒机制。各级人民政府应将使用信用信息和信用报告嵌入行政管理和公共服务的各领域、各环节，作为必要条件或重要参考依据。充分发挥行政、司法、金融、社会等领域的综合监管效能，在市场准入、行政审批、资质认定、享受财政补贴和税收优惠政策、企业法定代表人和负责人任职资格审查、政府采购、政府购买服务、银行信贷、招标投标、国有土地出让、企业上市、货物通关、税收征缴、社保缴费、外汇管理、劳动用工、价格制定、电子商务、产品质量、食品药品安全、消费品安全、知识产权、环境保护、治安管理、人口管理、出入境管理、授予荣誉称号等方面，建立跨部门联动响应和失信约束机制，对违法失信主体依法予以限制或禁入。建立各行业“黑名单”制度和市场退出机制。推动将申请人良好的信用状况作为各类行政许可的必备条件。	各级人民政府、财政部、国家发展改革委

续表

惩戒措施	法律及政策依据	实施单位
7. 限制取得政府供应土地。	**《国务院关于促进市场公平竞争维护市场正常秩序的若干意见》**(国发〔2014〕20 号) (十五)建立健全守信激励和失信惩戒机制。将市场主体的信用信息作为实施行政管理的重要参考。对守信主体予以支持和激励,对失信主体在经营、投融资、取得政府供应土地、进出口、出入境、注册新公司、工程招投标、政府采购、获得荣誉、安全许可、生产许可、从业任职资格、资质审核等方面依法予以限制或禁止,对严重违法失信主体实行市场禁入制度。 **《国务院办公厅关于运用大数据加强对市场主体服务和监管的若干意见》**(国办发〔2015〕51 号) (十三)建立健全失信联合惩戒机制。各级人民政府应将使用信用信息和信用报告嵌入行政管理和公共服务的各领域、各环节,作为必要条件或重要参考依据。充分发挥行政、司法、金融、社会等领域的综合监管效能,在市场准入、行政审批、资质认定、享受财政补贴和税收优惠政策、企业法定代表人和负责人任职资格审查、政府采购、政府购买服务、银行信贷、招标投标、国有土地出让、企业上市、货物通关、税收征缴、社保缴费、外汇管理、劳动用工、价格制定、电子商务、产品质量、食品药品安全、消费品安全、知识产权、环境保护、治安管理、人口管理、出入境管理、授予荣誉称号等方面,建立跨部门联动响应和失信约束机制,对违法失信主体依法予以限制或禁入。建立各行业"黑名单"制度和市场退出机制。推动将申请人良好的信用状况作为各类行政许可的必备条件。 **《企业信息公示暂行条例》**(国务院令第 654 号) 第十八条　县级以上地方人民政府及其有关部门应当建立健全信用约束机制,在政府采购、工程招投标、国有土地出让、授予荣誉称号等工作中,将企业信息作为重要考量因素,对被列入经营异常名录或者严重违法企业名单的企业依法予以限制或者禁入。	国土资源部

续表

惩戒措施	法律及政策依据	实施单位
8. 从严审核发行企业债券，依法限制发行公司债券，限制注册非金融企业债务融资工具，在股票发行审核及在全国中小企业股份转让系统挂牌公开转让审核中，将其严重失信信息作为重要参考。	**《国务院关于建立完善守信联合激励和失信联合惩戒制度加快推进社会诚信建设的指导意见》**（国发〔2016〕33 号） （十）依法依规加强对失信行为的行政性约束和惩戒。对严重失信主体，各地区、各有关部门应将其列为重点监管对象，依法依规采取行政性约束和惩戒措施。从严审核行政许可审批项目，从严控制生产许可证发放，限制新增项目审批、核准，限制股票发行上市融资或发行债券，限制在全国股份转让系统挂牌、融资，限制发起设立或参股金融机构以及小额贷款公司、融资担保公司、创业投资公司、互联网融资平台等机构，限制从事互联网信息服务等。 **《国家发展改革委　人民银行　中央编办关于在行政管理事项中使用信用记录和信用报告的若干意见》**（发改财金〔2013〕920 号） 二、切实发挥在行政管理事项中使用信用记录和信用报告的作用 各级政府、各相关部门应将相关市场主体所提供的信用记录或信用报告作为其实施行政管理的重要参考。对守信者应探索实行优先办理、简化程序、“绿色通道”和重点支持等激励政策；对失信者，应结合失信类别和程度，严格落实失信惩戒制度。 三、探索完善在行政管理事项中使用信用记录和信用报告的制度规范 各级政府、各相关部门应结合地方和部门实际，在政府采购、招标投标、行政审批、市场准入、资质审核等行政管理事项中依法要求相关市场主体提供由第三方信用服务机构出具的信用记录或信用报告。 各级政府、各相关部门应根据履职需要，研究明确信用记录或信用报告的主要内容和运用规范。 五、不断健全全社会守信激励和失信惩戒的联动机制	国家发展改革委、证监会、人民银行

续表

惩戒措施	法律及政策依据	实施单位
	《国家发展改革委办公厅关于进一步改进企业债券发行审核工作的通知》（发改办财金〔2013〕957 号） 对于以下两类发债申请，要从严审核，有效防范市场风险。 （一）募集资金用于产能过剩、高污染、高耗能等国家产业政策限制领域的发债申请。 （二）企业信用等级较低，负债率高，债券余额较大或运作不规范、资产不实、偿债措施较弱的发债申请。 **《上市公司证券发行管理办法》**（证监会令第 30 号） 第九条　上市公司最近三十六个月内财务会计文件无虚假记载，且不存在下列重大违法行为： （三）违反国家其他法律、行政法规且情节严重的行为。 **《全国银行间债券市场金融债券发行管理办法》**（中国人民银行令〔2005〕第 1 号） 第七条　商业银行发行金融债券应具备以下条件 （5）风险监管指标符合监管机构的有关规定； （6）最近三年没有重大违法、违规行为； 第八条　企业集团财务公司发行金融债券应具备以下条件： （4）最近三年没有重大违法、违规行为 **《中华人民共和国证券法》** 第十三条　公司公开发行新股，应当符合下列条件： （三）最近三年财务会计文件无虚假记载，无其他重大违法行为； **《首次公开发行股票并上市管理办法》**（证监会令第 122 号） 第十八条　发行人不得有下列情形： （二）最近 36 个月内违反工商、税收、土地、环保、海关以及其他法律、行政	

续表

惩戒措施	法律及政策依据	实施单位
	法规，受到行政处罚，且情节严重； （六）严重损害投资者合法权益和社会公共利益的其他情形。 **《首次公开发行股票并在创业板上市管理办法》**（证监会令第123号） 第二十条　发行人及其控股股东、实际控制人最近三年内不存在损害投资者合法权益和社会公共利益的重大违法行为。 **《上市公司证券发行管理办法》**（证监会令第30号） 第九条　上市公司最近三十六个月内财务会计文件无虚假记载，且不存在下列重大违法行为： （三）违反国家其他法律、行政法规且情节严重的行为。 **《创业板上市公司证券发行管理暂行办法》**（证监会令第100号） 第十条　上市公司存在下列情形之一的，不得发行证券： （三）最近三十六个月内因违反法律、行政法规、规章受到行政处罚且情节严重，或者受到刑事处罚，或者因违反证券法律、行政法规、规章受到中国证监会的行政处罚；最近十二个月内受到证券交易所的公开谴责；因涉嫌犯罪被司法机关立案侦查或者涉嫌违法违规被中国证监会立案调查； （六）严重损害投资者的合法权益和社会公共利益的其他情形。 **《非上市公众公司监督管理办法》**（证监会令第96号） 第三条　公众公司应当按照法律、行政法规、本办法和公司章程的规定，做到股权明晰，合法规范经营，公司治理机制健全，履行信息披露义务。 **《公司债券发行与交易管理办法》**（证监会令第113号） 第十七条　存在下列情形之一的，不得公开发行公司债券： （一）最近三十六个月内公司财务会计文件存在虚假记载，或公司存在其他重大违法行为； （四）严重损害投资者合法权益和社会公共利益的其他情形。	

续表

惩戒措施	法律及政策依据	实施单位
9. 引导金融机构按照风险定价原则，将失信机构相关信息作为银行授信决策和信贷管理的重要参考，对失信机构提高财产保险费率或者限制向其提供保险等服务。	**《国务院关于建立完善守信联合激励和失信联合惩戒制度加快推进社会诚信建设的指导意见》**（国发〔2016〕33 号） （十一）加强对失信行为的市场性约束和惩戒。对严重失信主体，有关部门和机构应以统一社会信用代码为索引，及时公开披露相关信息，便于市场识别失信行为，防范信用风险。支持征信机构采集严重失信行为信息，纳入信用记录和信用报告。引导商业银行、证券期货经营机构、保险公司等金融机构按照风险定价原则，对严重失信主体提高贷款利率和财产保险费率，或者限制向其提供贷款、保荐、承销、保险等服务。	人民银行、银监会、保监会
10. 在上市公司或者非上市公众公司收购的事中事后监管中予以重点关注。	**《上市公司收购管理办法》**（证监会令第 108 号） 第六条　任何人不得利用上市公司的收购损害被收购公司及其股东的合法权益。 有下列情形之一的，不得收购上市公司： （二）收购人最近 3 年有重大违法行为或者涉嫌有重大违法行为； **《非上市公众公司收购管理办法》**（证监会令第 102 号） 第六条　有下列情形之一的，不得收购公众公司： （二）收购人最近 2 年由重大违法行为或者涉嫌有重大违法行为； **《国务院关于印发社会信用体系建设规划纲要（2014－2020 年）的通知》**（国发〔2014〕21 号） 加强对失信主体的约束和惩戒。强化行政监管性约束和惩戒。在现有行政处罚措施的基础上，健全失信惩戒制度，建立各行业黑名单制度和市场退出机制。推动各级人民政府在市场监管和公共服务的市场准入、资质认定、行政审批、政策扶持等方面实施信用分类监管，结合监管对象的失信类别和程度，使失信者受到惩戒。	证监会

续表

惩戒措施	法律及政策依据	实施单位
11. 限制新的科技扶持项目，将其严重失信行为计入科研信用记录，并依据有关规定暂停审批其新的科技项目扶持资金申报等。	《国家科技计划项目管理暂行办法》（科学技术部令第 5 号） 第八条　申请项目的申请者（包括单位或个人）应当符合以下基本条件： （六）具有完成项目的良好信誉度。 《国务院关于改进加强中央财政科研项目和资金管理的若干意见》（国发〔2014〕11 号） （二十二）完善科研信用管理。建立覆盖指南编制、项目申请、评估评审、立项、执行、验收全过程的科研信用记录制度，由项目主管部门委托专业机构对项目承担单位和科研人员、评估评审专家、中介机构等参与主体进行信用评级，并按信用评级实行分类管理。各项目主管部门应共享信用评价信息。建立“黑名单”制度，将严重不良信用记录者记入“黑名单”，阶段性或永久取消其申请中央财政资助项目或参与项目管理的资格。	科技部
12. 通过“信用中国”网站和国家企业信用信息公示系统向社会公布。	《国务院办公厅关于运用大数据加强对市场主体服务和监管的若干意见》（国办发〔2015〕51 号） （十九）大力推进市场主体信息公示。严格执行《企业信息公示暂行条例》，加快实施经营异常名录制度和严重违法失信企业名单制度。建设国家企业信用信息公示系统，依法对企业注册登记、行政许可、行政处罚等基本信用信息以及企业年度报告、经营异常名录和严重违法失信企业名单进行公示，提高市场透明度，并与国家统一的信用信息共享交换平台实现有机对接和信息共享。支持探索开展社会化的信用信息公示服务。建设“信用中国”网站，归集整合各地区、各部门掌握的应向社会公开的信用信息，实现信用信息一站式查询，方便社会了解市场主体信用状况。各级政府及其部门网站要与“信用中国”网站连接，并将本单位政务公开信息和相关市场主体违法违规信息在“信用中国”网站公开。	国家发展改革委、工商总局

续表

惩戒措施	法律及政策依据	实施单位
	《企业信息公示暂行条例》（国务院令第 654 号） 第七条　工商行政管理部门以外的其他政府部门（以下简称其他政府部门）应当公示其在履行职责过程中产生的下列企业信息： （一）行政许可准予、变更、延续信息； （二）行政处罚信息； （三）其他依法应当公示的信息。 其他政府部门可以通过企业信用信息公示系统，也可以通过其他系统公示前款规定的企业信息。工商行政管理部门和其他政府部门应当按照国家社会信用信息平台建设的总体要求，实现企业信息的互联共享。	
13. 作为重点监管对象，加大日常监管力度，提高抽查比例和频次。	**《国务院关于印发社会信用体系建设规划纲要（2014－2020 年）的通知》（国发〔2014〕21 号）** 加强对失信主体的约束和惩戒。强化行政监管性约束和惩戒。在现有行政处罚措施的基础上，健全失信惩戒制度，建立各行业黑名单制度和市场退出机制。推动各级人民政府在市场监管和公共服务的市场准入、资质认定、行政审批、政策扶持等方面实施信用分类监管，结合监管对象的失信类别和程度，使失信者受到惩戒。 **《国务院关于促进市场公平竞争维护市场正常秩序的若干意见》（国发〔2014〕20 号）** （十五）建立健全守信激励和失信惩戒机制。将市场主体的信用信息作为实施行政管理的重要参考。根据市场主体信用状况实行分类分级、动态监管，建立健全经营异常名录制度，对违背市场竞争原则和侵犯消费者、劳动者合法权益的市场主体建立“黑名单”制度。	各市场监管、行业主管部门

续表

惩戒措施	法律及政策依据	实施单位
14. 在高新技术企业认定、检验机构认可等工作中，将其严重失信信息作为重要参考。	**《国务院关于促进市场公平竞争维护市场正常秩序的若干意见》**（国发〔2014〕20 号） （十五）建立健全守信激励和失信惩戒机制。将市场主体的信用信息作为实施行政管理的重要参考。对守信主体予以支持和激励，对失信主体在经营、投融资、取得政府供应土地、进出口、出入境、注册新公司、工程招投标、政府采购、获得荣誉、安全许可、生产许可、从业任职资格、资质审核等方面依法予以限制或禁止，对严重违法失信主体实行市场禁入制度。 **《国务院办公厅关于运用大数据加强对市场主体服务和监管的若干意见》**（国办发〔2015〕51 号） （十三）建立健全失信联合惩戒机制。各级人民政府应将使用信用信息和信用报告嵌入行政管理和公共服务的各领域、各环节，作为必要条件或重要参考依据。充分发挥行政、司法、金融、社会等领域的综合监管效能，在市场准入、行政审批、资质认定、享受财政补贴和税收优惠政策、企业法定代表人和负责人任职资格审查、政府采购、政府购买服务、银行信贷、招标投标、国有土地出让、企业上市、货物通关、税收征缴、社保缴费、外汇管理、劳动用工、价格制定、电子商务、产品质量、食品药品安全、消费品安全、知识产权、环境保护、治安管理、人口管理、出入境管理、授予荣誉称号等方面，建立跨部门联动响应和失信约束机制，对违法失信主体依法予以限制或禁入。建立各行业“黑名单”制度和市场退出机制。推动将申请人良好的信用状况作为各类行政许可的必备条件。 **《国务院关于建立完善守信联合激励和失信联合惩戒制度加快推进社会诚信建设的指导意见》**（国发〔2016〕33 号） （十）依法依规加强对失信行为的行政性约束和惩戒。对严重失信主体，各地区、各有关部门应将其列为重点监管对象，依法依规采取行政性约束和惩戒措施。	科技部、质检总局等有关单位，各级人民政府

续表

惩戒措施	法律及政策依据	实施单位
15. 限制获得荣誉称号，已经获得的按程序及时撤销，取消参加评先评优资格。	**《关于印发〈全国道德模范荣誉称号管理暂行办法〉的通知》（文明委〔2015〕6号）** 第七条　全国道德模范及提名奖获得者产生道德滑坡，有下列情形之一的，所在属地管理责任部门向中央文明办提交调查报告，经中央文明办批准后撤销荣誉称号，收回奖章和证书。 （三）生产经营活动严重失信的； **《国务院关于促进市场公平竞争维护市场正常秩序的若干意见》（国发〔2014〕20号）** （十五）建立健全守信激励和失信惩戒机制。将市场主体的信用信息作为实施行政管理的重要参考。对守信主体予以支持和激励，对失信主体在经营、投融资、取得政府供应土地、进出口、出入境、注册新公司、工程招投标、政府采购、获得荣誉、安全许可、生产许可、从业任职资格、资质审核等方面依法予以限制或禁止，对严重违法失信主体实行市场禁入制度。 **《全国五一劳动奖状　全国五一劳动奖章　全国工人先锋号评选管理工作暂行办法》（总工发〔2011〕77号）** 第七条　评选全国五一劳动奖状、全国五一劳动奖章、全国工人先锋号要面向基层、面向一线职工，坚持公开、公平、公正的原则，严格推荐评选审批程序，接受群众监督。 （四）有拖欠职工工资，欠缴职工养老、工伤、医疗、失业、生育保险，违反国家计划生育政策，未组建工会，未建立职代会和集体合同制度，劳动关系不和谐，能源消耗超标，环境污染严重等情形之一的企业和企业负责人当年不得申报全国五一劳动奖状、全国五一劳动奖章。发生安全生产事故、严重职业危害	中央文明办、全国总工会、共青团中央、全国妇联

续表

惩戒措施	法律及政策依据	实施单位
	或群体性事件的企业和企业负责人自事发起三年内不得申报全国五一劳动奖状、全国五一劳动奖章。 **《国务院办公厅关于运用大数据加强对市场主体服务和监管的若干意见》**(国办发〔2015〕51 号) (十三)建立健全失信联合惩戒机制。各级人民政府应将使用信用信息和信用报告嵌入行政管理和公共服务的各领域、各环节,作为必要条件或重要参考依据。充分发挥行政、司法、金融、社会等领域的综合监管效能,在市场准入、行政审批、资质认定、享受财政补贴和税收优惠政策、企业法定代表人和负责人任职资格审查、政府采购、政府购买服务、银行信贷、招标投标、国有土地出让、企业上市、货物通关、税收征缴、社保缴费、外汇管理、劳动用工、价格制定、电子商务、产品质量、食品药品安全、消费品安全、知识产权、环境保护、治安管理、人口管理、出入境管理、授予荣誉称号等方面,建立跨部门联动响应和失信约束机制,对违法失信主体依法予以限制或禁入。 **《国务院关于建立完善守信联合激励和失信联合惩戒制度加快推进社会诚信建设的指导意见》**(国发〔2016〕33 号) (十)依法依规加强对失信行为的行政性约束和惩戒。对严重失信主体,各地区、各有关部门应将其列为重点监管对象,依法依规采取行政性约束和惩戒措施。及时撤销严重失信企业及其法定代表人、负责人、高级管理人员和对失信行为负有直接责任的董事、股东等人员的荣誉称号,取消参加评先评优资格。	

续表

惩戒措施	法律及政策依据	实施单位
16. 限制失信主体取得认证机构资质,限制获得认证证书。	**《国务院关于建立完善守信联合激励和失信联合惩戒制度加快推进社会信用诚信建设的指导意见》(国发〔2016〕33 号)** (十)依法依规加强对失信行为的行政性约束和惩戒。对严重失信主体,各地区、各有关部门应将其列为重点监管对象,依法依规采取行政性约束和惩戒措施。 **《国务院关于促进市场公平竞争维护市场正常秩序的若干意见》(国发〔2014〕20 号)** (十五)建立健全守信激励和失信惩戒机制。将市场主体的信用信息作为实施行政管理的重要参考。根据市场主体信用状况实行分类分级、动态监管,建立健全经营异常名录制度,对违背市场竞争原则和侵犯消费者、劳动者合法权益的市场主体建立“黑名单”制度。(工商总局牵头负责)对守信主体予以支持和激励,对失信主体在经营、投融资、取得政府供应土地、进出口、出入境、注册新公司、工程招投标、政府采购、获得荣誉、安全许可、生产许可、从业任职资格、资质审核等方面依法予以限制或禁止,对严重违法失信主体实行市场禁入制度。(各相关市场监管部门按职责分工分别负责) **《国务院关于印发社会信用体系建设规划纲要(2014 - 2020 年)的通知》(国发〔2014〕21 号)** 二、推进重点领域诚信建设。 (一)加快推进政务诚信建设。发挥政府诚信建设示范作用。各级人民政府首先要加强自身诚信建设,以政府的诚信施政,带动全社会诚信意识的树立和诚信水平的提高。在行政许可、政府采购、招标投标、劳动就业、社会保障、科研管理、干部选拔任用和管理监督、申请政府资金支持等领域,率先使用信用信息和信用产品,培育信用服务市场发展。	质检总局

续表

惩戒措施	法律及政策依据	实施单位
	（二）深入推进商务诚信建设。中介服务业信用建设。建立完善中介服务机构及其从业人员的信用记录和披露制度，并作为市场行政执法部门实施信用分类管理的重要依据。重点加强公证仲裁类、律师类、会计类、担保类、鉴证类、检验检测类、评估类、认证类、代理类、经纪类、职业介绍类、咨询类、交易类等机构信用分类管理，探索建立科学合理的评估指标体系、评估制度和工作机制。 **《中华人民共和国认证认可条例》（国务院令第390号）** 第六条　认证认可活动应当遵循客观独立、公开公正、诚实信用的原则。	

国家税务总局等关于发布《非居民金融账户涉税信息尽职调查管理办法》的公告

（2017 年 5 月 9 日　国家税务总局、财政部、人民银行、银监会、证监会、保监会公告 2017 年第 14 号）

为了履行金融账户涉税信息自动交换国际义务，规范金融机构对非居民金融账户涉税信息的尽职调查行为，国家税务总局、财政部、中国人民银行、中国银行业监督管理委员会、中国证券监督管理委员会、中国保险监督管理委员会制定了《非居民金融账户涉税信息尽职调查管理办法》，现予发布，自 2017 年 7 月 1 日起施行。

特此公告。

附件：1. 个人税收居民身份声明文件（样表）（略）

2. 机构税收居民身份声明文件（样表）（略）

3. 控制人税收居民身份声明文件（样表）（略）

非居民金融账户涉税信息尽职调查管理办法

第一章　总　　则

第 一 条　为了履行《多边税收征管互助公约》和《金融账户涉税信息自动交换多边主管当局间协议》规定的义务，规范金融机构对非居民金融账户涉税信息的尽职调查行为，根据《中华人民共和国税收征收管理法》《中华人民共和国反洗钱法》等法律、法规的规定，制定本办法。

第 二 条　依法在中华人民共和国境内设立的金融机构开展非居民金融账户涉税信息尽职调查工作，适用本办法。

第 三 条　金融机构应当遵循诚实信用、谨慎勤勉的原则，针对不同类型账户，按照本办法规定，了解账户持有人或者有关控制人的税收居民身份，识别非居民金融账户，收集并报送账户相关信息。

第 四 条 金融机构应当建立完整的非居民金融账户尽职调查管理制度，设计合理的业务流程和操作规范，并定期对本办法执行落实情况进行评估，妥善保管尽职调查过程中收集的资料，严格进行信息保密。金融机构应当对其分支机构执行本办法规定的尽职调查工作作出统一要求并进行监督管理。

金融机构应当向账户持有人充分说明本机构需履行的信息收集和报送义务，不得明示、暗示或者帮助账户持有人隐匿身份信息，不得协助账户持有人隐匿资产。

第 五 条 账户持有人应当配合金融机构的尽职调查工作，真实、及时、准确、完整地向金融机构提供本办法规定的相关信息，并承担未遵守本办法规定的责任和风险。

第二章 基 本 定 义

第 六 条 本办法所称金融机构，包括存款机构、托管机构、投资机构、特定的保险机构及其分支机构：

（一）存款机构是指在日常经营活动中吸收存款的机构；

（二）托管机构是指近三个会计年度总收入的百分之二十以上来源于为客户持有金融资产的机构，机构成立不满三年的，按机构存续期间计算；

（三）投资机构是指符合以下条件之一的机构：

1. 近三个会计年度总收入的百分之五十以上来源于为客户投资、运作金融资产的机构，机构成立不满三年的，按机构存续期间计算；

2. 近三个会计年度总收入的百分之五十以上来源于投资、再投资或者买卖金融资产，且由存款机构、托管机构、特定的保险机构或者本项第1目所述投资机构进行管理并作出投资决策的机构，机构成立不满三年的，按机构存续期间计算；

3. 证券投资基金、私募投资基金等以投资、再投资或者买卖金融资产为目的而设立的投资实体。

（四）特定的保险机构是指开展有现金价值的保险或者年金业务的机构。本办法所称保险机构是指上一公历年度内，保险、再保险和年金合同的收入占总收入比重百分之五十以上的机构，或者在上一公历年度末拥有的保险、再保险和年金合同的资产占总资产比重百分之五十以上的机构。

本办法所称金融资产包括证券、合伙权益、大宗商品、掉期、保险合同、年金合同或者上述资产的权益，前述权益包括期货、远期合约或者期权。金融资产不包括实物商品或者不动产非债直接权益。

第七条 下列机构属于本办法第六条规定的金融机构：

（一）商业银行、农村信用合作社等吸收公众存款的金融机构以及政策性银行；

（二）证券公司；

（三）期货公司；

（四）证券投资基金管理公司、私募基金管理公司、从事私募基金管理业务的合伙企业；

（五）开展有现金价值的保险或者年金业务的保险公司、保险资产管理公司；

（六）信托公司；

（七）其他符合条件的机构。

第八条 下列机构不属于本办法第六条规定的金融机构：

（一）金融资产管理公司；

（二）财务公司；

（三）金融租赁公司；

（四）汽车金融公司；

（五）消费金融公司；

（六）货币经纪公司；

（七）证券登记结算机构；

（八）其他不符合条件的机构。

第九条 本办法所称金融账户包括：

（一）存款账户，是指开展具有存款性质业务而形成的账户，包括活期存款、定期存款、旅行支票、带有预存功能的信用卡等。

（二）托管账户，是指开展为他人持有金融资产业务而形成的账户，包括代理客户买卖金融资产的业务以及接受客户委托、为客户管理受托资产的业务：

1. 代理客户买卖金融资产的业务包括证券经纪业务、期货经纪业务、代理客户开展贵金属、国债业务或者其他类似业务；

2. 接受客户委托、为客户管理受托资产的业务包括金融机构发起、设立或者管理不具有独立法人资格的理财产品、基金、信托计划、专户/集合类资产管理计划或者其他金融投资产品。

（三）其他账户，是指符合以下条件之一的账户：

1. 投资机构的股权或者债权权益，包括私募投资基金的合伙权益和信托的受益权；

2. 具有现金价值的保险合同或者年金合同。

第十条 本办法所称非居民是指中国税收居民以外的个人和企业（包括其他组织），但不包括政府机构、国际组织、中央银行、金融机构或者在证券市场上市交易的公司及其关联机构。前述证券市场是指被所在地政府认可和监管的证券市场。中国税收居民是指中国税法规定的居民企业或者居民个人。

本办法所称非居民金融账户是指在我国境内的金融机构开立或者保有的、由非居民或者有非居民控制人的消极非金融机构持有的金融账户。金融机构应当在识别出非居民金融账户之日起将其归入非居民金融账户进行管理。

账户持有人同时构成中国税收居民和其他国家（地区）税收居民的，金融机构应当按照本办法规定收集并报送其账户信息。

第十一条 本办法所称账户持有人是指由金融机构登记或者确认为账户所有者的个人或者机构，不包括代理人、名义持有人、授权签字人等为他人利益而持有账户的个人或者机构。

现金价值保险合同或者年金合同的账户持有人是指任何有权获得现金价值或者变更合同受益人的个人或者机构，不存在前述个人或者机构的，则为合同所有者以及根据合同条款对支付款项拥有既得权利的个人或者机构。现金价值保险合同或者年金合同到期时，账户持有人包括根据合同规定有权领取款项的个人或者机构。

第十二条 本办法所称消极非金融机构是指符合下列条件之一的机构：

（一）上一公历年度内，股息、利息、租金、特许权使用费收入等不属于积极经营活动的收入，以及据以产生前述收入的金融资产的转让收入占总收入比重百分之五十以上的非金融机构；

（二）上一公历年度末，拥有可以产生本款第一项所述收入的金融资产占总资产比重百分之五十以上的非金融机构；

（三）税收居民国（地区）不实施金融账户涉税信息自动交换标准的投资机构。

下列非金融机构不属于消极非金融机构：

（一）上市公司及其关联机构；

（二）政府机构或者履行公共服务职能的机构；

（三）仅为了持有非金融机构股权或者向其提供融资和服务而设立的控股公司；

（四）成立时间不足二十四个月且尚未开展业务的企业；

（五）正处于资产清算或者重组过程中的企业；

（六）仅与本集团（该集团内机构均为非金融机构）内关联机构开展融资或者对冲交易的企业；

（七）非营利组织。

第十三条 本办法所称控制人是指对某一机构实施控制的个人。

公司的控制人按照以下规则依次判定：

（一）直接或者间接拥有超过百分之二十五公司股权或者表决权的个人；

（二）通过人事、财务等其他方式对公司进行控制的个人；

（三）公司的高级管理人员。

合伙企业的控制人是拥有超过百分之二十五合伙权益的个人。

信托的控制人是指信托的委托人、受托人、受益人以及其他对信托实施最终有效控制的个人。

基金的控制人是指拥有超过百分之二十五权益份额或者其他对基金进行控制的个人。

第十四条 本办法所称关联机构是指一个机构控制另一个机构，或者两个机构受到共同控制，则该两个机构互为关联机构。

前款所称控制是指直接或者间接拥有机构百分之五十以上的股权和表决权。

第十五条 本办法所称金融账户包括存量账户和新开账户。

存量账户是指符合下列条件之一的账户，包括存量个人账户和存量机构账户：

（一）截至2017年6月30日由金融机构保有的、由个人或者机构持有的金融账户；

（二）2017年7月1日（含当日，下同）以后开立并同时符合下列条件的金融账户：

1. 账户持有人已在同一金融机构开立了本款第一项所述账户的；

2. 上述金融机构在确定账户加总余额时将本款第二项所述账户与本款第一项所述账户视为同一账户的；

3. 金融机构已经对本款第一项所述账户进行反洗钱客户身份识

别的；

4. 账户开立时，账户持有人无需提供除本办法要求以外的其他信息的。

存量个人账户包括低净值账户和高净值账户，低净值账户是指截至2017年6月30日账户加总余额不超过相当于一百万美元（简称“一百万美元”，下同）的账户，高净值账户是指截至2017年6月30日账户加总余额超过一百万美元的账户。

新开账户是指2017年7月1日以后在金融机构开立的，除第二款第二项规定账户外，由个人或者机构持有的金融账户，包括新开个人账户和新开机构账户。

第十六条 本办法所称账户加总余额是指账户持有人在同一金融机构及其关联机构所持有的全部金融账户余额或者资产的价值之和。

金融机构需加总的账户限于通过计算机系统中客户号、纳税人识别号等关键数据项能够识别的所有金融账户。

联名账户的每一个账户持有人，在加总余额时应当计算该联名账户的全部余额。

在确定是否为高净值账户时，客户经理知道或者应当知道在其供职的金融机构内几个账户直接或者间接由同一个人拥有或者控制的，应当对这些账户进行加总。

前款所称客户经理是指由金融机构指定、与特定客户有直接联系，根据客户需求向客户介绍、推荐或者提供相关金融产品、服务或者提供其他协助的人员，但不包括符合前述条件，仅由于偶然性原因为客户提供上述服务的人员。

金融机构在计算账户加总余额时，账户币种为非美元的，应当按照计算日当日中国人民银行公布的外汇中间价折合为美元计算。折合美元时，可以根据原币种金额折算，也可以根据该金融机构记账本位币所记录的金额进行折算。

第十七条 本办法所称非居民标识是指金融机构用于检索判断存量个人账户持有人是否为非居民个人的有关要素，具体包括：

（一）账户持有人的境外身份证明；

（二）账户持有人的境外现居地址或者邮寄地址，包括邮政信箱；

（三）账户持有人的境外电话号码，且没有我国境内电话号码；

（四）存款账户以外的账户向境外账户定期转账的指令；

（五）账户代理人或者授权签字人的境外地址；

（六）境外的转交地址或者留交地址，并且是唯一地址。转交地址是指账户持有人要求将其相关信函寄给转交人的地址，转交人收到信函后再交给账户持有人。留交地址是指账户持有人要求将其相关信函暂时存放的地址。

第十八条　本办法所称证明材料是指：

（一）由政府出具的税收居民身份证明；

（二）由政府出具的含有个人姓名且通常用于身份识别的有效身份证明，或者由政府出具的含有机构名称以及主要办公地址或者注册成立地址等信息的官方文件。

第三章　个人账户尽职调查

第十九条　金融机构应当按照以下规定，对新开个人账户开展尽职调查：

（一）个人开立账户时，金融机构应当获取由账户持有人签署的税收居民身份声明文件（以下简称“声明文件”），识别账户持有人是否为非居民个人。金融机构通过本机构电子渠道接收个人账户开户申请时，应当要求账户持有人提供电子声明文件。声明文件应当作为开户资料的一部分，声明文件相关信息可并入开户申请书中。个人代理他人开立金融账户以及单位代理个人开立金融账户时，经账户持有人书面授权后可由代理人签署声明文件。

（二）金融机构应当根据开户资料（包括通过反洗钱客户身份识别程序收集的资料），对声明文件的合理性进行审核，主要确认填写信息是否与其他信息存在明显矛盾。金融机构认为声明文件存在不合理信息时，应当要求账户持有人提供有效声明文件或者进行解释。不提供有效声明文件或者合理解释的，不得开立账户。

（三）识别为非居民个人的，金融机构应当收集并记录报送所需信息。

（四）金融机构知道或者应当知道新开个人账户情况发生变化导致原有声明文件信息不准确或者不可靠的，应当要求账户持有人提供有效声明文件。账户持有人自被要求提供之日起九十日内未能提供声明文件的，金融机构应当将其账户视为非居民账户管理。

第二十条　金融机构应当于 2018 年 12 月 31 日前选择以下方式完成对存量个人低净值账户的尽职调查：

（一）对于在现有客户资料（包括通过反洗钱客户身份识别程序收集的资料，下同）中留有地址，且有证明材料证明是现居地址或者地址位于现居国家（地区）的账户持有人，可以根据账户持有人的地址确定是否为非居民个人。邮寄无法送达的，不得将客户资料所留地址视为现居地址。

（二）利用现有信息系统开展电子记录检索，识别账户是否存在任一非居民标识。

现有客户资料中没有现居地址信息的，或者账户情况发生变化导致现居地址证明材料不再准确的，金融机构应当采用前款第二项方式开展尽职调查。

第二十一条 金融机构应当在 2017 年 12 月 31 日前对存量个人高净值账户依次完成以下尽职调查程序：

（一）开展电子记录检索和纸质记录检索，识别账户是否存在任一非居民标识。应当检索的纸质记录包括过去五年中获取的、与账户有关的全部纸质资料。

金融机构利用现有信息系统可电子检索出全部非居民标识字段信息的，可以不开展纸质记录检索。

（二）询问客户经理其客户是否为非居民个人。

第二十二条 对于存量个人低净值账户，2017 年 6 月 30 日之后任一公历年度末账户加总余额超过一百万美元时，金融机构应当在次年 12 月 31 日前，按照本办法第二十一条规定程序完成对账户的尽职调查。

第二十三条 对发现存在非居民标识的存量个人账户，金融机构可以通过现有客户资料确认账户持有人为非居民个人的，应当收集并记录报送所需信息。无法确认的，应当要求账户持有人提供声明文件。声明为中国税收居民个人的，金融机构应当要求其提供相应证明材料；声明为非居民个人的，金融机构应当收集并记录报送所需信息。账户持有人自被要求提供之日起九十日内未能提供声明文件的，金融机构应当将其账户视为非居民账户管理。

对未发现存在非居民标识的存量个人账户，金融机构无需作进一步处理，但应当建立持续监控机制。当账户情况变化出现非居民标识时，应当执行前款规定程序。

第二十四条 对于现金价值保险合同或者年金合同，金融机构知道或者应当知道获得死亡保险金的受益人为非居民个人的，应当将其账户视为非居民账户管理。

第四章　机构账户尽职调查

第二十五条　金融机构应当按照以下规定,对新开机构账户开展尽职调查:

（一）机构开立账户时,金融机构应当获取由该机构授权人签署的声明文件,识别账户持有人是否为非居民企业和消极非金融机构。声明文件应当作为开户资料的一部分,声明文件相关信息可并入开户申请书中。

（二）金融机构应当根据开户资料（包括通过反洗钱客户身份识别程序收集的资料）或者公开信息对声明文件的合理性进行审核,主要确认填写信息是否与其他信息存在明显矛盾。金融机构认为声明文件存在不合理信息时,应当要求账户持有人提供有效声明文件或者进行解释。不提供有效声明文件或者合理解释的,不得开立账户。

（三）识别为非居民企业的,金融机构应当收集并记录报送所需信息。合伙企业等机构声明不具有税收居民身份的,金融机构可按照其实际管理机构所在地确定其税收居民国（地区）。

（四）识别为消极非金融机构的,金融机构应当依据反洗钱客户身份识别程序收集的资料识别其控制人,并且获取机构授权人或者控制人签署的声明文件,识别控制人是否为非居民个人。识别为有非居民控制人的消极非金融机构的,金融机构应当收集并记录消极非金融机构及其控制人相关信息。

账户持有人为非居民企业的,也应当进一步识别其是否同时为有非居民控制人的消极非金融机构。

（五）金融机构知道或者应当知道新开机构账户情况发生变化导致原有声明文件信息不准确或者不可靠的,应当要求机构授权人提供有效声明文件。机构授权人自被要求提供之日起九十日内未能提供声明文件的,金融机构应当将其账户视为非居民账户管理。

第二十六条　金融机构应当根据现有客户资料或者境外机构境内外汇账户标识,识别存量机构账户持有人是否为非居民企业。

除通过机构授权人签署的声明文件或者公开信息能确认为中国税收居民企业的外,上述信息表明该机构为非居民企业的,应当识别为非居民企业。

识别为非居民企业的,金融机构应当收集并记录报送所需信息。

第二十七条　金融机构应当识别存量机构账户持有人是否为消极非

金融机构。通过现有客户资料或者公开信息确认不是消极非金融机构的,无需进一步处理。无法确认的,金融机构应当获取由机构授权人签署的声明文件。声明为消极非金融机构的,应当按照第二款规定进一步识别其控制人。无法获取声明文件的,金融机构应当将账户持有人视为消极非金融机构。

识别为消极非金融机构并且截至 2017 年 6 月 30 日账户加总余额超过一百万美元的,金融机构应当获取由机构控制人或者授权人签署的声明文件,识别控制人是否为非居民个人。无法获取声明文件的,金融机构应当针对控制人开展非居民标识检索,识别其是否为非居民个人。账户加总余额不超过一百万美元的,金融机构可以根据现有客户资料识别消极非金融机构控制人是否为非居民个人。根据现有客户资料无法识别的,金融机构可以不收集控制人相关信息。

识别为有非居民控制人的消极非金融机构的,金融机构应当收集并记录消极非金融机构及其控制人相关信息。

第二十八条 截至 2017 年 6 月 30 日账户加总余额超过二十五万美元的存量机构账户,金融机构应当在 2018 年 12 月 31 日前完成对账户的尽职调查。

截至 2017 年 6 月 30 日账户加总余额不超过二十五万美元的存量机构账户,金融机构无需开展尽职调查。但当之后任一公历年度末账户加总余额超过二十五万美元时,金融机构应当在次年 12 月 31 日前,按照本办法第二十六条和第二十七条规定完成对账户的尽职调查。

第五章 其他合规要求

第二十九条 金融机构可以根据自身业务需要,将新开账户的尽职调查程序适用于存量账户。

第三十条 金融机构委托其他机构向客户销售金融产品的,代销机构应当配合委托机构开展本办法所要求的尽职调查工作,并向委托机构提供本办法要求的信息。

第三十一条 金融机构可以委托第三方开展尽职调查,但相关责任仍应当由金融机构承担。基金、信托等属于投资机构的,可以分别由基金管理公司、信托公司作为第三方完成尽职调查相关工作。

第三十二条 金融机构应当建立账户持有人信息变化监控机制,包括要求账户持有人在本办法规定的相关信息变化之日起三十日内告知金融机构。金融机构在知道或者应当知道账户持有人相关信息发生变化之日起九十日内或者本年度 12 月 31 日前根据有关尽职调查程序重新识别账户持有人或者有关控制人是否为非居民。

第三十三条 对下列账户无需开展尽职调查：

（一）同时符合下列条件的退休金账户：

1. 受政府监管；

2. 享受税收优惠；

3. 向税务机关申报账户相关信息；

4. 达到规定的退休年龄等条件时才可取款；

5. 每年缴款不超过五万美元，或者终身缴款不超过一百万美元。

（二）同时符合下列条件的社会保障类账户：

1. 受政府监管；

2. 享受税收优惠；

3. 取款应当与账户设立的目的相关，包括医疗等；

4. 每年缴款不超过五万美元。

（三）同时符合下列条件的定期人寿保险合同：

1. 在合同存续期内或者在被保险人年满九十岁之前（以较短者为准），至少按年度支付保费，且保费不随时间递减；

2. 在不终止合同的情况下，任何人均无法获取保险价值；

3. 合同解除或者终止时，应付金额（不包括死亡抚恤金）在扣除合同存续期间相关支出后，不得超过为该合同累计支付的保费总额；

4. 合同不得通过有价方式转让。

（四）为下列事项而开立的账户：

1. 法院裁定或者判决；

2. 不动产或者动产的销售、交易或者租赁；

3. 不动产抵押贷款情况下，预留部分款项便于支付与不动产相关的税款或者保险；

4. 专为支付税款。

（五）同时符合下列条件的存款账户：

1. 因信用卡超额还款或者其他还款而形成，且超额款项不会立即返还账户持有人；

2. 禁止账户持有人超额还款五万美元以上，或者账户持有人超额还款五万美元以上的款项应当在六十日内返还账户持有人。

（六）上一公历年度余额不超过一千美元的休眠账户。休眠账户是

满足下列条件之一的账户(不包括年金合同):

1. 过去三个公历年度中,账户持有人未向金融机构发起任何与账户相关的交易;

2. 过去六个公历年度中,账户持有人未与金融机构沟通任何与账户相关的事宜;

3. 对于具有现金价值的保险合同,在过去六个公历年度中,账户持有人未与金融机构沟通任何与账户相关的事宜。

(七)由我国政府机关、事业单位、军队、武警部队、居民委员会、村民委员会、社区委员会、社会团体等单位持有的账户;由军人(武装警察)持军人(武装警察)身份证件开立的账户。

(八)政策性银行为执行政府决定开立的账户。

(九)保险公司之间的补偿再保险合同。

第三十四条 金融机构应当妥善保管本办法执行过程中收集的资料,保存期限为自报送期末起至少五年。相关资料可以以电子形式保存,但应当确保能够按照相关行业监督管理部门和国家税务总局的要求提供纸质版本。

第三十五条 金融机构应当汇总报送境内分支机构的下列非居民账户信息,并注明报送信息的金融机构名称、地址以及纳税人识别号:

(一)个人账户持有人的姓名、现居地址、税收居民国(地区)、居民国(地区)纳税人识别号、出生地、出生日期;机构账户持有人的名称、地址、税收居民国(地区)、居民国(地区)纳税人识别号;机构账户持有人是有非居民控制人的消极非金融机构的,还应当报送非居民控制人的姓名、现居地址、税收居民国(地区)、居民国(地区)纳税人识别号、出生地、出生日期。

(二)账号或者类似信息。

(三)公历年度末单个非居民账户的余额或者净值(包括具有现金价值的保险合同或者年金合同的现金价值或者退保价值)。账户在本年度内注销的,余额为零,同时应当注明账户已注销。

(四)存款账户,报送公历年度内收到或者计入该账户的利息总额。

(五)托管账户,报送公历年度内收到或者计入该账户的利息总额、股息总额以及其他因被托管资产而收到或者计入该账户的收入总额。报送信息的金融机构为代理人、中间人或者名义持有人的,报送因销售或者赎回金融资产而收到或者计入该托管账户的收入总额。

(六)其他账户,报送公历年度内收到或者计入该账户的收入总额,包括赎回款项的总额。

（七）国家税务总局要求报送的其他信息。

上述信息中涉及金额的，应当按原币种报送并且标注原币种名称。

对于存量账户，金融机构现有客户资料中没有居民国（地区）纳税人识别号、出生日期或者出生地信息的，无需报送上述信息。但是，金融机构应当在上述账户被认定为非居民账户的次年 12 月 31 日前，积极采取措施，获取上述信息。

非居民账户持有人无居民国（地区）纳税人识别号的，金融机构无需收集并报送纳税人识别号信息。

第三十六条 金融机构应当于 2017 年 12 月 31 日前登录国家税务总局网站办理注册登记，并且于每年 5 月 31 日前按要求报送第三十五条所述信息。

第六章 监督管理

第三十七条 金融机构应当建立实施监控机制，按年度评估本办法执行情况，及时发现问题、进行整改，并于次年 6 月 30 日前向相关行业监督管理部门和国家税务总局书面报告。

第三十八条 金融机构有下列情形之一的，由国家税务总局责令其限期改正：

（一）未按照本办法规定开展尽职调查的；

（二）未按照本办法建立实施监控机制的；

（三）故意错报、漏报账户持有人信息的；

（四）帮助账户持有人隐藏真实信息或者伪造信息的；

（五）其他违反本办法规定的。

逾期不改正的，税务机关将记录相关纳税信用信息，并用于纳税信用评价。有关违规情形通报相关金融主管部门。

第三十九条 对于金融机构的严重违规行为，有关金融主管部门可以采取下列措施：

（一）责令金融机构停业整顿或者吊销其经营许可证；

（二）取消金融机构直接负责的董事、高级管理人员和其他直接责任人员的任职资格、禁止其从事有关金融行业的工作；

（三）责令金融机构对直接负责的董事、高级管理人员和其他直接责任人给予纪律处分。

第四十条 对于账户持有人的严重违规行为,有关金融主管部门依据相关法律、法规进行处罚,涉嫌犯罪的,移送司法机关进行处理。

第七章 附 则

第四十一条 本办法施行前我国与相关国家(地区)已经就非居民金融账户涉税信息尽职调查事项商签双边协定的,有关要求另行规定。

第四十二条 国家税务总局与有关金融主管部门建立涉税信息共享机制,保障国家税务总局及时获取本办法规定的信息。非居民金融账户涉税信息报送要求另行规定。

第四十三条 本办法所称"以上""以下"均含本数,"不满""超过"均不含本数。

第四十四条 本办法自 2017 年 7 月 1 日起施行。

国家发展改革委、中国人民银行、中央文明办等印发《关于对电力行业严重违法失信市场主体及其有关人员实施联合惩戒的备忘录》的通知

（2017 年 5 月 16 日　发改运行〔2017〕946 号）

各省、自治区、直辖市和新疆生产建设兵团有关部门、机构：

为深入贯彻党的十八大和十八届三中、四中、五中、六中全会精神，落实《中共中央 国务院关于进一步深化电力体制改革的若干意见》（中发〔2015〕9 号）、《国务院关于印发社会信用体系建设规划纲要（2014 - 2020 年）的通知》（国发〔2014〕21 号）、《国务院关于建立完善守信联合激励和失信联合惩戒制度加快推进社会诚信建设的指导意见》（国发〔2016〕33 号）等有关要求，按照“褒扬诚信、惩戒失信”的原则，加快推进电力行业信用体系建设，建立健全失信联合惩戒机制，国家发展改革委、人民银行、中央文明办、最高人民法院、最高人民检察院、工业和信息化部、财政部、人力资源社会保障部、环境保护部、交通运输部、国资委、税务总局、工商总局、银监会、证监会、国家能源局、全国总工会等部门联合签署了《关于对电力行业严重违法失信市场主体及其有关人员实施联合惩戒的合作备忘录》。现印发你们，请认真贯彻执行。

附件：关于对电力行业严重违法失信市场主体及其有关人员实施联合惩戒的合作备忘录

附件

关于对电力行业严重违法失信市场主体及其有关人员实施联合惩戒的合作备忘录

为深入贯彻党的十八大和十八届三中、四中、五中、六中全会精神，落实《中共中央　国务院关于进一步深化电力体制改革的若干意见》（中发〔2015〕9号）、《国务院关于印发社会信用体系建设规划纲要（2014—2020年）的通知》（国发〔2014〕21号）、《国务院关于建立完善守信联合激励和失信联合惩戒制度加快推进社会诚信建设的指导意见》（国发〔2016〕33号）等文件要求，按照“褒扬诚信、惩戒失信”的原则，建立健全失信联合惩戒机制，加快推进电力行业信用体系建设，国家发展改革委、人民银行、中央文明办、最高人民法院、最高人民检察院、工业和信息化部、财政部、人力资源社会保障部、环境保护部、交通运输部、国资委、税务总局、工商总局、银监会、证监会、国家能源局、全国总工会就对电力行业严重违法失信市场主体及其有关人员开展联合惩戒工作，达成如下一致意见：

一、联合惩戒的对象

联合惩戒的对象为违反电力管理等相关法律、法规规定，违背诚实信用原则，经政府主管部门认定存在严重违法失信行为并纳入电力行业“黑名单”的市场主体及负有责任的法定代表人、自然人股东、其他相关人员。本备忘录所指的电力行业市场主体包括发电企业、电网企业、交易机构、调度机构、售电企业及参与电力市场交易的电力用户。上述联合惩戒对象，由国家发展改革委定期汇总后提供签署本备忘录的各部门。

二、联合惩戒的措施

各部门依照有关规定，对联合惩戒对象采取下列一种或多种惩戒措施（相关依据和实施部门见附录）：

（一）强制退出电力市场，在政府市场主体目录中移除，在电力交易机构取消电力交易注册。对售电公司电力交易机构3年内不再受理该企业电力交易注册申请，依法依规限制失信企业的法定代表人担任有关企业法定代表人、董事、监事、高级管理人员。

（二）将失信状况作为其融资或对其授信的重要依据或参考。

（三）列入税务管理重点监控对象，加强税收风险管理，提高监督检查频次。

（四）在申请发行企业债券时，将其列入“从严审核”类；将失信情况作为公开发行公司债券核准的参考。

（五）在政府补贴性资金和社会保障资金的安排过程中，将失信信息作为审批的重要参考。

（六）在股票发行审核及在全国中小企业股份转让系统公开转让审核中，将其失信信息作为重要参考。

（七）在审批证券公司、基金管理公司及期货公司的设立及变更持有5%以上股权的股东、实际控制人，私募投资基金管理人登记、重大事项变更以及基金备案时，依法将失信情况作为重要参考。

（八）将失信情况作为境内上市公司实行股权激励计划或相关人员成为股权激励对象事中事后监管的重要参考。

（九）在上市公司或者非上市公众公司收购的事中事后监管中，对有严重失信行为的生产经营单位予以重点关注。

（十）对严重失信的自然人，依法将其失信情况作为担任证券公司、基金管理公司、期货公司的董事、监事、高级管理人员及分支机构负责人备案的参考，对其证券、基金、期货从业资格申请予以从严审核，对已成为证券、基金、期货从业人员的相关主体予以重点关注。

（十一）限制参与工程等招标投标活动。

（十二）限制获得相关部门颁发的荣誉证书、嘉奖和表彰等荣誉性称号，已取得的荣誉性称号应按程序及时撤销。

（十三）将有关失信信息通过“信用中国”网站、电力交易平台网站等政府指定网站和国家企业信用信息公示系统向社会公布。

三、联合惩戒的实施方式

国家发展改革委通过全国信用信息共享平台等信息技术手段定期向参与失信联合惩戒的相关部门提供电力行业市场主体严重违法失信“黑名单”的相关信息。同时，相关名单信息在国家发展改革委政府网站、“信用中国”网站、国家企业信用信息公示系统等向社会公布。

各部门按照本备忘录约定内容，依法依规对电力行业严重违法失信惩戒对象实施联合惩戒。同时，建立惩戒效果定期通报机制，相关部门定期将联合惩戒的实施情况通过全国信用信息共享平台反馈给国家发展改革委及其他相关部门。

涉及地方事权的，由地方政府主管部门将电力行业市场主体严重违法失信"黑名单"的相关信息提供至其他部门,由其他部门按照备忘录采取惩戒措施。

四、联合惩戒的动态管理

国家发展改革委及地方主管部门对电力行业市场主体严重违法失信"黑名单"进行动态管理,及时更新相关信息并提供给联合惩戒的相关部门。对于从电力行业市场主体严重违法失信"黑名单"中移除的市场主体及其有关人员,相关部门应及时停止实施惩戒措施。

五、其他事宜

各部门应密切协作,积极落实本备忘录,制定电力行业严重违法失信市场主体及其有关人员相关信息的使用、撤销、管理、监督的相关实施细则和操作流程,指导本系统各级单位依法依规实施联合惩戒措施。

本备忘录实施过程中涉及部门之间协调配合的问题,由各部门协商解决。

本备忘录签署后,各项惩戒措施依据的法律、法规、规章及规范性文件有修改或调整的,以修改后的法律、法规、规章及规范性文件为准。

惩戒措施	法律及政策依据	实施部门
（一）强制退出电力市场，在政府市场主体目录中移除，在电力交易机构取消电力交易注册。对售电公司电力交易机构3年内不再受理该企业电力交易注册申请，依法依规限制失信企业的法定代表人担任有关企业法定代表人、董事、监事、高级管理人员。	**《中共中央　国务院关于进一步深化电力体制改革的若干意见》** 27. 建立健全市场主体信用体系。加强市场主体诚信建设，规范市场秩序。有关部门要建立企业法人及其负责人、从业人员信用记录，将其纳入统一的信用信息平台，使各类企业的信用状况透明、可追溯、可核查。加大监管力度，对企业和个人的违法失信行为予以公开，违法失信行为严重且影响电力安全的，要实行严格的行业禁入措施。 **《关于推进电力市场建设的实施意见》** 六、信用体系建设 （三）建立健全守信激励和失信惩戒机制。加大监管力度，对于不履约、欠费、滥用市场操纵力、不良交易行为、电网歧视、未按规定披露信息等失信行为，要进行市场内部曝光，对有不守信行为的市场主体，要予以警告。建立并完善黑名单制度，严重失信行为直接纳入不良信用记录，并向社会公示；严重失信且拒不整改、影响电力安全的，必要时可实施限制交易行为或强制性退出，并纳入国家联合惩戒体系。 **《关于推进售电侧改革的实施意见》** 五、信用体系建设与风险防范 （二）信用评价。 建立市场主体信用评价机制，省级政府或由省级政府授权的部门依据企业市场履约情况等市场行为建立市场主体信用评价制度，评价结果应向社会公示。建立黑名单制度，对严重违法、违规的市场主体，提出警告，勒令整改。拒不整改的列入黑名单，不得再进入市场。 **《售电公司准入与退出管理办法》** 第十七条　售电公司有下列情形之一的，应强制退出市场并注销注册：	国家发展改革委、工商总局、国家能源局

续表

惩戒措施	法律及政策依据	实施部门
	（一）隐瞒有关情况或者以提供虚假申请材料等方式违法违规进入市场，且拒不整改的； （二）严重违反市场交易规则，且拒不整改的； （三）依法被撤销、解散，依法宣告破产、歇业的； （四）企业违反信用承诺且拒不整改或信用评价降低为不适合继续参与市场交易的； （五）被有关部门和社会组织依法依规对其他领域失信行为做出处理，并被纳入严重失信主体“黑名单”的； （六）法律、法规规定的其他情形。 《中华人民共和国公司法》 第一百四十六条　有下列情形之一的，不得担任公司的董事、监事、高级管理人员： （一）无民事行为能力或者限制民事行为能力； （二）因贪污、贿赂、侵占财产、挪用财产或者破坏社会主义市场经济秩序，被判处刑罚，执行期满未逾五年，或者因犯罪被剥夺政治权利，执行期满未逾五年； （三）担任破产清算的公司、企业的董事或者厂长、经理，对该公司、企业的破产负有个人责任的，自该公司、企业破产清算完结之日起未逾三年； （四）担任因违法被吊销营业执照、责令关闭的公司、企业的法定代表人，并负有个人责任的，自该公司、企业被吊销营业执照之日起未逾三年； （五）个人所负数额较大的债务到期未清偿。 公司违反前款规定选举、委派董事、监事或者聘任高级管理人员的，该选举、委派或者聘任无效。	

续表

惩戒措施	法律及政策依据	实施部门
	董事、监事、高级管理人员在任职期间出现本条第一款所列情形的，公司应当解除其职务。 **《企业法人法定代表人登记管理规定》** 第四条　有下列情形之一的，不得担任法定代表人，企业登记机关不予核准登记： （一）无民事行为能力或者限制民事行为能力的； （二）正在被执行刑罚或者正在被执行刑事强制措施的； （三）正在被公安机关或者国家安全机关通缉的； （四）因犯有贪污贿赂罪、侵犯财产罪或者破坏社会主义市场经济秩序罪，被判处刑罚，执行期满未逾五年的；因犯有其他罪，被判处刑罚，执行期满未逾三年的；或者因犯罪被判处剥夺政治权利，执行期满未逾五年的； （五）担任因经营不善破产清算的企业的法定代表人或者董事、经理，并对该企业的破产负有个人责任，自该企业破产清算完结之日起未逾三年的； （六）担任因违法被吊销营业执照的企业的法定代表人，并对该企业违法行为负有个人责任，自该企业被吊销营业执照之日起未逾三年的； （七）个人负债数额较大，到期未清偿的； （八）法律和国务院规定的其他不得担任企业法定代表人的。	
（二）将失信状况作为其融资或对其授信的重要依据或参考。	**《征信业管理条例》** 第二十一条　征信机构可以通过信息主体、企业交易对方、行业协会提供信息，政府有关部门依法已公开的信息，人民法院依法公布的判决、裁定等渠道，采集企业信息。 征信机构不得采集法律、行政法规禁止采集的企业信息。 第四十四条　本条例下列用语的含义：	人民银行、银监会

续表

惩戒措施	法律及政策依据	实施部门
	（三）不良信息，是指对信息主体信用状况构成负面影响的下列信息：信息主体在借贷、赊购、担保、租赁、保险、使用信用卡等活动中未按照合同履行义务的信息，对信息主体的行政处罚信息，人民法院判决或者裁定信息主体履行义务以及强制执行的信息，以及国务院征信业监督管理部门规定的其他不良信息。 《全国银行间债券市场金融债券发行管理办法》 第十五条　金融债券的发行应由具有债券评级能力的信用评级机构进行信用评级。金融债券发行后信用评级机构应每年对该金融债券进行跟踪信用评级。如发生影响该金融债券信用评级的重大事项，信用评级机构应及时调整该金融债券的信用评级，并向投资者公布。 《贷款通则》 第十七条　借款人申请贷款，应当具备产品有市场、生产经营有效益、不挤占挪用信贷资金、恪守信用等基本条件，并且应当符合以下要求： 一、有按期还本付息的能力，原应付贷款利息和到期贷款已清偿；没有清偿的，已经做了贷款人认可的偿还计划。 二、除自然人和不需要经工商部门核准登记的事业法人外，应当经过工商部门办理年检手续。 三、已开立基本账户或一般存款账户。 四、除国务院规定外，有限责任公司和股份有限公司对外股本权益性投资累计额未超过其净资产总额的50%。 五、借款人的资产负债率符合贷款人的要求。 六、申请中期、长期贷款的，新建项目的企业法人所有者权益与项目所需总投资的比例不低于国家规定的投资项目的资本金比例。 第二十二条　贷款人的权利：	

续表

惩戒措施	法律及政策依据	实施部门
	根据贷款条件和贷款程序自主审查和决定贷款,除国务院批准的特定贷款外,有权拒绝任何单位和个人强令其发放贷款或者提供担保。 一、要求借款人提供与借款有关的资料; 二、根据借款人的条件,决定贷与不贷、贷款金额、期限和利率等; 三、了解借款人的生产经营活动和财务活动; 四、依合同约定从借款人账户上划收贷款本金和利息; 五、借款人未能履行借款合同规定义务的,贷款人有权依合同约定要求借款人提前归还贷款或停止支付借款人尚未使用的贷款; 六、在贷款将受或已受损失时,可依据合同规定,采取使贷款免受损失的措施。 **《中华人民共和国商业银行法》** 第三十五条　商业银行贷款,应当对借款人的借款用途、偿还能力、还款方式等情况进行严格审查。 商业银行贷款,应当实行审贷分离、分级审批的制度。 **《社会信用体系建设规划纲要(2014－2020年)》** 发挥政府诚信建设示范作用。各级人民政府首先要加强自身诚信建设,以政府的诚信施政,带动全社会诚信意识的树立和诚信水平的提高。在行政许可、政府采购、招标投标、劳动就业、社会保障、科研管理、干部选拔任用和管理监督、申请政府资金支持等领域,率先使用信用信息和信用产品,培育信用服务市场发展。 **《国务院办公厅关于运用大数据加强对市场主体服务和监管的若干意见》** (十三)建立健全失信联合惩戒机制。各级人民政府应将使用信用信息和信用报告嵌入行政管理和公共服务的各领域、各环节,作为必要条件或重要参	

续表

惩戒措施	法律及政策依据	实施部门
	考依据。充分发挥行政、司法、金融、社会等领域的综合监管效能，在市场准入、行政审批、资质认定、享受财政补贴和税收优惠政策、企业法定代表人和负责人任职资格审查、政府采购、政府购买服务、银行信贷、招标投标、国有土地出让、企业上市、货物通关、税收征缴、社保缴费、外汇管理、劳动用工、价格制定、电子商务、产品质量、食品药品安全、消费品安全、知识产权、环境保护、治安管理、人口管理、出入境管理、授予荣誉称号等方面，建立跨部门联动响应和失信约束机制，对违法失信主体依法予以限制或禁入。建立各行业“黑名单”制度和市场退出机制。推动将申请人良好的信用状况作为各类行政许可的必备条件。 **《国务院关于建立完善守信联合激励和失信联合惩戒制度加快推进社会诚信建设的指导意见》** （十一）加强对失信行为的市场性约束和惩戒。对严重失信主体，有关部门和机构应以统一社会信用代码为索引，及时公开披露相关信息，便于市场识别失信行为，防范信用风险。督促有关企业和个人履行法定义务，对有履行能力但拒不履行的严重失信主体实施限制出境和限制购买不动产、乘坐飞机、乘坐高等级列车和席次、旅游度假、入住星级以上宾馆及其他高消费行为等措施。支持征信机构采集严重失信行为信息，纳入信用记录和信用报告。引导商业银行、证券期货经营机构、保险公司等金融机构按照风险定价原则，对严重失信主体提高贷款利率和财产保险费率，或者限制向其提供贷款、保荐、承销、保险等服务。	
（三）列入税务管理重点监控对象，加强税收风险管理，提高监督检查频次。	《社会信用体系建设规划纲要（2014－2020年）》 五、完善以奖惩制度为重点的社会信用体系运行机制 运行机制是保障社会信用体系各系统协调运行的制度基础。其中，守	税务总局

续表

惩戒措施	法律及政策依据	实施部门
	信激励和失信惩戒机制直接作用于各个社会主体信用行为，是社会信用体系运行的核心机制。 （一）构建守信激励和失信惩戒机制。 加强对守信主体的奖励和激励。加大对守信行为的表彰和宣传力度。按规定对诚信企业和模范个人给予表彰，通过新闻媒体广泛宣传，营造守信光荣的舆论氛围。发展改革、财政、金融、环境保护、住房城乡建设、交通运输、商务、工商、税务、质检、安全监管、海关、知识产权等部门，在市场监管和公共服务过程中，要深化信用信息和信用产品的应用，对诚实守信者实行优先办理、简化程序等“绿色通道”支持激励政策。 加强对失信主体的约束和惩戒。强化行政监管性约束和惩戒。在现有行政处罚措施的基础上，健全失信惩戒制度，建立各行业黑名单制度和市场退出机制。推动各级人民政府在市场监管和公共服务的市场准入、资质认定、行政审批、政策扶持等方面实施信用分类监管，结合监管对象的失信类别和程度，使失信者受到惩戒。逐步建立行政许可申请人信用承诺制度，并开展申请人信用审查，确保申请人在政府推荐的征信机构中有信用记录，配合征信机构开展信用信息采集工作。推动形成市场性约束和惩戒。制定信用基准性评价指标体系和评价方法，完善失信信息记录和披露制度，使失信者在市场交易中受到制约。推动形成行业性约束和惩戒。通过行业协会制定行业自律规则并监督会员遵守。对违规的失信者，按照情节轻重，对机构会员和个人会员实行警告、行业内通报批评、公开谴责等惩戒措施。推动形成社会性约束和惩戒。完善社会舆论监督机制，加强对失信行为的披露和曝光，发挥群众评议讨论、批评报道等作用，通过社会的道德谴责，形成社会震慑力，约束社会成员的失信行为。	

续表

惩戒措施	法律及政策依据	实施部门
	建立失信行为有奖举报制度。切实落实对举报人的奖励，保护举报人的合法权益。 建立多部门、跨地区信用联合奖惩机制。通过信用信息交换共享，实现多部门、跨地区信用奖惩联动，使守信者处处受益、失信者寸步难行。 **《国家发展改革委　人民银行　中央编办关于在行政管理事项中使用信用记录和信用报告的若干意见》** 二、切实发挥在行政管理事项中使用信用记录和信用报告的作用 各级政府、各相关部门应将相关市场主体所提供的信用记录或信用报告作为其实施行政管理的重要参考。对守信者，应探索实行优先办理、简化程序、“绿色通道”和重点支持等激励政策；对失信者，应结合失信类别和程度，严格落实失信惩戒制度。 对食品药品安全、环境保护、产品质量、医疗卫生、工程建设、教育科研、电子商务、股权投资、融资担保等关系到人民群众切身利益、经济健康发展和社会和谐稳定的重点领域，各级政府、各相关部门应率先推进在行政管理事项中使用相关市场主体的信用记录和信用报告。 **《国务院关于建立完善守信联合激励和失信联合惩戒制度加快推进社会诚信建设的指导意见》** （十）依法依规加强对失信行为的行政性约束和惩戒。对严重失信主体，各地区、各有关部门应将其列为重点监管对象，依法依规采取行政性约束和惩戒措施。从严审核行政许可审批项目，从严控制生产许可证发放，限制新增项目审批、核准，限制股票发行上市融资或发行债券，限制在全国股份转让系统挂牌、融资，限制发起设立或参股金融机构以及小额贷款公司、融资担保公司、创业投资公司、互联网融资平台等机构，限制从事互联网信息服务等。严格限	

续表

惩戒措施	法律及政策依据	实施部门
	制申请财政性资金项目,限制参与有关公共资源交易活动,限制参与基础设施和公用事业特许经营。对严重失信企业及其法定代表人、主要负责人和对失信行为负有直接责任的注册执业人员等实施市场和行业禁入措施。及时撤销严重失信企业及其法定代表人、负责人、高级管理人员和对失信行为负有直接责任的董事、股东等人员的荣誉称号,取消参加评先评优资格。	
(四)在申请发行企业债券时,将其列入“从严审核”类;将失信情况作为公开发行公司债券核准的参考。	**《国家发展改革委　人民银行　中央编办关于在行政管理事项中使用信用记录和信用报告的若干意见》** 对食品药品安全、环境保护、产品质量、医疗卫生、工程建设、教育科研、电子商务、股权投资、融资担保等关系到人民群众切身利益、经济健康发展和社会和谐稳定的重点领域,各级政府、各相关部门应率先推进在行政管理事项中使用相关市场主体的信用记录和信用报告。 **《国家发展改革委办公厅关于进一步改进企业债券发行审核工作的通知》** 二、从严审核类 对于以下两类发债申请,要从严审核,有效防范市场风险。 (二)企业信用等级较低,负债率高,债券余额较大或运作不规范、资产不实、偿债措施较弱的发债申请 2. 企业及所在地地方政府或为其提供承销服务的券商有不尽职或不诚信记录。 《公司债券发行与交易管理办法》 第十七条　存在下列情形之一的,不得公开发行公司债券: (一)最近三十六个月内公司财务会计文件存在虚假记载,或公司存在其他重大违法行为; (四)严重损害投资者合法权益和社会公共利益的其他情形。	国家发展改革委、证监会

续表

惩戒措施	法律及政策依据	实施部门
(五)在政府补贴性资金和社会保障资金的安排过程中,将失信信息作为审批的重要参考。	《社会信用体系建设规划纲要(2014－2020年)》 发挥政府诚信建设示范作用。各级人民政府首先要加强自身诚信建设,以政府的诚信施政,带动全社会诚信意识的树立和诚信水平的提高。在行政许可、政府采购、招标投标、劳动就业、社会保障、科研管理、干部选拔任用和管理监督、申请政府资金支持等领域,率先使用信用信息和信用产品,培育信用服务市场发展。 《国务院办公厅关于运用大数据加强对市场主体服务和监管的若干意见》 (十三)建立健全失信联合惩戒机制。各级人民政府应将使用信用信息和信用报告嵌入行政管理和公共服务的各领域、各环节,作为必要条件或重要参考依据。充分发挥行政、司法、金融、社会等领域的综合监管效能,在市场准入、行政审批、资质认定、享受财政补贴和税收优惠政策、企业法定代表人和负责人任职资格审查、政府采购、政府购买服务、银行信贷、招标投标、国有土地出让、企业上市、货物通关、税收征缴、社保缴费、外汇管理、劳动用工、价格制定、电子商务、产品质量、食品药品安全、消费品安全、知识产权、环境保护、治安管理、人口管理、出入境管理、授予荣誉称号等方面,建立跨部门联动响应和失信约束机制,对违法失信主体依法予以限制或禁入。建立各行业"黑名单"制度和市场退出机制。推动将申请人良好的信用状况作为各类行政许可的必备条件。	国家发展改革委、财政部、人力资源社会保障部、国资委等有关部门
(六)在股票发行审核及在全国中小企业股份转让系统公开转让审核中,将其失信信息作为重要参考。	《中华人民共和国证券法》 第十三条　公司公开发行新股,应当符合下列条件: (三)最近三年财务会计文件无虚假记载,无其他重大违法行为; 《首次公开发行股票并上市管理办法》 第十八条　发行人不得有下列情形:	证监会

续表

惩戒措施	法律及政策依据	实施部门
	（二）最近36个月内违反工商、税收、土地、环保、海关以及其他法律、行政法规，受到行政处罚，且情节严重； 《首次公开发行股票并在创业板上市管理办法》 第二十条　发行人及其控股股东、实际控制人最近三年内不存在损害投资者合法权益和社会公共利益的重大违法行为。 《上市公司证券发行管理办法》 第九条　上市公司最近三十六个月内财务会计文件无虚假记载，且不存在下列重大违法行为： （二）违反工商、税收、土地、环保、海关法律、行政法规或规章，受到行政处罚且情节严重，或者受到刑事处罚； 《创业板上市公司证券发行管理暂行办法》 第十条　上市公司存在下列情形之一的，不得发行证券： （三）最近三十六个月内因违反法律、行政法规、规章受到行政处罚且情节严重，或者受到刑事处罚，或者因违反证券法律、行政法规、规章受到中国证监会的行政处罚；最近十二个月内受到证券交易所的公开谴责；因涉嫌犯罪被司法机关立案侦查或者涉嫌违法违规被中国证监会立案调查。 《非上市公众公司监督管理办法》 第三条　公众公司应当按照法律、行政法规、本办法和公司章程的规定，做到股权明晰，合法规范经营，公司治理机制健全，履行信息披露义务。	

续表

惩戒措施	法律及政策依据	实施部门
（七）在审批证券公司、基金管理公司及期货公司的设立及变更持有5%以上股权的股东、实际控制人，私募投资基金管理人登记、重大事项变更以及基金备案时，依法将失信情况作为重要参考。	**《中华人民共和国证券法》** 第一百二十四条　设立证券公司，应当具备下列条件： （二）主要股东具有持续盈利能力，信誉良好，最近三年无重大违法违规记录，净资产不低于人民币二亿元。 **《中华人民共和国证券投资基金法》** 第十三条　设立管理公开募集基金的基金管理公司，应当具备下列条件，并经国务院证券监督管理机构批准： （三）主要股东应当具有经营金融业务或者管理金融机构的良好业绩、良好的财务状况和社会信誉，资产规模达到国务院规定的标准，最近三年没有违法记录。 **《期货交易管理条例》** 第十六条　申请设立期货公司，应当符合《中华人民共和国公司法》的规定，并具备下列条件： （四）主要股东以及实际控制人具有持续盈利能力，信誉良好，最近3年无重大违法违规记录。 **《证券公司监督管理条例》** 第十条　有下列情形之一的单位或者个人，不得成为持有证券公司5%以上股权的股东、实际控制人： （一）因故意犯罪被判处刑罚，刑罚执行完毕未逾3年； （四）国务院证券监督管理机构认定的其他情形。 **《证券投资基金管理公司管理办法》** 第七条　申请设立基金管理公司，出资或者持有股份占基金管理公司注册资本的比例（以下简称持股比例）在5%以上的股东，应当具备下列条件：	证监会

续表

惩戒措施	法律及政策依据	实施部门
	(三)最近3年没有因违法违规行为受到行政处罚或者刑事处罚; (六)具有良好的社会信誉,最近3年在金融监管、税务、工商等行政机关,以及自律管理、商业银行等机构无不良记录。 **《期货公司监督管理办法》** 第七条　持有5%以上股权的股东为法人或者其他组织的,应当具备下列条件: (四)近3年未因重大违法违规行为受到行政处罚或者刑事处罚。	
(八)将失信情况作为境内上市公司实行股权激励计划或相关人员成为股权激励对象事中事后监管的重要参考。	**《上市公司股权激励管理办法》** 第七条　上市公司具有下列情形之一的,不得实行股权激励: (四)法律法规规定不得实行股权激励的; (五)中国证监会认定的其他情形。 第八条　下列人员也不得成为激励对象: (一)最近12个月内被证券交易所认定为不适当人选; (二)最近12个月内被中国证监会及其派出机构认定为不适当人选; (三)最近12个月内因重大违法违规行为被中国证监会及其派出机构行政处罚或者采取市场禁入措施; (四)具有《公司法》规定的不得担任公司董事、高级管理人员情形的; (五)法律法规规定不得参与上市公司股权激励的; (六)中国证监会认定的其他情形。	证监会
(九)在上市公司或者非上市公众公司收购的事中事后监管中,对有严重失信行为的生产经营单位予以重点关注。	**《上市公司收购管理办法》** 第六条　任何人不得利用上市公司的收购损害被收购公司及其股东的合法权益。	证监会

续表

惩戒措施	法律及政策依据	实施部门
	有下列情形之一的,不得收购上市公司: (二)收购人最近 3 年有重大违法行为或者涉嫌有重大违法行为。 **《非上市公众公司收购管理办法》** 第六条　进行公众公司收购,收购人及其实际控制人应当具有良好的诚信记录,收购人及其实际控制人为法人的,应当具有健全的公司治理机制。任何人不得利用公众公司收购损害被收购公司及其股东的合法权益。 有下列情形之一的,不得收购公众公司: (二)收购人最近 2 年有重大违法行为或者涉嫌有重大违法行为。	
(十)对严重失信的自然人,依法将其失信情况作为担任证券公司、基金管理公司、期货公司的董事、监事、高级管理人员及分支机构负责人备案的参考,对其证券、基金、期货从业资格申请予以从严审核,对已成为证券、基金、期货从业人员的相关主体予以重点关注。	**《中华人民共和国公司法》** 第一百四十六条　有下列情形之一的,不得担任公司的董事、监事、高级管理人员: (五)个人所负数额较大的债务到期未清偿。 **《证券公司董事、监事和高级管理人员任职资格监管办法》** 第八条　取得证券公司董事、监事、高管人员和分支机构负责人任职资格,应当具备以下基本条件: (一)正直诚实,品行良好。 **《中华人民共和国证券投资基金法》** 第十五条　有下列情形之一的,不得担任公开募集基金的基金管理人的董事、监事、高级管理人员和其他从业人员: (三)个人所负债务数额较大,到期未清偿的。 **《证券投资基金管理公司高级管理人员任职管理办法》** 第四条　高级管理人员应当遵守法律、行政法规和中国证监会的规定,遵	证监会

续表

惩戒措施	法律及政策依据	实施部门
	守公司章程和行业规范，恪守诚信，审慎勤勉，忠实尽责，维护基金份额持有人的合法权益。 第六条　申请高级管理人员任职资格，应当具备下列条件： （四）没有公司法、证券投资基金法等法律、行政法规规定的不得担任公司董事、监事、经理和基金从业人员的情形。 **《期货公司董事、监事和高级管理人员任职资格管理办法》** 第六条　申请期货公司董事、监事和高级管理人员的任职资格，应当具有诚实守信的品质、良好的职业道德和履行职责所必需的经营管理能力。 **《证券从业人员资格管理办法》** 第十条　取得从业资格的人员，符合下列条件的，可以通过机构申请执业证书： （五）品行端正，具有良好的职业道德。 **《期货从业人员管理办法》** 第十条　机构任用具有从业资格考试合格证明且符合下列条件的人员从事期货业务的，应当为其办理从业资格申请： （一）品行端正，具有良好的职业道德。 **《私募投资基金监督管理暂行办法》** 第四条　私募基金管理人和从事私募基金托管业务的机构（以下简称私募基金托管人）管理、运用私募基金财产，从事私募基金销售业务的机构（以下简称私募基金销售机构）及其他私募服务机构从事私募基金服务活动，应当恪尽职守，履行诚实信用、谨慎勤勉的义务。 私募基金从业人员应当遵守法律、行政法规，恪守职业道德和行为规范。	

续表

惩戒措施	法律及政策依据	实施部门
(十一)限制参与工程等招标投标活动。	**《中华人民共和国招标投标法》** 第二十六条　投标人应当具备承担招标项目的能力;国家有关规定对投标人资格条件或者招标文件对投标人资格条件有规定的,投标人应当具备规定的资格条件。 第三十三条　投标人不得以低于成本的报价竞标,也不得以他人名义投标或者以其他方式弄虚作假,骗取中标。 **《中华人民共和国投标招标法实施条例》** 第四十二条　使用通过受让或者租借等方式获取的资格、资质证书投标的,属于招标投标法第三十三条规定的以他人名义投标。 投标人有下列情形之一的,属于招标投标法第三十三条规定的以其他方式弄虚作假的行为: (一)使用伪造、变造的许可证件; (二)提供虚假的财务状况或者业绩; (三)提供虚假的项目负责人或者主要技术人员简历、劳动关系证明; (四)提供虚假的信用状况; (五)其他弄虚作假的行为。 **《工程建设项目施工招标投标办法》** 第二十条　资格审查应主要审查潜在投标人或者投标人是否符合下列条件: (一)具有独立订立合同的权利; (二)具有履行合同的能力,包括专业、技术资格和能力,资金、设备和其他物质设施状况,管理能力,经验、信誉和相应的从业人员; (三)没有处于被责令停业,投标资格被取消,财产被接管、冻结,破产状态;	国家发展改革委、国家能源局、工业和信息化部、交通运输部等有关部门

续表

惩戒措施	法律及政策依据	实施部门
	（四）在最近三年内没有骗取中标和严重违约及重大工程质量问题； （五）法律、行政法规规定的其他资格条件。 资格审查时，招标人不得以不合理的条件限制、排斥潜在投标人或者投标人，不得对潜在投标人或者投标人实行歧视待遇。任何单位和个人不得以行政手段或者其他不合理方式限制投标人的数量。 **《国务院办公厅关于运用大数据加强对市场主体服务和监管的若干意见》** （十三）建立健全失信联合惩戒机制。各级人民政府应将使用信用信息和信用报告嵌入行政管理和公共服务的各领域、各环节，作为必要条件或重要参考依据。充分发挥行政、司法、金融、社会等领域的综合监管效能，在市场准入、行政审批、资质认定、享受财政补贴和税收优惠政策、企业法定代表人和负责人任职资格审查、政府采购、政府购买服务、银行信贷、招标投标、国有土地出让、企业上市、货物通关、税收征缴、社保缴费、外汇管理、劳动用工、价格制定、电子商务、产品质量、食品药品安全、消费品安全、知识产权、环境保护、治安管理、人口管理、出入境管理、授予荣誉称号等方面，建立跨部门联动响应和失信约束机制，对违法失信主体依法予以限制或禁入。建立各行业“黑名单”制度和市场退出机制。推动将申请人良好的信用状况作为各类行政许可的必备条件。 **《社会信用体系建设规划纲要（2014－2020年）》** 发挥政府诚信建设示范作用。各级人民政府首先要加强自身诚信建设，以政府的诚信施政，带动全社会诚信意识的树立和诚信水平的提高。在行政许可、政府采购、招标投标、劳动就业、社会保障、科研管理、干部选拔任用和管理监督、申请政府资金支持等领域，率先使用信用信息和信用产品，培育信用服务市场发展。	

续表

惩戒措施	法律及政策依据	实施部门
	招标投标领域信用建设。扩大招标投标信用信息公开和共享范围，建立涵盖招标投标情况的信用评价指标和评价标准体系，健全招标投标信用信息公开和共享制度。进一步贯彻落实招标投标违法行为记录公告制度，推动完善奖惩联动机制。依托电子招标投标系统及其公共服务平台，实现招标投标和合同履行等信用信息的互联互通、实时交换和整合共享。鼓励市场主体运用基本信用信息和第三方信用评价结果，并将其作为投标人资格审查、评标、定标和合同签订的重要依据。 《企业信息公示暂行条例》 第十八条　县级以上地方人民政府及其有关部门应当建立健全信用约束机制，在政府采购、工程招投标、国有土地出让、授予荣誉称号等工作中，将企业信息作为重要考量因素，对被列入经营异常名录或者严重违法企业名单的企业依法予以限制或者禁入。	
（十二）限制获得相关部门颁发的荣誉证书、嘉奖和表彰等荣誉性称号，已取得的荣誉性称号应按程序及时撤销。	《社会信用体系建设规划纲要（2014－2020年）》 （十三）建立健全失信联合惩戒机制。各级人民政府应将使用信用信息和信用报告嵌入行政管理和公共服务的各领域、各环节，作为必要条件或重要参考依据。充分发挥行政、司法、金融、社会等领域的综合监管效能，在市场准入、行政审批、资质认定、享受财政补贴和税收优惠政策、企业法定代表人和负责人任职资格审查、政府采购、政府购买服务、银行信贷、招标投标、国有土地出让、企业上市、货物通关、税收征缴、社保缴费、外汇管理、劳动用工、价格制定、电子商务、产品质量、食品药品安全、消费品安全、知识产权、环境保护、治安管理、人口管理、出入境管理、授予荣誉称号等方面，建立跨部门联动响应和失信约束机制，对违法失信主体依法予以限制或禁入。建立各行业“黑名单”制度和市场退出机制。推动将申请人良好的信用状况作为各类行政许可的必备条件。	中央文明办

续表

惩戒措施	法律及政策依据	实施部门
	《国务院关于促进市场公平竞争维护市场正常秩序的若干意见》 （十五）建立健全守信激励和失信惩戒机制。将市场主体的信用信息作为实施行政管理的重要参考。根据市场主体信用状况实行分类分级、动态监管，建立健全经营异常名录制度，对违背市场竞争原则和侵犯消费者、劳动者合法权益的市场主体建立“黑名单”制度。对守信主体予以支持和激励，对失信主体在经营、投融资、取得政府供应土地、进出口、出入境、注册新公司、工程招投标、政府采购、获得荣誉、安全许可、生产许可、从业任职资格、资质审核等方面依法予以限制或禁止，对严重违法失信主体实行市场禁入制度。 **《企业信息公示暂行条例》** 第十八条　县级以上地方人民政府及其有关部门应当建立健全信用约束机制，在政府采购、工程招投标、国有土地出让、授予荣誉称号等工作中，将企业信息作为重要考量因素，对被列入经营异常名录或者严重违法企业名单的企业依法予以限制或者禁入。 **《国务院关于建立完善守信联合激励和失信联合惩戒制度加快推进社会诚信建设的指导意见》** （十）依法依规加强对失信行为的行政性约束和惩戒。对严重失信主体，各地区、各有关部门应将其列为重点监管对象，依法依规采取行政性约束和惩戒措施。从严审核行政许可审批项目，从严控制生产许可证发放，限制新增项目审批、核准，限制股票发行上市融资或发行债券，限制在全国股份转让系统挂牌、融资，限制发起设立或参股金融机构以及小额贷款公司、融资担保公司、创业投资公司、互联网融资平台等机构，限制从事互联网信息服务等。严格限制申请财政性资金项目，限制参与有关公共资源交易活动，限制参与基础设施和公用事业特许经营。对严重失信企业及其法定代表人、主要负责人和对失	

续表

惩戒措施	法律及政策依据	实施部门
	信行为负有直接责任的注册执业人员等实施市场和行业禁入措施。及时撤销严重失信企业及其法定代表人、负责人、高级管理人员和对失信行为负有直接责任的董事、股东等人员的荣誉称号，取消参加评先评优资格。	
（十三）将有关失信信息通过“信用中国”网站、电力交易平台网站等政府指定网站和国家企业信用信息公示系统向社会公布。	**《中共中央　国务院关于进一步深化电力体制改革的若干意见》** 27. 建立健全市场主体信用体系。加强市场主体诚信建设，规范市场秩序。有关部门要建立企业法人及其负责人、从业人员信用记录，将其纳入统一的信用信息平台，使各类企业的信用状况透明、可追溯、可核查。加大监管力度，对企业和个人的违法失信行为予以公开，违法失信行为严重且影响电力安全的，要实行严格的行业禁入措施。 **《关于推进电力市场建设的实施意见》** 六、信用体系建设 （三）建立健全守信激励和失信惩戒机制。加大监管力度，对于不履约、欠费、滥用市场操纵力、不良交易行为、电网歧视、未按规定披露信息等失信行为，要进行市场内部曝光，对有不守信行为的市场主体，要予以警告。建立并完善黑名单制度，严重失信行为直接纳入不良信用记录，并向社会公示；严重失信且拒不整改、影响电力安全的，必要时可实施限制交易行为或强制性退出，并纳入国家联合惩戒体系。 **《关于推进售电侧改革的实施意见》** 五、信用体系建设与风险防范 （一）信息披露。 建立信息公开机制，省级政府或由省级政府授权的部门定期公布市场准入退出标准、交易主体目录、负面清单、黑名单、监管报告等信息。市场主体在省级政府指定网站和“信用中国”网站上公示公司有关情况和信用承诺，对公	国家发展改革委、工商总局

续表

惩戒措施	法律及政策依据	实施部门
	司重大事项进行公告，并定期公布公司年报。 （二）信用评价。 建立市场主体信用评价机制，省级政府或由省级政府授权的部门依据企业市场履约情况等市场行为建立市场主体信用评价制度，评价结果应向社会公示。建立黑名单制度，对严重违法、违规的市场主体，提出警告，勒令整改。拒不整改的列入黑名单，不得再进入市场。 **《售电公司准入与退出管理办法》** 第二十三条　电力交易机构应及时将强制退出和自愿退出且公示期满无异议的售电公司从自主交易市场主体目录中删除，同时注销市场交易注册，向能源监管机构、省级政府有关部门和政府引入的第三方征信机构备案，并通过“信用中国”网站和电力交易平台网站向社会公布。 **《国务院办公厅关于运用大数据加强对市场主体服务和监管的若干意见》** （十九）大力推进市场主体信息公示。严格执行《企业信息公示暂行条例》，加快实施经营异常名录制度和严重违法失信企业名单制度。建设国家企业信用信息公示系统，依法对企业注册登记、行政许可、行政处罚等基本信用信息以及企业年度报告、经营异常名录和严重违法失信企业名单进行公示，提高市场透明度，并与国家统一的信用信息共享交换平台实现有机对接和信息共享。支持探索开展社会化的信用信息公示服务。建设“信用中国”网站，归集整合各地区、各部门掌握的应向社会公开的信用信息，实现信用信息一站式查询，方便社会了解市场主体信用状况。各级政府及其部门网站要与“信用中国”网站连接，并将本单位政务公开信息和相关市场主体违法违规信息在“信用中国”网站公开。 （二十三）加强和规范政府数据采集。建立健全政府大数据采集制度，明	

续表

惩戒措施	法律及政策依据	实施部门
	确信息采集责任。各部门在履职过程中,要依法及时、准确、规范、完整地记录和采集相关信息,妥善保存并及时更新。加强对市场主体相关信息的记录,形成信用档案,对严重违法失信的市场主体,按照有关规定列入“黑名单”并公开曝光。 《企业信息公示暂行条例》 第七条　工商行政管理部门以外的其他政府部门(以下简称其他政府部门)应当公示其在履行职责过程中产生的下列企业信息: (一)行政许可准予、变更、延续信息; (二)行政处罚信息; (三)其他依法应当公示的信息。 其他政府部门可以通过企业信用信息公示系统,也可以通过其他系统公示前款规定的企业信息。工商行政管理部门和其他政府部门应当按照国家社会信用信息平台建设的总体要求,实现企业信息的互联共享。 **《国务院关于建立完善守信联合激励和失信联合惩戒制度加快推进社会诚信建设的指导意见》** (十七)建立健全信用信息公示机制。推动政务信用信息公开,全面落实行政许可和行政处罚信息上网公开制度。除法律法规另有规定外,县级以上人民政府及其部门要将各类自然人、法人和其他组织的行政许可、行政处罚等信息在7个工作日内通过政府网站公开,并及时归集至“信用中国”网站,为社会提供“一站式”查询服务。涉及企业的相关信息按照企业信息公示暂行条例规定在企业信用信息公示系统公示。推动司法机关在“信用中国”网站公示司法判决、失信被执行人名单等信用信息。	

财政部、中国人民银行、中国证监会关于规范开展政府和社会资本合作项目资产证券化有关事宜的通知

（2017年6月7日　财金〔2017〕55号）

各省、自治区、直辖市、计划单列市财政厅（局），新疆生产建设兵团财务局，中国人民银行上海总部、各分行、营业管理部、各省会（首府）城市中心支行，中国证监会各派出机构，中国银行间市场交易商协会，上海证券交易所、深圳证券交易所，中国证券业协会，中国证券投资基金业协会：

为贯彻落实《国务院办公厅转发财政部　发展改革委　人民银行关于在公共服务领域推广政府和社会资本合作模式指导意见的通知》（国办发〔2015〕42号），规范推进政府和社会资本合作（以下简称PPP）项目资产证券化工作，现就有关事宜通知如下：

一、分类稳妥地推动PPP项目资产证券化

（一）鼓励项目公司开展资产证券化优化融资安排。在项目运营阶段，项目公司作为发起人（原始权益人），可以按照使用者付费、政府付费、可行性缺口补助等不同类型，以能够给项目带来现金流的收益权、合同债权作为基础资产，发行资产证券化产品。项目公司应统筹融资需求、项目收益等因素，合理确定资产证券化产品发行规模和期限，着力降低综合融资成本。积极探索项目公司在项目建设期依托PPP合同约定的未来收益权，发行资产证券化产品，进一步拓宽项目融资渠道。

（二）探索项目公司股东开展资产证券化盘活存量资产。除PPP合同对项目公司股东的股权转让质押等权利有限制性约定外，在项目建成运营2年后，项目公司的股东可以以能够带来现金流的股权作为基础资产，发行资产证券化产品，盘活存量股权资产，提高资产流动性。其中，控股股东发行规模不得超过股权带来现金流现值的50%，其他股东发行规模不得超过股权带来现金流现值的70%。

（三）支持项目公司其他相关主体开展资产证券化。在项目运营阶

段，为项目公司提供融资支持的各类债权人，以及为项目公司提供建设支持的承包商等企业作为发起人（原始权益人），可以合同债权、收益权等作为基础资产，按监管规定发行资产证券化产品，盘活存量资产，多渠道筹集资金，支持 PPP 项目建设实施。

二、严格筛选开展资产证券化的 PPP 项目

（四）开展资产证券化的 PPP 项目应当运作规范、权属清晰。项目实施方案科学、合同体系完备、运作模式成熟、风险分配合理，并通过物有所值评价和财政承受能力论证。项目公司预期产生的现金流，能够覆盖项目的融资利息和股东的投资收益。拟作为基础资产的项目收益权、股权和合同债权等权属独立清晰，没有为其他融资提供质押或担保。

（五）发起人（原始权益人）应当分别符合相关要求。项目公司作为发起人（原始权益人）的，应当已落实融资方案，前期融资实际到账。项目公司、项目公司的股东作为发起人（原始权益人）申请通过发行主管部门绿色通道受理的，项目还应当成功运营 2 年以上，发起人（原始权益人）信用稳健，最近三年未发生重大违约或虚假信息披露，无不良信用记录。

三、完善 PPP 项目资产证券化工作程序

（六）依据合同约定自主开展资产证券化。政府方和社会资本方应在 PPP 合同中，通过适当的方式约定相关各方的资产证券化权利和义务，发起人（原始权益人）可按照合同约定自主决定开展资产证券化，向发行主管部门提交发行申请。PPP 项目相关各方应按合同约定，配合接受尽职调查，提供相关材料，协助开展资产证券化产品的方案设计和信用评级等工作。

（七）择优筛选 PPP 项目开展资产证券化。优先支持水务、环境保护、交通运输等市场化程度较高、公共服务需求稳定、现金流可预测性较强的行业开展资产证券化。优先支持政府偿付能力较好、信用水平较高，并严格履行 PPP 项目财政管理要求的地区开展资产证券化。重点支持符合雄安新区和京津冀协同发展、“一带一路”、长江经济带等国家战略的 PPP 项目开展资产证券化。鼓励作为项目公司控股股东的行业龙头企业开展资产证券化，盘活存量项目资产，提高公共服务供给能力。

（八）择优推荐 PPP 项目资产证券化。省级财政部门可会同行业主管部门择优推荐资产证券化项目。PPP 项目资产证券化发起人（原始权益人）可在向发行主管部门提交申请前，自主向省级财政部门和行业主管部门提出推荐申请。申请材料包括但不限于 PPP 项目实施方案、PPP

合同、物有所值评价报告和财政承受能力论证报告、项目运营年报，以及项目资产证券化方案说明书、交易结构图、法律意见书等。省级财政部门可会同行业主管部门，按照有关监管规定和本通知要求，出具推荐意见并抄报财政部。

（九）进一步优化 PPP 项目资产证券化审核程序。发行主管部门应根据资产证券化业务规定，对申报的 PPP 项目进行审核和监管。对于各省级财政部门推荐的项目和中国政企合作支持基金投资的项目，中国银行间市场交易商协会、证券交易所、中国证券投资基金业协会等单位要研究建立受理、审核及备案的绿色通道，专人专岗负责，提高注册、备案、审核、发行和挂牌的工作效率。要根据 PPP 项目证券化开展情况，进一步完善资产证券化制度体系，指导有关单位研究完善自律规则及负面清单。

四、着力加强 PPP 项目资产证券化监督管理

（十）切实做好风险隔离安排。PPP 项目资产证券化的发起人（原始权益人），要严格按照资产证券化规则与相关方案、合同约定，合理设计资产证券化产品的发行交易结构，通过特殊目的载体（SPV）和必要的增信措施，坚持真实出售、破产隔离原则，在基础资产与发起人（原始权益人）资产之间做好风险隔离。发起人（原始权益人）要配合中介机构履行基础资产移交、现金流归集、信息披露、提供增信措施等相关义务，不得通过资产证券化改变控股股东对 PPP 项目公司的实际控制权和项目运营责任，实现变相“退出”，影响公共服务供给的持续性和稳定性。资产证券化产品如出现偿付困难，发起人（原始权益人）应按照资产证券化合同约定与投资人妥善解决，发起人（原始权益人）不承担约定以外的连带偿付责任。

（十一）合理分担资产证券化的成本收益。PPP 项目公司资产证券化的发行成本应当由项目公司按照合同约定承担，不得将发行成本转嫁给政府和社会资本方。鼓励 PPP 项目公司及其股东通过加强日常运营维护管理或者提供合理支持，为基础资产产生预期现金流提供必要的保障，PPP 项目公司及其股东可综合采取担保、持有次级等多种方式进行增信，避免单一增信方式增加对项目公司或股东的负担。PPP 项目公司通过发行资产证券化产品优化负债结构的，节省综合融资成本带来的超额收益，应按照合同约定进行分配。

（十二）切实防范刚性兑付风险。PPP 项目所在地财政部门要会同行业主管部门加强项目全生命周期的合同履约管理，以 PPP 合同约定的支付责任为限，严格按照项目绩效评价结果进行支付（含使用者付费项目），保障社会资本方获得合理回报。资产证券化产品的偿付责任，由特殊目的载体（SPV）以其持有的基础资产和增信安排承担，不得将资产证券化产品的偿付责任转嫁给政府或公众，并影响公共服务的持续稳定供给。

（十三）充分披露资产证券化相关信息。金融机构、中介服务机构等应做好尽职调查，确保 PPP 项目资产证券化业务符合相关政策要求。PPP 项目资产证券化的发起人（原始权益人）、管理人及其他信息披露义务人应当严格按照资产证券化业务相关规定，在 PPP 综合信息平台以及市场认可的信息披露网站，披露项目实施信息、资产证券化年度管理报告、收益分配报告等信息，确保项目实施和资产证券化业务公开透明、有序实施，接受社会和市场监督。

（十四）大力营造良好发展环境。建立多元化、可持续的资金保障机制，推动不动产投资信托基金（REITs）发展，鼓励各类市场资金投资 PPP 项目资产证券化产品。加大 PPP 项目资产证券化政策宣传培训力度，提高各方资产证券化业务操作能力。财政部、中国人民银行、中国证监会建立完善 PPP 项目资产证券化协同管理机制，加强沟通合作，实现 PPP 项目实施和风险监测信息共享。省级财政部门和中国人民银行、中国证监会当地派出机构要高度重视，认真组织实施，切实做好 PPP 项目资产证券化相关工作，推动 PPP 项目资产证券化持续健康发展。

内地与香港债券市场互联互通合作管理暂行办法

（2017 年 6 月 21 日　中国人民银行令〔2017〕第 1 号）

第 一 条　为规范开展内地与香港债券市场互联互通合作相关业务，保护境内外投资者合法权益，维护债券市场秩序，根据《中华人民共和国中国人民银行法》和其他有关法律、行政法规，制定本办法。

第 二 条　本办法所称内地与香港债券市场互联互通合作是指境内外投资者通过香港与内地债券市场基础设施机构连接，买卖香港与内地债券市场交易流通债券的机制安排，即“债券通”，包括“北向通”及“南向通”。

本办法适用于“北向通”。“北向通”是指香港及其他国家与地区的境外投资者（以下简称境外投资者）经由香港与内地基础设施机构之间在交易、托管、结算等方面互联互通的机制安排，投资于内地银行间债券市场。

“南向通”有关办法另行制定。

第 三 条　“北向通”遵循香港与内地市场现行法律法规，相关交易结算活动遵守交易结算发生地的监管规定及业务规则。本办法另有规定的除外。

第 四 条　符合中国人民银行要求的境外投资者可通过“北向通”投资内地银行间债券市场，标的债券为可在内地银行间债券市场交易流通的所有券种。

中国人民银行认可的电子交易平台和其他机构可代境外投资者向中国人民银行上海总部备案。

第 五 条　香港金融管理局认可的香港地区债券登记托管机构（以下简称境外托管机构），应在中国人民银行认可的境内债券登记托管机构（以下简称境内托管机构）开立名义持有人账户，用于记载名义持有的全部债券余额。

境内托管机构为境外托管机构办理债券登记托管，境外托管机构为在其开立名义持有人债券账户和自营债券账户的债券持有人办理债券登记托管。

境外托管机构为在其开立债券账户的债券持有人登记的债券总额应当与境内托管机构为其名义持有人账户登记的债券余额相等。

境外投资者通过“北向通”买入的债券应当登记在境外托管机构名下,并依法享有证券权益。

本条所称名义持有人,是指受他人指定并代表他人持有债券的机构。

第 六 条 境外投资者可通过“北向通”参与内地银行间债券市场发行认购。境内外托管机构应做好衔接,确保在确认债权债务关系后,及时为债券持有人办理登记托管。

第 七 条 境外投资者通过中国人民银行认可的境外电子交易平台发送交易指令,并在中国人民银行认可的境内电子交易平台与其他投资者达成交易。境内电子交易平台应将交易结果发送至境内托管机构进行结算。

第 八 条 境内托管机构为在其开立债券账户的内地银行间债券市场投资者和境外托管机构提供券款对付结算服务。债券过户通过境内托管机构的债券账务系统办理,资金支付通过人民币跨境支付系统办理。

境外托管机构为在其开立债券账户的债券持有人提供债券结算服务。

第 九 条 境内外电子交易平台、境内外托管机构应及时、准确、完整地记录境外投资者的交易、托管、结算等数据。

托管机构应当逐级签订协议,约定债券本息兑付有关事宜,明确各方责任,确保债券本息资金按时足额支付到每一位投资者,下一级托管机构应逐级向上一级托管机构按时上报境外投资者信息和其托管结算数据,下一级托管机构对上报数据的真实性、准确性、完整性负责。

境内托管机构或中国人民银行指定的其他机构应及时、准确、完整地向人民币跨境收付信息管理系统(RCPMIS)报送跨境人民币收支信息。

第 十 条 境外投资者可使用自有人民币或外汇投资。使用外汇投资的,可通过债券持有人在香港人民币业务清算行及香港地区经批准可进入境内银行间外汇市场进行交易的境外人民币业务参加行(以下统称香港结算行)办理外汇资金兑换。香港结算行由此所产生的头寸可到境内银行间外汇市场平盘。

使用外汇投资的,其投资的债券到期或卖出后不再投资的,原则上应兑换回外汇汇出,并通过香港结算行办理。

第十一条　使用外汇投资的，债券持有人应在一家香港结算行开立人民币资金账户，专门用于办理“北向通”下的资金汇兑和结算业务。

第十二条　境外投资者可通过债券持有人在香港结算行办理“北向通”下的外汇风险对冲业务。香港结算行由此所产生的头寸可到境内银行间外汇市场平盘。

第十三条　“北向通”下的资金兑换纳入人民币购售业务管理。香港结算行应遵守反洗钱和反恐怖融资、人民币购售业务等相关规定，履行反洗钱和反恐怖融资、真实性审核、信息统计和报送等义务，并对债券持有人的自有人民币和购售人民币以适当方式进行分账。

香港结算行在境内银行间外汇市场平盘头寸时，应确保与其相关的境外投资者在本机构的资金兑换和外汇风险对冲，是基于“北向通”下的真实合理需求。

第十四条　中国人民银行依法对“北向通”进行监督管理，并与香港金融管理局及其他有关国家或地区的相关监督管理机构建立监管合作安排，共同维护投资者跨境投资的合法权益，加强反洗钱监管。

中国人民银行会同国家外汇管理部门依法对“北向通”下人民币购售业务、资金汇出入、外汇风险对冲、信息统计和报送等实施监督管理，并与香港金融管理局及其他有关国家或地区的相关监督管理机构加强跨境监管合作，防范利用“北向通”进行违法违规套利套汇等活动。

中国人民银行及相关监管部门有权及时调取“北向通”境外投资者数据。

第十五条　对违反法律法规、本办法以及内地银行间债券市场、银行间外汇市场等有关规定的，中国人民银行会同国家外汇管理部门依法采取监督管理措施；依法应予行政处罚的，依照《中华人民共和国中国人民银行法》、《中华人民共和国行政处罚法》、《中华人民共和国外汇管理条例》等法律法规进行处罚；涉嫌犯罪的，移送司法机关依法追究刑事责任。

第十六条　中国人民银行认可的电子交易平台和托管机构应依据本办法制定“北向通”相关业务规则，报中国人民银行批准后实施。

第十七条　本办法由中国人民银行负责解释。

第十八条　本办法自发布之日起施行。

财政部、税务总局关于资管产品增值税有关问题的通知

（2017 年 6 月 30 日　财税〔2017〕56 号）

各省、自治区、直辖市、计划单列市财政厅（局）、国家税务局、地方税务局，新疆生产建设兵团财务局：

现将资管产品增值税有关问题通知如下：

一、资管产品管理人（以下称管理人）运营资管产品过程中发生的增值税应税行为（以下称资管产品运营业务），暂适用简易计税方法，按照3%的征收率缴纳增值税。

资管产品管理人，包括银行、信托公司、公募基金管理公司及其子公司、证券公司及其子公司、期货公司及其子公司、私募基金管理人、保险资产管理公司、专业保险资产管理机构、养老保险公司。

资管产品，包括银行理财产品、资金信托（包括集合资金信托、单一资金信托）、财产权信托、公开募集证券投资基金、特定客户资产管理计划、集合资产管理计划、定向资产管理计划、私募投资基金、债权投资计划、股权投资计划、股债结合型投资计划、资产支持计划、组合类保险资产管理产品、养老保障管理产品。

财政部和税务总局规定的其他资管产品管理人及资管产品。

二、管理人接受投资者委托或信托对受托资产提供的管理服务以及管理人发生的除本通知第一条规定的其他增值税应税行为（以下称其他业务），按照现行规定缴纳增值税。

三、管理人应分别核算资管产品运营业务和其他业务的销售额和增值税应纳税额。未分别核算的，资管产品运营业务不得适用本通知第一条规定。

四、管理人可选择分别或汇总核算资管产品运营业务销售额和增值税应纳税额。

五、管理人应按照规定的纳税期限，汇总申报缴纳资管产品运营业务和其他业务增值税。

六、本通知自2018年1月1日起施行。

对资管产品在2018年1月1日前运营过程中发生的增值税应税行为，未缴纳增值税的，不再缴纳；已缴纳增值税的，已纳税额从资管产品管理人以后月份的增值税应纳税额中抵减。

图书在版编目(CIP)数据

中华人民共和国证券期货法规汇编. 2017. 上 / 中国证券监督管理委员会编. —北京:法律出版社,2017
ISBN 978-7-5197-1447-5

Ⅰ. ①中… Ⅱ. ①中… Ⅲ. ①证券法—汇编—中国—2017②期货交易—法规—汇编—中国—2017 Ⅳ. ①D922.287.9

中国版本图书馆 CIP 数据核字(2017)第 237719 号

中华人民共和国证券期货法规汇编(2017 上)
ZHONGHUA RENMIN GONGHEGUO
ZHENGQUAN QIHUO FAGUI HUIBIAN(2017 SHANG)

中国证券监督管理委员会 编

责任编辑 麦 锐
装帧设计 李 瞻

出版 法律出版社
总发行 中国法律图书有限公司
经销 新华书店
印刷 中煤(北京)印务有限公司
责任印制 吕亚莉

编辑统筹 法规出版分社
开本 787 毫米×1092 毫米 1/16
印张 23.25
字数 381 千
版本 2017 年 10 月第 1 版
印次 2017 年 10 月第 1 次印刷

法律出版社/北京市丰台区莲花池西里 7 号(100073)
网址/www.lawpress.com.cn
投稿邮箱/info@lawpress.com.cn
举报维权邮箱/jbwq@lawpress.com.cn
销售热线/010-63939792
咨询电话/010-63939796

中国法律图书有限公司/北京市丰台区莲花池西里 7 号(100073)
全国各地中法图分、子公司销售电话:
统一销售客服/400-660-6393
第一法律书店/010-63939781/9782
西安分公司/029-85330678
重庆分公司/023-67453036
上海分公司/021-62071639/1636
深圳分公司/0755-83072995

书号:ISBN 978-7-5197-1447-5
定价:132.00 元